英国新马克思主义哲学研究丛书

乔瑞金　丛书主编

Study on
British New Marxism

安德森"类型学"唯物史观思想研究

李瑞艳　著

Study on Anderson's
Historical Materialism
of "Typology"

U0431413

北京师范大学出版集团
BEIJING NORMAL UNIVERSITY PUBLISHING GROUP
北京师范大学出版社

总　序

承运时势，潜备十载，此系丛书，应习近平总书记召唤，借深研 21 世纪世界马克思主义之契机，得各方鼎力相助，终究面世，甚幸！所言英国新马克思主义，意指 20 世纪 50 年代以后，在英国新左派运动中勃发的一种新马克思主义类型，涵括诸多思想家、理论家和革命家，著述数百，笔耕不辍。他们关注社会形态变革，追求社会主义在英国的成功，对世事之历史、文化、社会、政治、经济诸领域给出理性理解，开展革命运动，所言所为，均以马克思的思想为基础，以人类解放为目标，以思想批判为手段，以重建符合人的社会生活秩序为己任，独树一帜，颇有影响，不失借鉴之意义。20 世纪末以前，中国对英国马克思主义的理论研究，几近空白，零星所见，也散落在文学评论、历史学或社会学中，不入哲学和马克思主义视域，究其原因，多半在于觉得英国学者似乎也没有写出像模像样的"哲学著作",而是以历史陈述代替了宏大叙事,以话语分析淹没了逻辑论断,以小人物抹杀了"英雄",其著作均缺乏哲学内涵。20世纪末期,情势反转。苏东巨变,全球化的冲突与斗争不断发生,金融危机引发的世界经济危机和社会危机,提出诸多亟待解决的重大问题,马克思主义必须对此做出正确的判断和回答,而英国新马克思主义联系历史和现实,在"回归马克思"的意识指引下,于20世纪50年代中叶以来开展的对发达资本主义和苏联教条主义的两方面批判,理论建构,多有启迪意义,与我们先前的理解大相径庭,促使人们聚焦目光于该领域,迄今,已取得可观的研究进展和成果,集中反映于此系丛书中。此系丛书的面世,必将有助于激发更深入的理论研究,有益于马克思主义的时代发展,有功于推进中国特色社会主义现代化强国建设。

乔瑞金
2019年仲夏于山西大学

目　录

导　言

一、学术历程

　　佩里・安德森(Perry Anderson)是英国 20 世纪
60 年代成长起来的一位马克思主义学者，他精通六
种语言，发表过数部专著与论文，涉及历史学、社会
学、政治学、哲学和文学等诸多领域，而且在每一领
域都不乏独到见解。英国著名的文学评论家特里・伊
格尔顿曾赞誉他为"英国最杰出的和最博学的马克思
主义知识分子"。更有学者称赞他为"当代最重要的马
克思主义思想家之一"①。同时，《纽约书评》(*New
York Review of Books*)认为这是"一个令人敬畏的知

---

　　① Elliott G. ，*The Merciless Laboratory of History*，London：University of Minne-
sota Press，p. xi.

识分子成就";《伦敦书评》(*London Review of Books*)认为他在欧洲公共知识分子生活中"享有一种渊博的声誉";《泰晤士报文学增刊》(*Times Literary Supplement*)评价他是"这个时代最杰出的政治、历史和文学评论家之一"。

安德森 1938 年出生于英国伦敦,幼年随父迁移,曾在中国、美国、爱尔兰、英国等地生活。1950 年返回爱尔兰,在英国伊顿公学就读。1956 年进入牛津大学伍斯特学院(Worcester Colledge),其兴趣从"现代三艺",即哲学、政治学和经济学转向哲学、心理学和现代语言(俄语和法语)。1962 年,当老一代新左派退出《新左派评论》(*New Left Review*)时,年仅 24 岁的安德森便接继担任其主编。1983 年,他把主编位置传给他的长期合作者罗宾·布莱克伯恩(Robin Blackburn),随后转到加州大学洛杉矶分校的历史系任教。2000 年,安德森又重新执掌《新左派评论》。其出色的编辑工作使这份杂志在 70 年代中期成为了英美新左派的重要理论刊物,不仅是世界上激进知识分子的象征和标志,而且是当代马克思主义和政治分析的国际性杂志。他不仅长期担任《新左派评论》的主编,而且创办并主持了《新左派书局》(*New Left Books*,后更名为 Verso,即左翼出版社)。

安德森的著作和文章颇丰,从英国道路的例外论到欧洲的绝对主义,从拉美革命的政治学到西方马克思主义,从现代性到后现代性等,不胜枚举。首先,就权威性的史学著作而言,《从古代到封建主义的过渡》(1974)和《绝对主义国家的系谱》(1974)于同年出版后便赢得了西方学术界的高度评价和普遍赞誉。这两部著作被看作古典社会科学伟大传统的延续,是与马克思·韦伯和卡尔·马克思的开放式对话,是以一种

导 言 | 3

简洁而连贯的视角对欧洲文明从古希腊罗马统治一直到近现代欧洲专制君主政体的历史过程的全面审视。摩西·芬利（Moses Finley）在《卫报》上评价它们是"一种复杂的、漂亮的集合以及有节制的叙说"；基思·托马斯（Keith Thomas）在《纽约书评》上赞许它们由"一系列令人惊叹的概念和使用它们的架构技巧使得这部作品成为了难得的知识贡献"；塔里克·艾里（Tariq Ali）称它们是"马克思主义的杰作"；D. G. 麦克雷（D. G. MoRae）称它们是历史社会学的一个"重大贡献"。① 近代史专家艾瑞克·霍布斯鲍姆（Eric Hobsbawm）在《新政治家》（*The New Statesman*）上评论说，它们是十分杰出的、具有权威性和透彻性的学识成就。其实，这两部著作仅仅是安德森计划书写的四卷本欧洲史的前两卷，后两卷将分别考察"从尼德兰起义到德国统一时期一系列重大的资产阶级革命"和"当代资本主义国家的结构"，至今尚未付诸笔端，为读者留下了些许遗憾。但从思维的一致性可知，安德森的论述视角并不仅仅局限于古代和中世纪，而是要回溯整个现代资本主义国家的起源和系谱，把握其深层的社会结构与历史规律，以期形成对于当代资本主义社会的"类型学"的考察视角和方法，为科学社会主义的理想建构奠定一种基于科学认识论和方法论的唯物史观分析。

其次，就西方马克思主义的著作而言，《西方马克思主义探讨》（1976）和《当代西方马克思主义》（1983）是安德森有关西方马克思主义的讲座资料汇编而成的两本小册子式的著作，也是两本姊妹篇式的著作。

---

① 参见［英］玛丽·福布鲁克、［美］西达·斯考切波：《命定的路径：佩里·安德森的历史社会学》，177—178页，见［美］西达·斯考切波：《历史社会学的视野与方法》，上海，上海人民出版社，2007。

正是这两本著作对"西方马克思主义"进行了最为广泛的论述和评价，现已成为国内外学术界研究"西方马克思主义"的经典范本。正如林春（Lin Chun）在《英国新左派》（*The British New Left*）一书中所高度评价的，安德森对于西方马克思主义的总结所取得的成就可与雷蒙·威廉斯的《文化与社会》一书的成就相媲美。

再者，安德森于 20 世纪 60 年代伊始发表了一系列有关英国历史、社会、文化和政治的文章，如《当代危机的起源》（*Origins of the Present Crisis*，1964）、《社会主义和伪经验主义》（*Socialism and Pseudo-Empiricism*，1966）、《国民文化的构成》（*Components of the National Culture*，1968），指出了英国传统的经验主义文化与马克思主义文化之间的巨大鸿沟，得出了对英国马克思主义和社会主义文化的否定判断的结论。与此相应，爱德华·汤普森（Edward Thompson）在《英国工人阶级的形成》（*The Making of the English Class*，1963）、《英国的特殊性》（*The Peculiarities of the English*，1965）和《理论的贫困》（*The Poverty of the Theory and Other Essays*，1978）等系列著作和文章中做了一一回应，论证了英国经验主义文化与马克思主义文化之间的一致性，并得出了对英国马克思主义和社会主义文化的肯定判断和结论。由此，以安德森为代表的结构主义学派与以汤普森为代表的历史主义学派之间展开了长达近 20 年的争论与交锋，直到《英国马克思主义的内部争论》（*Arguments Within English Marxism*，1980)一书的出版，两派之间的争论才达成某种初步的和解。正如安德森自己总结的："抛却旧的争吵，共同探讨新的问题将是有益而无害的。"①实际上，以安德森为代表的结构主义学派与以汤普森为代表的历史主义学派，在把英国传统文化资源与马克思主义理论遗产进行嫁接的过程中形成了两种截然不同的逻辑范式，前者带有科学主义、理性主义和结构主义的基本特征，后者带有历史主义、经验主义和人本主义的基本倾向，但无论如何，它们都属于英国马克思主义的内部争论，其目的在于促进英国本土化和地域化的马克思主义和社会主义文化本身的形成和发展。

　　最后，安德森在《现代性与革命》(*Modernity and Revolution*，1984)一文和《后现代性的起源》(*The Origins of Postmodernity*，1998)一书中对现代主义和后现代主义进行了广泛而深入的探讨，得出了对现代主义和后现代主义的独到理解，把它们看作社会的经济、政治和文化三种并列因素综合作用的结果。保罗·布莱克里奇(Paul Blackledge)在《佩里·安德森、马克思主义和新左派》(*Perry Anderson*，*Marxism and the New Left*，2004)一书中评价道："随着对现代主义富有创意的评论和同样重要的对后现代性本质的论述，他的全部作品从柏拉图到波洛克，从马克思到哈贝马斯，从亚历山大到路易十四。他简直可称作是一个奥林匹亚。"②同样，安德森在《安东尼奥·葛兰西的自相矛盾》(*The Antinomies of Antonio Gramsci*，1976)一文中，对葛兰西《狱中札记》(*The Prison Notebook*)中首创的霸权理论以及市民社会与政治国家之间的关

---

① Anderson P.，*Arguments Within English Marxism*，London and New York：Verso，1980，p. 207.

② Blackledge P.，*Perry Anderson*，*Marxism and the New Left*，London：The Merlin Press Ltd.，2004，p. x.

系进行了最具智慧的政治评论。时隔 40 年,安德森出版了《霸权的突变》(*The Peripeteia of Hegemony*,2017)一书,可被看作《安东尼奥·葛兰西的自相矛盾》一文的续编。他在书中进一步对霸权思想进行了极为精彩的历史、社会和政治评述,不再仅仅局限于对霸权概念的理论分析和思考,而是对霸权思想的时代背景和国家类型进行了一种更为宏观的历史社会学的考察和分析,采取了一种比较学的研究方法,揭示了其世界性的文化政治意义。

《交锋地带》(1992)和《思想的谱系:西方思潮左与右》(2005)两本论文集先后出版,后一论文集是前一论文集的续篇,值得注意的是,它们的出版标志着安德森与当代哲学家、历史学家、政治学家、社会学家和文学家等之间的一次机智而尖锐的思想交锋。就研究范围而言,它们涵盖了经济学、政治学、历史学、哲学、文学、语言学等领域;就研究主题而言,它们涉及了国家理论、权力理论、宪政理论、民主理论、正义理论、民族理论和国际关系理论等;就研究体裁来说,它们是以作者及其文本为核心而非以概念或话语为核心而构建起来的书评式的文章。总体上,他或者把每位作家的前后期作品作为一个整体的意义来对待,或者把它们置于其时代背景的文化和政治潮流中来解读,或者把它们放到一个对比性和关联性的立场来看待。这既是安德森与马克思主义阵营内外思想家的集中对话,也是对其所坚持的马克思主义和社会主义理论与方法的宏观展现。

实际上,安德森著作的重要性仅仅是其影响英语世界左派的冰山一角。作为"理智的守门人",他通过《新左派评论》《新左派书局》和《左翼出版社》对欧洲大陆"西方马克思主义"的翻译和出版,一方面影响了他自己对于马克思主义思想的理解和认知，尤其是在法国阿尔都塞的结构主义的马克思主义思想的影响下形成了以他为首的英国结构主义的马克思主义学派；另一方面也影响了英国整整一代左派学者对于"西方马克思主义"的理解与认知，形成了一种更加多元的英式马克思主义的文化格局，使得英式马克思主义出现了以汤普森和霍布斯鲍姆为代表的历史主义的马克思主义，以安德森和奈恩为代表的结构主义的马克思主义，以柯亨和科琴为代表的分析主义的马克思主义，以威廉斯和伊格尔顿为代表的文化主义的马克思主义，以戴维·佩珀为代表的生态学的马克思主义等不同的思想流派。就其争论的内容而言，他们就有关经验与理性、历史与结构、民族与国际、文化与政治、改良与革命以及马克思主义与社会主义等问题进行了广泛而深入的交锋与对峙，从而使社会主义议程成为了英国新左派知识分子关注的核心焦点。

纵观安德森的学术著作和学术成就，主要在于使英国的经验主义的马克思主义文化和欧洲大陆的理性主义的马克思主义文化之间展开了有益的交流和对话，这在某种程度上不仅促进了英国马克思主义文化的多元发展和繁荣，而且推进了世界马克思主义文化格局的形成与发展。在此意义上说，安德森就是英国新马克思主义研究中一个绕不过去的人物，他在英式马克思主义文化的形成中发挥了至关重要的作用。因此，对于安德森思想，尤其是唯物史观思想的研究是必要而迫切的，值得我们国内学术界予以关注和重视。

二、研究现状

就国外学者的评介而言，安德森算不上一位多产的作家，更算不上一位著作等身的作家，仅仅出版了十多部著作，包括专著、论文集和选编集，但几乎每一部专著都堪称经典之作。无论历史学与社会学，还是文化学与政治学，这些著作和文章一经出版和发表便获得了国外学者的极大关注，并引发了大量评论性文章，如贝蒂·白伦斯（Betty Behrens）1976 年在《历史学杂志》（*The Historical Journal*）第 19 卷第 1 期发表的《评论：封建主义和绝对主义》（Reviews：Feudalism and Absolutism）；彼得·古勒维奇（Peter Gourevitch）1978 年在《比较政治学》（*Comparative Politics*）第 10 卷第 3 期发表的《评论：国际体系和地区形成：对安德森和沃勒斯坦的批评性评价》（Reviews：The Internatioal System and Regime Formation：A Critical Review of Anderson and Wallerstein）；戴维·马基高（David MacGregor）1978 年在《当代社会学》（*Contemporary Sociology*）第 7 卷第 2 期发表的《评论：西方马克思主义的终结?》（Review：The End of Western Marxism?）；特里·伊格尔顿（Terry Eagleton）1985 年在《辨音符》（*Diacritics*）第 15 卷第 4 期上发表的《评论：马克思主义、结构主义和后结构主义》（Review：Marxism，Structuralism and Post-Structuralism）；苏珊·马格雷（Susan Magarey）1987 年在《社会历史中的比较研究》（*Comparative Studies in Society and History*）第 29 卷第 3 期发表的《评论：古老的栗树，自由意志论与决定论：英国的文化与结构或历史与理论》（Reviews：That Hoary Old Chestnut，Free Will and Determinism：Culture vs. Structure，or History vs. Theory in

Britain)；弗兰克·麦克马洪(Frank McMahon)1993 年在《牛津艺术杂志》(*Oxford Art Journal*)第 19 卷第 1 期发表的《评论：前进，前进与后退》(Reviews：Up，Up and Away)；理查德·拉赫曼(Richard Lach-mann)在 2005 年《定性社会学》(*Qualitative Sociology*)上发表的《单一社会形态的对比：对佩里·安德森的〈绝对主义国家的系谱〉的批评性赏析》(*Comparisons Within a Single Social Formation：A Critical Appre-ciation of Perry Anderson's Lineages of the Absolutist State*)等文章。

当然，对于安德森的分析和研究不仅仅局限于这些评论性的文章，更重要的是两本研究安德森思想的理论性专著。一本是 1998 年格雷戈里·艾略特(Gregory Elliott)所写的《佩里·安德森：无情的历史实验室》(*Perry Anderson：The Merciless Laboratory of History*)；一本是 2004 年保罗·布莱克里奇(Paul Blackledge)所著的《佩里·安德森、马克思主义和新左派》(*Perry Anderson，Marxism and the New Left*)。前者主要把安德森的思想置于学术与政治之间的关系中进行解读，并以安德森是否成功地理解了历史作为其评价的核心问题。在艾略特看来，安德森始终怀有一种"奥林匹亚的普救论"，试图在国际主义的文化和政治事业中保持对革命社会主义理想的一种永久忠诚，但不免带有"西方马克思主义"的某种局限，始终没能把自己的马克思主义理论与工人阶级运动的实践相结合。后者主要把安德森的思想和理论演变置于 20 世纪 60 年代以来当代左派讨论的理性背景下，甚至置于 60 年代之后整个世界历史的政治变迁之中，形成了对其思想的一种内在批判。与此同时，布莱克里奇质疑了安德森对马克思主义和社会主义的悲观解读，形成了一种富有希望的解读。

此外，在一些有关英国新马克思主义、新左派的研究著作中，如林春的《英国新左派》，丹尼斯·德沃金(Dennis Dworkin)的《战后英国的文化马克思主义：历史学、新左派和文化研究的起源》(*Cultural Marxism in Postwar Britain：History，the New Left，and the Origins of Cultural Studies*)，安东尼·伊斯茹普(Antony Easthope)的《1968年以来的英国后结构主义》(*British Post-structuralism since* 1968)，西达·斯考切波(Theda Skocpol)的《历史社会学的视野与方法》(*Vision and Method in Historical Sociology*)，丹尼斯·史密斯(Dennis Smith)的《历史社会学的兴起》(*The Rise of Historical Sociology*)和艾伦·梅克森斯·伍德(Ellen Meiksins Wood)的《民主反对资本主义——重建历史唯物主义》(*Democracy Against Capitalism：Renewing Historical Materialism*)等著作中，也对安德森及其思想做了重点分析和研究。

40年来，安德森一直坚守着革命马克思主义的立场，试图实现对资本主义的社会主义改造。然而，在新千年的钟声敲响之际，安德森发表了《更新》(*Renewals*)一文，把《新左派评论》的编辑方针定位于一种"不妥协的现实主义"。这使得一些国际性的学者和杂志就对安德森一贯的"革命主义形象"提出了质疑：英国《国际社会主义》杂志2000年秋季号(总第88期)发表了吉尔伯特·阿奇卡的《佩里·安德森的历史悲观主义》一文，批评安德森陷入了一种历史悲观主义；同时，这一杂志刊登了鲍里斯·卡加尔利茨基的《〈新左派评论〉的自杀》，认为安德森等英国左派知识分子放弃了批判性思考的传统和责任；美国《每月评论》2000年9月号(第52卷第4期)发表了《社会主义：是一个要退却的时代吗?》，批评了安德森的现实主义立场，谴责了安德森坐等资本主义自身新陈代谢的不作为立场。

　　然而，一些最近的文章对安德森进行了更为真实地刻画和描绘。例如，爱德华·斯基德尔斯基（Edward Skidelsky）在《佩里·安德森的侧面像》（*Profile：Perry Anderson*）一文中认为，安德森既是一名独立的马克思主义知识分子，也是一位极为保守的人物。在《佩里·安德森的自相矛盾》（*The Antinimies of Perry Anderson*，2001）一文中，作者重点考察了安德森自60年代以来创作的重要著作和文章，指出其思想中所隐含的一些基本问题和矛盾。在2005年《国家》（*The Nation*）杂志上发表的《马克思主义和形式》（*Marxism and Form*）一文中，斯蒂芬·科林尼（Stefan Collini）主要针对安德森的《思想的谱系：西方思潮左与右》一书做了评价，认为安德森在对19世纪左中右三派知识分子人物的描绘中存在两条线索，即政治上的优先性和理智上的深层性，同时他也怀有一种永不妥协的国际主义的革命立场。

　　就国内学者的评介而言，在著作的翻译和出版方面，安德森有关西方马克思主义的两部著作《西方马克思主义探讨》《当代西方马克思主义》早在20世纪80年代就已被翻译、介绍到我国；有关史学方面的著作，《从古代到封建主义的过渡》和《绝对主义国家的系谱》也于2001年由上海人民出版社出版；有关其他方面的著作，如《西方左派图绘》《后现代性的起源》《交锋地带》和《思想的谱系：西方思潮左与右》也于近些年陆续出版。此外，安德森发表的大量书评、访谈和文章，如《新左翼、自由主义和社会主义》《新自由主义的历史和教训》《文明及其内涵》《三种新的全球化国际关系理论》和《内部人》等也被翻译和介绍到我国。

在此基础之上，国内对于安德森思想的各视角和各层面的研究才得以充分展开。

在史学研究方面：中国台湾地区学者郑陆霖在《〈绝对主义国家的系谱〉的历史方法》一文中对安德森所采用的历史学方法进行了考察，认为它是一种不同于结构论和历史论的一种弱的功能论，是一项集经验与理论、普遍与特殊、必然与偶然的马克思主义历史研究。中国社科院的研究员郭方在《评佩里·安德森的〈从古代到封建主义的过渡〉》一文中认为，安德森在有关奴隶社会向封建社会和封建社会向资本主义社会这两大历史问题的研究中将历史唯物主义理论与世界具体历史完美结合，但不免受到结构功能主义和西方中心主义的影响。中国社科院的研究员姜芃在《霍布斯鲍姆和佩里·安德森对唯物史观的理解》一文中认为，安德森在有关古代到封建主义的过渡和欧洲绝对主义王权的研究中，力图说明历史发展不是一个单线进化的序列，而是各种文明相互作用和影响的结果。东北师范大学的王晋新在《评佩里·安德森的封建主义社会形态研究》一文中认为，安德森对于欧洲封建主义的起源、形成、结构、动力与危机进行了全方位的考察和分析，并对封建主义生产方式进行了重新界定，得出了一些富有创意的结论。南京大学的国恩松在《佩里·安德森的史学思想评介》一文中认为，安德森在两部史学著作中将历史唯物主义理论与具体历史有机结合，突出了政治史的研究，对英国工人运动史、资产阶级革命史、马克思主义史和西方政治运动史给出了自己的思考与理解。

在马克思主义理论方面，中国人民大学的段忠桥教授在《对安德森"扩大"西方马克思主义概念的说法的质疑》一文中认为，安德森并没有扩大西方马克思主义的概念，他与科尔施和梅劳-庞蒂所作的界定是基本一致的；上海市委党校的黄力之教授在《佩里·安德森的西方马克思主义观点与马克思主义的发展》一文中对安德森的西方马克思主义观点进行了梳理，认为这一论述对于当代马克思主义的发展具有重要的启迪意义。武汉大学的李高荣在《佩里·安德森视域中的马克思主义的基本特征及其启示》中认为，安德森坚持了批判与自我批判，理论与实践相统一的两大特征，同时存在着结构主义和功能主义的基本倾向，在英国马克思主义思想中独树一帜，对我国马克思主义中国化进程也具有重要的启示和借鉴意义。

在左派精神的研究方面：南京大学的张亮教授在《从激进的乐观主义到现实主义——佩里·安德森与〈新左派评论〉杂志的理论退却》一文中认为，安德森从激进主义向现实主义的理论转变是一种被迫的退却，但并没有放弃马克思主义和社会主义这一最终的底线；甘琦在《向右的时代向左的人》一文中也认为，安德森对于资本主义的批判是其始终如一的追求。与此同时，武汉大学的袁银传教授于 2010 年翻译了《思想的谱系：西方思潮左与右》一书，同时发表了《安德森视域中的当代西方政治哲学思潮》和《当代西方学术思潮的全景图谱》等论文，认为安德森在对左、中、右翼政治哲学思潮的全景式梳理与学理式解读中坚持了一种历史唯物主义的理论原则和马克思主义的基本立场。

在后现代主义思想方面，首都师范大学的杨生平教授在《佩里·安德森：后现代主义共生着两种对抗力量》和《后现代主义：晚期资本主义的文化主导》两文中认为，安德森的《后现代性的起源》是一部评价后现代主义的力作，通过对后现代的概念史与社会背景的考察后得出后现代主义是晚期资本主义的产物。南京大学的谢济光在《佩里·安德森的后现代主义追溯》一文中认为，安德森展示了后现代主义发展演变的历史脉络，并在观念史和文化史的结合中彰显了后现代主义的社会基础。北京外国语大学的赵国新在《佩里·安德森及其后现代观念》一文中对安德森的主要论著及思想历程做了广泛评述，认为他在对激进政治和后现代主义关系之间的探讨不仅反映了其一贯的新左派的文化政治立场，而且是对詹姆逊后现代理论的重要补充。

在英国新马克思主义思想，尤其是以安德森为代表的结构主义学派的研究方面，我的导师乔瑞金教授等做出了开创性的工作，对英国新马克思主义的代表性流派、代表性人物、发展历程和宏观特征进行了较为详尽的分析和研究，取得了初步的和重要的理论成果。首先，他出版了两部研究性专著《马克思思想研究的新话语：技术与文化批判的英国新马克思主义》（2005）和《英国的新马克思主义》（2013）。第一部专著主要是对英国新马克思主义的发展历程和思想特征进行了整体理解和把握，从技术批判、文化批判和社会批判层面做了全面分析和研究，尤其在本书的第二章中对英国新马克思主义的两大流派，即以汤普森为首的历史主义学派与以安德森为首的结构主义学派之间的对立与争鸣进行了总体对比和分析；第二部专著主要以人物研究为突破口，选取了英国新马克思主义十个典型代表人物，对其思想内涵和本质特征做了深入挖掘和剖析，从回归经典本源、创新思维范式、聚焦现代主义危机、倡导新文化生存方式、重塑理想世界等方面进行独到阐释。其中，本书的第五章重点介绍了结构主义学派的代表人物佩里·安德森的经典社会主义思想。其次，乔瑞金教授等发表了系列学术论文，如《我们为什么需要研究英国的新马克思主义?《论英国新马克思主义的思想特征》《英国新马克思主义的发展历程及其思想特征》《历史主义与结构主义——英国新马克思主义哲学探索的主导意识》《马克思主义是社会历史的整体视界——英国新马克思主义的"事实"与"理论"之争及其启示》《破解主体与结构关系之谜——英国新马克思主义关于阶级问题的争论及其启示》等，不仅对英国新马克思主义的历史发展和总体特征进行了归纳和梳理，而且对以安德森为代表的结构主义学派和以汤普森为代表的历史主义学派之间的理论与方法进行了具体的对比和分析。

在对安德森思想的个案研究中，复旦大学的鲁绍臣做了具体的工作，发表了相关学术论文《佩里·安德森对历史主义和结构主义的扬弃及其启示》《佩里·安德森：传统反思与理论重构》《佩里·安德森的历史唯物主义图绘》等，同时完成了博士学位论文《反思与重构——佩里·安德森的历史唯物主义"图绘"》。具体而言，他对安德森的历史唯物主义理论和方法进行了较为系统的研究和阐发，尤其对历史与理论、理论与实践、结构与主体、国家起源、阶级意识和上层建筑以及社会主义策略等问题进行了具体剖析，做出了概括性的总结和评论。近些年来，国内也出现了一些研究佩里·安德森的硕士学位论文，如山西大学李瑞艳的《佩里·安德森的社会批判思想及其建构的马克思主义》(2008)，江西师范大学杨春吉的《佩里·安德森的学术思想探论》(2009)、吉林大学袁滋的《佩里·安德森对历史唯物主义的思考》(2017)，他们主要聚焦于安德森的唯物史观层面进行了相对集中的探索和认知。

所有这些研究都为本选题的构思和写作提供了极有价值的参考，它们集中于历史、文化、马克思主义、左派精神等领域对安德森的思想进行了多层面和多角度的解读和分析。但整体来看，存在以下三点缺陷：一是没有把理论性的阐述与具体的文本资料，尤其是核心而重要的外文文献相结合，在文本研读的基础上形成独特的理论形态；二是没有把安德森有关历史、文化、政治和社会等层面的具体阐释相互关联和彼此统一，从唯物史观的整体视域来把握和概括出其内在一致的思想逻辑与理论特征；三是没有把安德森的历史唯物主义思想与其所使用的认识论和方法论密切结合，充分归纳和提炼出这一"类型学"的唯物史观思想。

当然，对于安德森思想的研究还远远不限于此，也不止于此，其思想的博大精深还需要今后长时间的艰苦钻研。正如格雷戈里·艾略特所认为的，"安德森本人仍是一个未解之谜"①。

三、核心理念

作为英国当代的马克思主义学者，安德森总是在马克思所开创的历史唯物主义的传统视域内对历史、社会、文化与政治进行着独具特色的研究和探索，形成了一种独特的"类型学"唯物史观思想。

在这一"类型学"唯物史观思想中，唯物史观构成了安德森思想中最核心的理论框架和话语体系。就其理论系谱而言，它既包括了马克思、恩格斯、列宁等经典作家的马克思主义的思想体系，也包括了 20 世纪

---

① Blackledge P. , *Perry Anderson* , *Marxism and the New Left* , London: The Merlin Press Ltd. , 2004, p. xi.

20 年代之后欧洲大陆产生的"西方马克思主义"的理论思潮，同时包括了英国本土的马克思主义文化思潮，其中，经典马克思主义为其提供了核心的概念基质和理论基石，欧洲大陆的马克思主义为其提供了理性主义和科学主义的本质要素，英国本土的马克思主义为其提供了经验主义和历史主义的本质因素。在这些多元而庞杂的理论系谱中，对安德森"类型学"唯物史观思想产生了至关重要影响的则是法国阿尔都塞的结构主义的马克思主义的思想体系。由此，自 20 世纪 60 年代以来，以安德森为首的英国马克思主义知识分子创立了英国结构主义的马克思主义学派，并在此基础上形成了一种独特的"类型学"唯物史观思想。

从某种意义上来说，这一"类型学"唯物史观思想实质上就是结构主义的马克思主义思想的一种具体理论形态，尽管它不同于法国阿尔都塞所认为的它是一种反历史主义、反经验主义和反人道主义的极端结构主义思想，而是一种更为温和的结构主义思想，但依然"分有"结构主义自身的遗传基因；从另外一种意义上来说，这一"类型学"唯物史观思想也是一种极具英国本土化和地域化的马克思主义思想，带有极强的经验主义的基本特征。因此，安德森从结构转向类型，从结构主义转向了"类型学"，创立了一种新的"类型学"的唯物史观的解释范式。

在这一"类型学"唯物史观思想中，"类型学"构成了安德森思想中最重要的方法论特征。在 1964 年《当代危机的起源》一文中，安德森首次采用了这一"类型学"的方法和视角，试图创立一种有关社会权力的"具体的类型学"的阐释模式，并在这一模式下分析了英国独特的"三角地形学"的权力结构模式。随后，在 1974 年出版的两部史学著作《从古代到封建主义的过渡》和《绝对主义国家的系谱》中，安德森把这一"类型学"

的方法和视角应用于对封建主义起源和绝对主义王权两大历史问题的研究中，不仅形成了"封建主义的类型学"和"绝对主义的类型学"，而且进一步通过对欧洲不同地区和国家之间的社会结构的诠释和对比形成了"地区的类型学"和"国家的类型学"，展现了一幅既相互联系又彼此区别的多元"类型"图景。同样值得注意的是，安德森在 1976 年写作的《葛兰西的自相矛盾》和《社会主义策略问题》中对东西欧地区之间的权力结构类型和社会主义策略模式进行了"类型学"的诠释和对比。然而，这一"类型学"的方法和视角并不仅仅局限于对这些问题的研究和探讨中。如果我们对安德森计划书写但未付诸笔端的有关资产阶级革命和当代资本主义国家结构的后两卷本做一个适当猜想的话，那么他也将对不同地区和国家之间的结构差异做出"类型学"的诠释和对比，由此形成了一种具有"类型学"特征的唯物史观思想。

从中可以看出，在这一"类型学"的诠释和对比中，安德森强调了历史与社会两个维度，历史是其首要的纵向的维度，社会是其深层的横向的维度。在这两个维度之上，安德森所说的"类型"既类似于结构，又不同于结构。它不仅是理智自身的纯粹创造，而且是历史与社会的真实反映，既对应于特定的历史社会形态，也对应于不同的地区和国家。因而，"类型"本身就是一种具体的、特殊的结构，它既是一种历史的结构，也是一种社会的结构；既是一种历时的结构，也是一种共时的结构，包含了经验主义与理性主义、历史主义与结构主义等几种截然不同的成分和要素。实际上，历史与社会不仅构成了安德森所说的"类型学"方法论的两大基本维度，而且构成了安德森"类型学"唯物史观思想所不可或缺的两个根本维度。

在这一"类型学"唯物史观的解释范式下，安德森把唯物史观看作历史学与社会学的独特综合。在他看来，"任何社会都拥有两种尺度，它是结构的，只能按照各部分之间的关系来理解，它也是过程的，只能按照过去的累加意义来理解。这一困难在于，在任何实际的研究中如何把两个方面加以综合，自由化的历史学和形式化的社会学代表了两种尺度相割裂的相反尝试，历史学变成了'年代搞怪'，一种避免了方法或原则的杂乱无章的叙事，而社会学变成了一种静态的和空洞的抽象的虚幻世界，它与具体的社会现实的唯一关系是对它的难以理解的献祭。在盎格鲁-撒克逊国家中，两者的共存就标志着马克思主义在这些文化中渗透的局限，因为马克思主义是有关历史分析与结构分析的有机统一的唯一思想。它既是纯粹历史主义的（否认了所有超历史的本质），也是基本功能主义的（社会是有意义的总体），这一综合仍是独一无二的"①。可见，在这一"类型学"唯物史观思想中，历史学与社会学构成了安德森思想中的两个根本维度，也是他研究所有问题和现象的两个基本原则：一是历史学的，通过对历史系谱的宏观追溯来说明；一是社会学的，通过对社会结构的总体分析来说明，试图形成一种融历时性与共时性、时间性与空间性为一体的历史社会学的科学解释。

四、主要内容

本书主要以马克思主义哲学为基本理论框架，从总体上把握安德森

---

① Anderson P. , Portugul and the End of Ultra-Colonialism III, *New Left Review*, 1962, Vol. 1, No. 17, p. 113.

对于唯物史观的本质理解，认为安德森在解读马克思主义哲学的过程中形成了一种"类型学"的唯物史观思想。本书通过国内外学者对安德森思想的具体评介，同时结合对其代表性著作和文章的细致解读，以尽可能客观的分析和评价，形成一个理论性和系统性的探索文本，意在厘清安德森"类型学"唯物史观思想的学术脉络和历史渊源，把握其思想的横向与纵向的内在关联，揭示其深层的本体论基质和方法论意蕴，挖掘其背后的认识论基础和价值论诉求。因此，本书的宗旨在于揭示出这一"类型学"唯物史观思想的本质内核和理论特征。

在这一"类型学"的唯物史观思想中，历史唯物主义构成了其核心的理论框架和话语体系，"类型学"构成了其基本的方法论原则。在这一理论体系和方法原则的结合下，安德森聚焦于社会形态、社会主体、社会权力以及社会理想等问题进行了深入分析和研究，形成了一种独具特色的唯物史观思想体系。

本书共分为七个部分：

第一章为导言，主要就安德森思想的学术历程、研究现状和核心理念进行了相对集中的和概括性的论述。首先，通过对安德森学术思想、学术成果和学术影响的梳理，阐明研究安德森思想的重要性和必要性；其次，通过国内外学者对安德森思想的主要评介，指出其中所存在的问题和不足；最后，简明勾勒出安德森思想的核心理念。

第二章主要梳理了安德森"类型学"唯物史观的三大思想来源，即经典马克思主义、英国本土的马克思主义和欧洲大陆的马克思主义。对于经典马克思主义，安德森走向了对晚期马克思思想的科学保卫和辩护，特别是采用了马克思在《政治经济学批判》和《资本论》中所得出的一套系统的历史唯物主义的基本理论和范畴，如生产力与生产关系、经济基础与上层建筑、生产方式与社会形态等，并应用于对英国乃至世界历史、现实和未来的研究中。对于英国本土的马克思主义，安德森在与汤普森就有关英国历史、社会、文化和政治等层面的争论与交锋中，得出了对英国马克思主义和社会主义文化的一种否定诊断和结论，从而为英国引入欧洲大陆的马克思主义奠定了坚实的理论基础。对于欧洲大陆的马克思主义，安德森认为"西方马克思主义"偏离了经典马克思主义的政治经济学传统而走向了哲学、美学、文化等上层建筑领域，同时具有一种理论与实践内在分离的典型特征。尤为重要的是，安德森在对阿尔都塞的极端结构主义思想的批判基础上，形成了一种温和的结构主义的马克思主义思想。所有这些都构成了安德森"类型学"唯物史观的理论来源，即经典马克思主义为其提供了历史唯物主义的理论基石，英国的马克思主义为其提供了经验主义和历史主义的思想基质，欧洲大陆的马克思主义为其提供了理性主义和科学主义的本质要素。

　　第三章主要阐述了安德森的历史哲学思想。历史研究是安德森"类型学"唯物史观的逻辑前提和基础，他遵循着历史唯物主义的理性主义和科学主义的研究路径和方法，对社会存在、社会发展和社会变迁进行了重点研究和论述。首先，通过对生产方式和社会形态之间关系的理论论证，说明社会形态在时间和空间中的集约性。其次，通过对奴隶主义生产方式与封建主义生产方式之间的对比，以及对封建主义生产方式的重新界定和封建主义总危机的考察，说明社会存在的结构性和整体性。再者，通过对"封建主义类型学"和"绝对主义类型学"的细致考察，说明社会发展的断裂性和多样性。最后，通过对资本主义的起源及欧洲封建主义与日本封建主义之间的对比，说明社会变迁的系谱性和根源性。由此，安德森形成了一种基于"类型学"唯物史观思想的社会形态理论。

第四章主要阐释了安德森的阶级主体理论。尽管阶级范畴和理论受到了非马克思主义者甚至是马克思主义者的诸多质疑和责难，但它在安德森的"类型学"唯物史观中却占据着核心位置。首先，在对阶级的界定中，安德森遵循了马克思、列宁等有关阶级的经典定义，认为历史主体的能动作用只有在严格的历史决定论的前提下才能成立，在反对汤普森有关阶级主体的唯意志论界定和阿尔都塞有关阶级主体的极端结构主义界定中得出了有关阶级的客观性和结构性定义。其次，在对工人阶级的主观意识和主观文化的考察和分析中，安德森认为英国工人阶级享有一种典型的劳工主义而非马克思主义的意识形态，由此得出工人阶级无法自我解放的结论，并提出了一种"替代主义"的策略，认为英国的工人阶级需要自由独立的知识分子才能帮助他们形成一种革命的社会主义意识和行为。由此，安德森形成了一种基于"类型学"唯物史观思想的阶级主体理论。

第五章主要论述了安德森的阶级权力思想。无论是在历史学的研究，还是社会学的研究中，政治都是安德森整个学术著作和学术研究的一个核心焦点，而权力问题则是政治研究中的重中之重。首先，安德森在《当代危机的起源》中提出了一种基于唯物史观核心概念和理论的"具体的类型学"的阐释模式，并在这一模式下分析了英国独特的"三角地形学"的权力结构模式。其次，安德森在《安东尼奥·葛兰西的自相矛盾》中通过对葛兰西"领导权"概念和理论的批判，指出了葛兰西有关西欧资产阶级权力结构的说明中存在三大矛盾和问题，并提出了他自己对西欧资产阶级权力结构的本质说明和对东西欧权力结构的类型差异的思考框架。由此，安德森形成了一种基于"类型学"唯物史观思想的社会权力理论。

第六章主要探讨了安德森的革命社会主义思想。在安德森看来，无论是经典马克思主义，还是西方马克思主义，都普遍缺乏一种实现社会主义的切实可行的具体策略。一方面，安德森在对列宁主义和社会民主主义两种策略模式的分析之上，认为前者是一种真正的适应，后者是一种错误的适应，从而接受了列宁的经典工程，认为向社会主义的转变必须推翻资本主义的国家机器。另一方面，安德森在对葛兰西"文化霸权"策略模式的批评之上，形成了一种由"阵地战"与"运动战"相结合的"革命的政治学"。鉴于这一不可行的革命策略，安德森认为这一革命的社会主义理想应加入一种道德现实主义的乌托邦，因此，他于 2000 年从革命主义转向了现实主义。与此同时，在对资本主义的历史分期和新自由主义的祛魅中，安德森设想了一种资本主义全面变革之后的社会主义理想国，一种真正自由、民主和平等的社会主义的理想社会。由此，安德森形成了一种基于"类型学"唯物史观思想的科学社会主义理论。

第七章主要对安德森"类型学"唯物史观思想进行总体的评析。从本体论来看，与英国新马克思主义者威廉斯（Raymond Williams）的部分改造以及汤普森的完全摒弃不同，安德森进行了坚决的捍卫，始终把唯物史观看作有关历史的科学理论，回到了经典马克思主义的解释路径，坚持了对历史的唯物主义解释原则和历史决定论的思想。从认识论和方法论来看，安德森采用了一种多元的不同的思维方法，即经验主义与理性主义、历史主义与结构主义、人本主义和科学主义的思维方法，并在这些思维方法的杂糅和交汇中形成了一种独特的"类型学"唯物史观的思维范式。其中，历史和社会构成了"类型学"唯物史观的两个根本维度，由此形成了一种总体的历史社会理论。从价值论来看，社会主义构成了安德森"类型学"唯物史观的理论诉求和价值旨归。与汤普森等人的人本主义、民众主义和民族主义的社会主义理想不同，安德森始终怀有一种科学主义、集体主义和国际主义的社会主义理想，试图在国际主义的文化和政治事业中实现对资本主义的社会主义改造。从实践论来看，安德森始终坚守着革命社会主义的理想，期待着马克思主义思想与工人阶级运动的有机结合，期待着社会主义理论与社会主义实践的完美结合。在对第一代新左派的道德政治实践的拒绝中，安德森走向了科学的政治实践。然而，这一繁荣的革命理论与无为的革命实践之间却形成了鲜明对照。

五、研究意义

首先，本书以"类型学"唯物史观为总体框架对安德森的历史学、社会学、政治学和文化学等思想进行了统一解读，指出唯物史观是其核心的理论框架和话语体系，"类型学"是其核心的方法论特征，形成了一种独具特色的唯物史观的思想体系。这一研究不仅有助于深化对历史唯物主义的科学理解和认知，而且有利于推进对历史唯物主义的不断创新和发展。

其次，本书阐明了安德森"类型学"唯物史观的方法论特征。这一

"类型学"唯物史观思想包含两大维度，一是历史学的维度，一是社会学的维度，并在这两个维度上形成了一种融历时性与共时性、时间性与空间性为一体的历史社会学的科学解释，为历史唯物主义的理论创新和方法视域提供了一种有益的参照视角。

再者，本书厘清了安德森"类型学"唯物史观的认识论基础。与以汤普森为代表的历史主义学派的人道主义、经验主义和历史主义的马克思主义思想不同，安德森形成了一种科学主义、理性主义和结构主义的马克思主义思想。在此基础上，这一研究不仅有利于促进对安德森本人及结构主义学派的深入分析和研究，而且有助于推进对英国新马克思主义其他代表人物及其流派的间接理解和把握。

最后，本书阐明了安德森"类型学"唯物史观的价值论意义。安德森在把英国历史、社会、文化和政治等传统文化资源与经典马克思主义、西方马克思主义等理论遗产进行嫁接的过程中，形成了一种科学而理性的马克思主义和社会主义的思想文化体系。这一研究不仅对于英国特色的马克思主义和社会主义建设具有重要的价值意义，而且对于中国特色的马克思主义和社会主义的建设也具有积极的借鉴意义。

第一章 | "类型学"唯物史观的思想渊源

一、坚守经典马克思主义的哲学立场

作为英国当代的马克思主义学者,安德森总是怀有一种经典的马克思主义情怀,对于马克思、马克思主义和历史唯物主义有着自己独到的解读和诠释。他尊敬马克思,但并不把他当做上帝来敬仰;他尊重马克思主义,但并不对它马首是瞻;他尊爱历史唯物主义,但并不认为它不可更改。他总是在马克思所开创的历史唯物主义的经典视域内对历史、现实与未来进行着独具特色的研究和探索,形成了一种"类型学"的唯物史观思想。

(一)对唯物史观的理论辩护

历史唯物主义是安德森"类型学"唯物史观思想的

核心理论框架和话语体系。然而，作为历史唯物主义的创始人，马克思却从未使用过这一术语，而只是把它表述为"唯物主义的历史观"或"唯物主义的生产条件"。无论哪种表述，至少有一点可以肯定的是，马克思所创立的唯物史观与之前的唯心史观不同，"它不是在每个时代中寻找某种范畴，而是始终站在现实历史的基础上，不是从观念出发来解释实践，而是从物质实践出发来解释观念的东西"①。因此，马克思的伟大进步就在于对人类历史所做的唯物主义的说明和理解。正如普列汉诺夫所评价的，唯物主义历史观是"马克思的历史哲学"，是"说明人类历史的唯物主义哲学"。②

众所周知，马克思对历史唯物主义最为系统的概括和表述是1859年《政治经济学批判·序言》一文，他在其中得出了有关生产力和生产关系、经济基础和上层建筑、生产方式和社会形态等最基本的概念和理论。在此值得长段引入：

我所得到的、并且一经得到就用于指导我的研究工作的总的结果，可以简要地表述如下：人们在自己生活的社会生产中发生一定的、必然的、不以他们的意志为转移的关系，即同他们的物质生产力的一定发展阶段相适合的生产关系。这些生产关系的总和构成社会的经济结构，即有法律的和政治的上层建筑竖立其上并有一定的社会意识形式与之相适应的现实基础。物质生活的生产方式制约着整个社会生活、政治生活和

---

① 《马克思恩格斯全集》第 3 卷，43 页，北京，人民出版社，1960。

② 参见《普列汉诺夫哲学著作选集》第 2 卷，510 页，北京，生活·读书·新知三联书店，1961。

精神生活的过程。不是人们的意识决定人们的存在，相反，是人们的社会存在决定人们的意识。社会的物质生产力发展到一定阶段，便同它们一直在其中运动的现存生产关系或财产关系(这只是生产关系的法律用语)发生矛盾。于是这些关系便由生产力的发展形式变成生产力的桎梏。那时社会革命的时代就到来了。随着经济基础的变更，全部庞大的上层建筑也或慢或快地发生变革。在考察这些变革时，必须时刻把下面两者区别开来：一种是生产的经济条件方面所发生的物质的、可以用自然科学的精确性指明的变革，一种是人们借以意识到这个冲突并力求把它克服的那些法律的、政治的、宗教的、艺术的或哲学的，简言之，意识形态的形式。……大体说来，亚细亚的、古代的、封建的和现代资产阶级的生产方式可以看作是经济的社会形态演进的几个时代。①

　　然而，以上这些概念和理论却遭到了非马克思主义者，甚至是马克思主义者的诸多质疑和责难。这些反对者认为，首先，这些概念和理论存在一种空间性和结构性的隐喻，它只表述了一种静态的结构，无法说明动态的历史；其次，在生产力和生产关系、经济基础和上层建筑的结构中，又分别赋予了生产力和经济基础一种优先化和特权化的存在；最后，有关"决定论"的概念也充满了问题。

　　同样，这些极具争议性的问题也反映在 20 世纪 60 年代以来英国新左派对于马克思主义的种种认知和判断中。在对马克思本人思想的历史轨迹的解释中，英国马克思主义史学家汤普森进行了一种独特的解读，

---

① 《马克思恩格斯选集》第 2 卷，32—33 页，北京，人民出版社，1995。

认为马克思早期思想和晚期思想之间存在着极大的分裂和转向，如果说马克思早期所探讨的是全部人类历史或社会历史，那么马克思晚期则转向了对资本主义政治经济学的批判和研究。他在《理论的贫困》一书中认为，历史唯物主义的真正对象是"一元社会知识"（a unitary social knowledge），其纲领体现在马克思的早期著作，如《1844 年经济学哲学手稿》《德意志意识形态》《哲学的贫困》和《共产党宣言》中，其中《德意志意识形态》是最接近其观点的一个文本，它不仅仅是一个宣言式的文本，而且是对作为一元社会过程的全部人类历史进行唯物主义重建的一个轮廓性纲要。然而，马克思晚期在《政治经济学批判》和《资本论》的写作中却放弃了对"一元社会知识"的追求而走向了一种狭隘的政治经济学，这对马克思早期思想产生了一种灾难性的影响。由此，汤普森走向了对马克思早期思想的辩护和马克思晚期思想的拒斥。

因此，汤普森对马克思晚期有关历史唯物主义的基本概念和理论做了——批判。首先，他认为马克思有关经济基础与上层建筑的理论模式是充满问题的，因为这种理论模式极易导致一种经济还原论或经济简化论的错误倾向，尤其是在第二国际马克思主义对于经济运动或经济术语的机械化或教条化的解释中，总是倾向于把生产关系还原为经济关系，把人和人之间的道德关系还原为人与物之间的利益关系，把所有的社会关系如文化的、道德的和政治的关系还原为经济的关系，甚至把所有的人类责任都最终消解为一种赤裸裸的金钱关系。更为严重的是，这一经济基础与上层建筑的理论模式暗含了对社会主体"人"的核心作用的忽视，认为所有的生产、分配、交换和消费等所有形式的活动都是有关人的实践活动，离不开主体的思想、意志和激情，同样也离不开主体的行为、活动与实践，只能从主体的实践活动角度来研究。因此，汤普森指出："生产、分配、消费，不仅仅是挖掘、运输和吃饭，而且也是计划、组织和享受。想象和理智的错误不是局限于'上层建筑'并树立于基础（包含人-物）之上，而是暗含在使人成之为人的创造性的劳动行为本身。"①

其次，汤普森认为有关生产方式的概念也充满问题。在他看来，阿尔都塞在对马克思主义的结构主义解释中，把生产方式的概念演变为一种狭隘的政治经济学范畴而非一种广泛的历史社会学范畴，从而使历史唯物主义的探讨从历史社会学的问题转变为政治经济学的问题。正是"阿尔都塞把马克思在《政治经济学批判大纲》和《资本论》中的错误绝对化了，试图使马克思主义成为一种生产方式理论而把历史唯物主义推向了'政治经济学'的监狱"②。因而，这一生产方式的概念就无法适用于对社会结构的探讨。正如资本主义生产方式不等同于资本主义社会一样，前者是指一种纯粹的经济结构，后者是指一种包含了经济、政治、文化和意识形态在内的复杂的社会结构。与此同时，这一生产方式的概念也无法适用于对人类历史过程的真正探讨，因为它只提供了经济实践的范畴，而没有为政治、文化、法律和意识形态实践提供任何范畴。"进化论缺少对于物种遗传和变异途径的解释，而历史唯物主义理论则缺少对生产方式和历史过程之间（部分）适应途径的

---

① Thompson E. P. , Socialist Humanism，*The New Reasoner*，No. 1，1957，p. 131.

② Anderson P. , *Arguments Within English Marxism*，London：Verso，1980，p. 60.

解释。"①

可见，无论是经济基础与上层建筑的理论模式，还是生产方式的概念和理论，汤普森对于这些历史唯物主义的基本概念和理论都进行了强烈的质疑与批判。正如他在《理论的贫困》一书对马克思后期的理论本身所表达的轻蔑那样，他不仅无情驳斥了生产方式的概念，而且几乎没有提到生产力和生产关系的概念。究其原因，主要在于这些概念和理论本身所蕴含的抽象主义和思辨主义，或者确切来说是唯心主义和结构主义的本质特征。"这一《读〈资本论〉》显著的结构主义和唯心主义的还原论就是设计拙劣的结论"②"阿尔都塞的荒谬性就在于其唯心主义理论构造模式。"③在他看来，这些抽象的、思辨的、唯心的或结构的概念和理论本身无法编织出一幅由具体的、经验的个体实践活动所构成的整个人类历史。实质上，汤普森对于历史唯物主义基本概念和理论进行批判的背后是对马克思晚期思想的拒斥，或者是对科学主义或结构主义的马克思主义思想的批判，其目的是要保卫马克思的早期思想，维护人道主义或历史主义的马克思主义思想。

与此相反，安德森走向了对马克思晚期思想的辩护，走向了历史唯物主义的科学主义的路线和方针。"马克思所做的是选择了历史唯物主义理论中最具决定性的领域——经济生产——并奉献了他的所有热情和

---

① Anderson P. ，*Arguments Within English Marxism*，London：Verso，1980，pp. 60-61.

② ［英］E. P. 汤普森：《论阿尔都塞的结构主义马克思主义》，张亮译，载《马克思主义美学研究》，2008(1)。

③ 同上书。

努力在资本主义的时代来探索和重建。对他而言,还存在其他科学的路径么?实际上,他的步骤是真正科学家的经典方针。"①在他看来,马克思的《政治经济学批判大纲》和《资本论》等晚期著作绝不仅仅是政治经济学的著作,也不仅仅是政治经济学批判的著作,而是历史社会学的著作。同样,安德森对阿尔都塞的生产方式理论给予了积极的辩护,认为"阿尔都塞著作的影响远不是把马克思主义者囚禁在生产方式和社会结构的严格等式中,而是使它们从中解放出来"②。因为,作为历史唯物主义理论基石的生产力与生产关系的概念在马克思的 19 世纪 40 年代的早期著作中并未出现,有关"社会生产关系"的概念在《哲学的贫困》之前也未出现,在《政治经济学批判》之前也未获得全部的意义,因此可见,它们首次形成于 1859 年《政治经济学批判·序言》中。正是在这篇序言中,形成了有关生产力与生产关系、经济基础与上层建筑、生产方式与社会形态等历史唯物主义的经典概念和理论,最终形成了一套理论化和系统化的科学知识体系。因此,这些历史唯物主义的基本概念和理论不是一种狭隘的政治经济学理论和范畴,而是一套历史社会学的理论和范畴。它们的建立不仅没有远离了历史,反而深入了历史,不仅没有妨碍历史的经验研究,反而促进了历史的科学研究。正如安德森所表述的:"正是这一进步的理论发现最终使对《资本论》中新的历史对象:资本主义生产方式的全面探讨成为可能。换言之,1848 年之后马克思主义的重要运动并非'远离'历史,而是深入了历史。"③

---

① Anderson P., *Arguments Within English Marxism*, London: Verso, 1980, p. 62.
② Ibid., p. 68.
③ Ibid., p. 63.

对历史唯物主义的基本概念和理论，安德森进行了积极有力的"宣誓"和"保卫"。

首先，就生产力和生产关系而言，安德森认为这两个概念不仅是历史唯物主义的理论基石，而且是历史变革最深层的动力。"马克思的理论远远并不缺乏任何遗传类型的解释原则，它显然拥有一种原则——带有一种独特的清晰和力量始于 1859 年《序言》：生产力和生产关系之间的矛盾运动是长期历史变革最深层的动力。"①

其次，就经济基础和上层建筑而言，他认为这一基础与上层建筑的比喻确实存在着一种唯经济决定论的倾向，但这一错误不能成为取消这一理论的全部罪证，它在理论上仍具有一种必要性和合理性，"构建一种可靠的有关社会'经济结构'的概念，并不会排除或危及对文化或政治'上层建筑'的历史研究，而是要促进它"②。

最后，就生产方式的概念而言，他认为尽管马克思在《德意志意识形态》中将生产方式归结为"物质资料的生产方式"，并在《资本论》的写作中得出了一套有关资本主义生产方式的抽象经济理论，但它并不仅仅是一个政治经济学的范畴，而是一个历史社会学的范畴，它是区分一种历史结构和另外一种历史结构的重要依据和标准。"首先应当足够清楚的是，马克思并没有阐述过作为政治经济学范畴的生产方式概念，甚至是对它的一种相反说明（adversary version）。这一概念的最初功能究竟是什么呢？设想一下社会经济形态和时代的多样性——就能提供给我们

---

① Anderson P. , *Arguments Within English Marxism*, London：Verso，1980，p. 81.
② Ibid. , p. 66.

在人类进化中划分一种重要历史结构类型与另一种历史结构类型的方法。"①在此，生产方式从一种狭隘的政治经济学范畴转化为一种更广泛的历史社会学范畴，生产方式不单单指称一种经济结构，而是泛指一种社会结构，相当于社会形态（social formation）的概念范畴。因此，生产方式的概念对于人类历史上不同历史社会形态的探讨就是本质的和核心的。

可见，安德森认同马克思的晚期思想，对历史唯物主义进行了科学和理性的保卫和辩护，把历史唯物主义首先看作马克思主义思想的一套理论话语体系，坚持了历史唯物主义的理论化和系统化的科学解释路径。无论是对生产力和生产关系作为历史动力因素的认识，还是对经济基础和上层建筑中基础首要性的历史宣称，以及对生产方式的历史辨析，安德森都表明了这一历史的唯物主义的解释原则和历史决定论的思想立场，回到了经典马克思主义的"地形学"。然而，这一回归不仅仅是一种思辨的和理性的回归，而且也是一种历史的和实践的回归。

(二)对唯物史观的科学解释

在安德森看来，历史唯物主义不仅是一套理论化和系统化的知识体系，而且是一种有关历史的理论体系，也是有关历史发展规律的科学学说。"如果马克思主义的确切称号是历史唯物主义，它就必须首先是历史的理论。然而引人注目的是，历史就是过去。现在和未来当然也是历

---

① Anderson P. , *Arguments Within English Marxism* , London: Verso, 1980, p. 64.

史的，而这正是马克思主义内实践作用的传统格言所不自觉地提到的。"①这里首先需要回答的第一个问题是，历史是什么？作为历史唯物主义的创始人，马克思和恩格斯表述道："历史什么事情也没有做，它'并不拥有任何无穷尽的丰富性'，它并'没有在任何战斗中作战'！创造这一切，拥有这一切并为这一切而斗争的，不是'历史'，而正是人，现实的、活生生的人。'历史'并不是把人当做达到自己目的的工具来利用的某种特殊的人格。历史不过是追求着自己目的的人的活动而已。"②简言之，历史就是由具体的、现实的、活生生的人的实践活动所构成的整个人类史。

马克思和恩格斯在《德意志意识形态》中指出："我们仅仅知道一门唯一的科学，即历史的科学。历史可以从两方面来考察，可以把它划分为自然史和社会史。"③从广义上讲，历史包括自然史和社会史，或者换言之，历史科学包含了自然科学、社会科学或人文科学；从狭义上讲，历史科学仅仅是指社会科学或人文科学。恩格斯在《反杜林论》中划分了自然科学、社会科学和人文科学三种类型，却在晚年《致梅林的信》中指出，历史应归属于社会领域而非自然领域，"历史在这里应当是政治、法律、哲学、神学，总之，一切属于社会而不是单纯属于自然界领域的简单概括。"④这里的问题在于，如果把历史科学归属于社会科学，那么

---

① [英]佩里·安德森：《西方马克思主义探讨》，高铦等译，136页，北京，人民出版社，1981。

② 《马克思恩格斯全集》第2卷，118页，北京，人民出版社，1995。

③ 《马克思恩格斯选集》第1卷，66页，北京，人民出版社，2012。

④ 《马克思恩格斯选集》第4卷，126—127页，北京，人民出版社，2012。

历史何以成为一门科学呢？更确切来说，马克思和恩格斯所创立的这一唯一的历史科学如何理解呢？所谓一门唯一的历史科学，实质是指历史唯物主义的科学理论，是在新的唯物主义的世界观和方法论的基础之上所形成的历史科学。列宁也曾指出，达尔文的"种变说所祈求的完全不是说明'全部'物种的形成史，而只是把这种说明的方法提高到科学的高度，同样，历史唯物主义也从来没有祈求说明一切，而只祈求指出'唯一科学'说明历史的方法。"①那么，这一唯一科学地说明历史的方法——唯物主义的真正内涵是什么？在此，我们不能对唯物主义中的"物"作狭隘的理解，它不是通常意义上所说的与主观精神相对立的客观"物质"概念，而是指主体世界对客体世界的改造活动，也就是马克思在《关于费尔巴哈的提纲》中所提出的"实践"概念，是指物质资料的生产与生活实践。这是人类历史上最根本的和最具决定性的领域。

在对历史学的研究中，汤普森和安德森通过历史的研究对象、历史的概念范畴和历史的学科性质三个层面的分析，基于经验主义和理性主义的逻辑路线，得出了对历史唯物主义的不同结论和看法。

在汤普森看来，历史无法成为一门科学，"把历史命名为'科学'的尝试总是无益而混乱的"。首先，就历史对象而言，历史事件本身是多变的和易变的，这一瞬息万变的历史过程妨碍了历史概念的建立；其次，就历史概念而言，它们是"期待而非规则"，具有一种"特殊的弹性""必要的概括性和灵活性""机动的系数"；最后，就历史知识而言，它总

---

① 《马克思恩格斯选集》第1卷，13页，北京，人民出版社，2012。

是"临时的，不完美的和近似的"。① 可见，汤普森更倾向于对历史学的经验主义的研究路径，强调了历史事实或历史事件的特殊性和偶然性，否认了历史概念或历史理论的核心性和重要性，甚至否认了历史科学的可能性和必要性。正如汤姆·奈恩（Tom-Nain）所指出的："英国的孤立性和地方性；英国的向后性和传统性；英国的宗教性和道德性；微不足道的'经验主义'或对理性的本能的不信任……"②。因此，历史无法成为一门科学。尽管汤普森宣称在历史唯物主义的原则下进行研究，但历史唯物主义仅仅是其研究的一个始发站，尽管它揭示了历史发展的一般规律，但却不能作为面对历史现实的抽象教条；尽管历史发展受到了生产力和生产关系的制约，但却不存在任何抽象的规律性和必然性。

相反，在安德森看来，历史可以成为一门科学，这是确定无疑的。首先，历史事件的多变和易变并不会妨碍历史概念的建立；其次，有关历史的概念不是越少越好，而是越多越好；再次，历史中不是需要更少的决定论，而是更多的决定论；最后，科学本身就是不精确的，"暂时性、选择性和可证伪性构成了科学事业自身的本质"③。可见，历史事实本身的多变性和偶然性不会妨碍历史的客观性和规律性，同样，历史知识的暂时性和不精确性也不会妨碍历史的科学性和理论性。在对历史的科学研究中，应把历史事实的经验材料与历史概念的理论阐发相结

① 参见, Anderson P. , *Arguments Within English Marxism* , London：Verso，1980，pp. 9-11.

② Easthope A. , *British Post-structuralism since* 1968, London and New York：Routledge，1988，p. 1.

③ Anderson P. , *Arguments Within English Marxism* , London：Verso，1980，p. 12.

合,"历史学科法庭所允许的诉求形式是双重的,'证据的'和'理论的'"①。因此,安德森不仅宣称在历史唯物主义的原则之下进行历史研究,而且把历史唯物主义本身当做历史研究的理论出发点,即在诸如生产力与生产关系、经济基础与上层建筑、生产方式与社会形态的理论范畴和体系中进行分析和研究,从而形成了有关历史的科学理解和认知。

从上述的争议可以看出,在汤普森的思想中,历史唯物主义更类似于历史编撰学,它仅仅是对过去的历史事件或历史事实的编辑和整理;而在安德森的思想中,历史唯物主义更类似于一种历史科学,它试图从复杂多变的历史事件或历史事实中找出其中所隐藏的规律和必然。当然,安德森并没有单单囿于规律的归纳和总结,而认为历史的经验工作也同样重要。"事实上,理应一清二楚的是,马克思主义编史工作中的进展,对马克思主义理论的发展有着潜在的极端重要性。"②因此,在安德森的历史唯物主义的话语体系中,历史和理论构成了不可或缺的两极。在历史中来考证理论,在理论中来阐释历史,历史的考证和理论的阐释被熔为一炉,"现在,理论就是历史,具有它过去未曾有过的严密性;历史同样也是理论,在描述所有历史事变时,都以一种它过去极力回避的理论方法"③。由此,安德森形成了一种融历史与理论、经验与理性为一体的对于历史唯物主义的科学阐释。

---

① Anderson P. , *Arguments Within English Marxism*,London:Verso,1980,p. 9.
② [英]佩里·安德森:《西方马克思主义探讨》,高铦等译,138 页,北京,人民出版社,1981。
③ [英]佩里·安德森:《当代西方马克思主义》,余文烈译,28 页,北京,东方出版社,1989。

然而，这一科学的辩护和保卫并不意味着安德森对经典马克思主义的亦步亦趋和绝对服从，他同样对经典马克思主义进行了一种"严格的审查"和"批判性的评价"。在他看来，"最大的尊敬应与最大的清醒相一致。今天，对经典马克思主义的研究需要把学术知识和富有质疑精神的老实态度结合起来，而这一点现在尚未做到"①。他通过对马克思、列宁和托洛茨基等经典马克思主义作家的批判性审查，指出了其中所忽视的重大问题，认为马克思本人没有对资本主义国家的民主结构的真正分析，也没有解决民族和民族主义的性质问题，列宁没有阐明资产阶级民主制度的影响，托洛茨基没有预言西方资产阶级民主国家的革命问题。因此，所有这些被忽视的问题恰恰成为了安德森"类型学"唯物史观思想所要考察和探讨的核心问题。

(三)对社会主义的国际守卫

历史唯物主义与社会主义之间究竟存在着怎样的关系？在安德森看来，尽管历史唯物主义与社会主义之间不能完全等同，但历史唯物主义却在整个社会主义的思想文化范围内占有绝对的优势和统治的地位。他发问道："历史唯物主义在整个社会主义思想和文化范围之内的全面统治的历史根据是什么呢？更确切地说，马克思主义作为一种社会主义理论的典型特征是什么——以及它发展的可行性如何？"②对此问题，他提

---

① ［英］佩里·安德森：《西方马克思主义探讨》，高铦等译，139页，北京，人民出版社，1981。

② ［英］佩里·安德森：《当代西方马克思主义》，余文烈译，121页，北京，东方出版社，1989。

出了历史唯物主义的三个结构特征。首先，历史唯物主义是一种科学的"理性系统"。与其他杰出的社会主义者如圣西门、莫里斯、饶勒斯、威格福斯、察扬诺夫和米尔达尔所创造的思想体系不同，只有马克思和恩格斯创造了一种全面的、综合的理论体系，一种科学的历史唯物主义的学说体系。其次，历史唯物主义是一种有关"历史发展的理论"。与其他卓越的社会主义历史学家，如托尼、列斐伏尔、比尔德和泰勒相比，只有马克思和恩格斯的历史唯物主义理论全面揭示了从原始社会、奴隶社会、封建社会一直到资本主义社会几千年以来人类社会历史发展进程的规律和法则。最后，历史唯物主义也是反对资本主义的激进的"政治战斗号召"。也就是说，历史唯物主义也是"科学的社会主义"，是对资本主义的社会主义改造。正是这三个结构性特征，使马克思主义或者历史唯物主义成了社会主义的理论指南和实践指引。

安德森认为，历史唯物主义"也是科学的社会主义，换言之，它是理解现在和把握未来的事业，一项具有无产阶级革命的政治工程。在这方面，历史唯物主义并不仅仅局限于或完全集中于过去"①。由此，他从科学的社会主义思想走向了革命的社会主义思想，坚持了一种革命的实践论思想，始终期待着知识与行动、理论与实践之间的完美结合。

总体上，安德森遵循了经典马克思主义的革命社会主义理想，试图创造出一种"革命的政治学"，认为只有推翻资产阶级的国家机器才能实现对资本主义国家的社会主义改造。在他看来，工人阶级依旧是实现社会主义的主体力量，革命依旧是实现社会主义的根本途径。实际上，这

---

① Anderson P., *Arguments Within English Marxism*, London: Verso, 1980, p. 84.

一革命社会主义的理想需要通过两大工程来实现：一个是理论的工程，一个是实践的工程，他始终遵循着革命马克思主义的理论与实践统一的内在标准，期待着马克思主义理论与社会主义实践之间的密切结合。

一方面，安德森强调了马克思主义理论的重要性。对于这一理论的工程，安德森通过其理论和编辑工作引入"西方马克思主义"思潮并促进了英国马克思主义左派文化的发展和繁荣，强调了马克思主义理论对于英国文化的重要性，力图把英国本土传统资源与欧洲大陆马克思主义理论资源相结合，实现英国本土资源的马克思主义化。在《当代危机的起源》《国民文化的构成》和《英国马克思主义的内部争论》等著作和文章中，他明确指出英国马克思主义和社会主义文化的缺乏，认为需要通过欧洲大陆的理性主义的马克思主义和社会主义文化来弥补本国文化的缺憾，以创造出一种革命的马克思主义和社会主义文化来激发起英国工人阶级的激进意识和行为。因为他相信，革命的文化有助于革命的理论，而革命的理论有助于革命的行为。某种程度上来说，安德森所倡导的这一理性主义的马克思主义事业在英国得到了部分实现。在"西方马克思主义"思潮的影响下，不仅形成了以安德森为首的英国结构主义的马克思主义学派，而且影响了英国整整一代左派学者对于"西方马克思主义"的理论认知，形成了一种多元的英式马克思主义文化格局。可见，在这一多元的英式马克思主义文化格局的构建中，安德森及其《新左派评论》的作用和贡献是无与伦比的。

另一方面，安德森强调了社会主义实践的重要性。他采用了列宁的经典名言，认为"正确的革命理论……只有同真正群众性的和真正革命的运动的实践密切地联系起来，才能最终形成"①。安德森始终把马克思主义理论与工人阶级实践之间的结合看作革命马克思主义的一个内在标准，认为经典马克思主义体现了这一标准，而西方马克思主义背离了这一标准。然而，这一背离同样存在于安德森自己的马克思主义理论与实践之中，这一英国繁荣的理性主义的马克思主义的文化事业并没有带来相应的英国工人阶级的激进主义的意识和行为。这表明，理论的实践与革命的实践之间存在一种显著的分离。

需要指出的是，这一革命的社会主义也是一种国际的社会主义，它包含两种尺度，一种是文化的，一种是政治的。正如安德森在《英国马克思主义的内部争论》一书中明确指出的："这些年来，《新左派评论》在所追求的国际主义探讨中包含两种尺度：在采用了一种国外广泛的马克思主义著作的理论资源的意义上，它是文化的；作为对民主社会的因果解释原则，它是政治的。"②

就文化的国际主义而言，当安德森及其《新左派评论》成员在20世纪60年代中期引入欧洲大陆理性主义的马克思主义的文化资源，应用这些资源全面检验英国的历史、社会、文化和政治，并对英国经验主义的马克思主义文化做出否定断言时，就已经坚定地走上了一种理论的国际主义。"这一理论的国际主义建立在这一信念之上，正如诞生于19世纪的历史唯物主义汇聚了三种不同的国家体系——德国哲学、法国政治

---

① ［英］佩里·安德森：《西方马克思主义探讨》，高铦等译，133页，北京，人民出版社，1981。

② Anderson P. , *Arguments Within English Marxism*, London：Verso, 1980, p. 149.

学和英国经济学——因而期待它在 20 世纪同等程度或更大程度地突破国界而获得自由有效的发展，换言之，我们不相信马克思主义是一国范围内的事。"①

就政治的国际主义而言，安德森不仅关注英国工人阶级的运动和实践，而且关注国际范围内工人阶级的运动和实践。这一国际主义的政治视野就在安德森的不同著作和文章以及《新左派评论》的编辑和出版事业中得到了具体体现，诸如古巴革命、中苏冲突、中国"文化大革命"、布拉格之春，波兰哥穆尔卡叛乱、欧洲共产主义运动以及苏联的勃烈日涅夫等，都成为了其密切关注的对象。

总之，安德森怀有一种国际主义的社会主义视角和情怀，坚定地反对"一国社会主义"的思想，反对发达资本主义世界中工人阶级对于民族主义情感因素的任何妥协。他总是怀有一种"奥林匹亚的普救主义"（Olympian Universalism），试图在国际主义的文化和政治事业中实现对资本主义的社会主义改造。

二、反思英国马克思主义的经验传统

从 20 世纪 60 年代中期开始，当安德森及其同事以《新左派评论》为基地把欧洲大陆理性主义的马克思主义文化翻译和介绍到英国经验主义

---

① Anderson P., *Arguments Within English Marxism*，London：Verso，1980，p. 149.

的马克思主义文化中时,两种截然不同的文化不可避免地发生了激烈的冲突和碰撞。尤其是以安德森为代表的结构主义学派与以汤普森为代表的历史主义学派之间开始了长达近 20 年的争论。总体上,他们进行了三次争论:第一次是随着汤普森《英国工人阶级的形成》(1963)的出版,安德森和汤姆·奈恩分别在《当代危机的起源》(1964)和《英国的工人阶级》(1964)中做出回应;第二次是随着汤普森《英国的特殊性》(1965)的发表,安德森在《社会主义和伪经验主义》(1966)中做出答复;第三次是时隔十五年之后,当汤普森出版了《理论的贫困》(1978)时,安德森在《英国马克思主义的内部争论》(1980)中再次做出回答。直到此时,两派之间的争论才达成某种初步的和解,正如安德森自己所总结的:"抛却旧的争吵,共同探讨新的问题将是有益的。"①就争论的问题而言,其中,英国的历史、社会、文化和政治等领域进行了激烈的争论和交锋,得出了对英国马克思主义和社会主义文化的不同理解和认识。

(一)英国历史的"例外论"

作为对汤普森《英国工人阶级的形成》一书的回应,安德森在 1964 年的《当代危机的起源》一文中对英国现代历史的独特性做出了精确的描述和概括:

---

① Anderson P., *Arguments Within English Marxism*, London: Verso, 1980, p. 207.

在一场痛苦的、通泄的革命之后，它改变了英国社会的结构，但却没有改变上层建筑，一个由强大的商人姻亲集团所支持的土地贵族成为英国首个主导的资产阶级，这个动态的农业资本主义把农民从历史上驱逐了出去。其成功就为工业资产阶级的诞生提供了经济的"基础"（floor）和社会的"上层建筑"（ceiling）。由于对封建国家的不信任，对法国革命和本国无产阶级的恐惧，以及地主阶级荣誉和权力的诱惑，资产阶级赢得了两个适度的胜利，它丧失了勇气并最终丧失了身份。晚期维多利亚时代和盛期帝国主义时代就把贵族和资产阶级融为一个单一的社会集团。在工业资本主义出现的条件下，工人阶级富于热情的战斗并没有获得任何协助；其努力的措施是接连失败之后的极度消耗。因此，尽管它发展了，独立了，但却从属于显然不可动摇的英国资本主义的结构之内，尽管它存在巨大的优越性，但却无法改变英国社会的基本性质。[①]

在此，安德森把所考察的英国现代史划分为四个阶段，即 17 世纪资产阶级革命的时代，18 世纪工业革命的时代，19 世纪帝国主义的时代和 20 世纪两次世界大战的时代。

首先是 17 世纪资产阶级革命的时代。安德森认为，1640—1688 年的英国内战是世界上最早的资产阶级革命，与世界上其他国家的资产阶级革命，如法国革命、美国革命、德国革命相比，早了整整一个世纪的时间。然而，就革命的性质而言，它却是最妥协的和最不彻底的资产阶

[①] Anderson P.，Origins of the Present Crisis，*New Left Review*，Vol. 1，No. 23，1964，pp. 38-39.

级革命。"在任何主要的欧洲国家中,英国拥有首个最调和的和最不纯粹的资产阶级革命。"①在他看来,这一资产阶级革命不是发生于上升的资产阶级与没落的贵族阶级之间的斗争,而是一部分新兴贵族反对另一部分旧式贵族的斗争,而且,这一新兴贵族只是变成了资本家(capitalist)而没有成为资产阶级(bourgeoisie),在社会上居统治地位的依旧是贵族阶级而非资产阶级。因此,这一革命只打破了英国社会的经济基础,却没有改变英国社会的上层建筑,换言之,这一资产阶级革命在经济的意义上是成立的,而在政治或社会的意义上是不成立的。或者说,它是一场成功的资本主义革命,但却不是一场成功的资产阶级革命。

其次是18世纪工业革命的时代。英国是世界上首个工业化的国家,诞生了最早的工业资产阶级和无产阶级。对于工业资产阶级而言,由于受到国内外环境的双重影响,一方面是法国大革命和拿破仑的扩张;另一方面是国内无产阶级的反抗,资产阶级就从最初对贵族阶级的激烈反抗变成了与贵族阶级的不断融合。同时由于《改革法案》(1832年)的颁布和《谷物法》(1846年)的废除,资产阶级开始从经济和政治上介入贵族阶级的统治制度。然而,这一介入的最终结果不是资产阶级的最终胜利,而是贵族阶级的单一霸权的确立。同样,对于无产阶级而言,19世纪前半叶可谓是英国工人阶级的最伟大的英雄时代,它掀起了欧文主义和宪章运动等巨大的改革浪潮;而19世纪后半叶则是英国工人阶级

① Anderson P. , Origins of the Present Crisis, *New Left Review*,Vol. 1,No. 23,1964,p. 28.

的最深层的停顿时期，宪章运动之后再也没有产生任何具有重要影响的工人运动。因此，在这一时期，无论是工业资产阶级，还是工业无产阶级，都未能对贵族阶级的霸权体系构成真正的威胁并成功地推翻它，而是进一步巩固了贵族阶级的霸权统治地位。

再次是 19 世纪帝国主义的时代。在安德森看来，19 世纪晚期是帝国主义最具自我意识和最好战的时代，它对英国的统治阶级和被统治阶级都产生了极为深远的影响，形成了英国社会最持久的轮廓。第一，它确保了传统的等级秩序和贵族阶级的霸权地位，最显著的表现就是晚期维多利亚时代强大的君主制；第二，它横扫了英国社会所有的阶级和党派，并在意识形态上把它们整合到了贵族阶级的世界观中；第三，工人阶级最终被这一帝国主义的意识形态所整合。尽管这并不意味着工人阶级在任何直接的意义上致力于帝国主义，但工人阶级对于帝国主义的热情使它偏离了对于阶级剥削和阶级压迫等阶级统治问题的关注，并在 80 年代之后形成了一种典型的劳工主义的意识形态。

最后是两次世界大战的时代。对此，安德森说道："英国是主要欧洲国家中唯一一个未遭受两次世界大战占领和失败的国家，其社会结构未受到外部动荡和断裂的影响。"[①]也就是说，当欧洲大陆国家由于外部的战争和内部的动乱而导致国家的现代化进程时，英国却由于没有经历任何挑战和分裂而完成现代化的使命，始终与贵族阶级的霸权统治保持着高度一致。尽管这一时期英国的各阶级和各党派得以重新分裂和组

---

① Anderson P., Origins of the Present Crisis, *New Left Review*, Vol. 1, No. 23, 1964, p. 37.

合，无论是自由党与保守党之间的最终结合，还是保守党与工党之间的相互较量，都没有最终改变贵族阶级的霸权地位，其地位始终是坚实而稳固的，从未受到任何真正的质疑和挑战。

这就是英国现代历史的独特之处。它既是英国贵族阶级成功维持其统治的历史，因为贵族阶级在这一现代化历史中只改变了自己的作用而没有改变自己的地位；它也是英国资产阶级未能成功进行资产阶级革命而完成现代化的历史，因为资产阶级未能对贵族阶级的统治秩序构成一种全面的质疑和挑战，只是改变了社会的经济基础而没有改变上层建筑；同样，它也是英国工人阶级未能成功进行社会主义革命的历史，因为工人阶级在欧文主义、宪章主义之后陷入了一种深层的改良主义和合作主义的意识形态之中。因此，英国社会的统治秩序依旧是传统而保守的，没有任何根本的和彻底的改变，实质上，贵族阶级依旧处于统治阶级的地位，而资产阶级和无产阶级依旧处于被统治阶级的地位。

在对英国历史的全面系统的分析中，安德森所依据的理论资源不是源自英国的经验主义的马克思主义文化，而是源自欧洲大陆的理性主义的马克思主义资源，由此，他走向了一种科学主义和理性主义的分析模式。就理论范畴而言，他采用了一系列社会科学的精确词汇，如“贵族阶级”“资产阶级”和“无产阶级”等。在他看来，这些范畴不仅仅是抽象的和思辨的，同时也是具体的和现实的，是对英国社会阶级结构的客观描述和真实表达；就理论问题而言，安德森采用了马克思本人有关经济基础与上层建筑的基本区分，同时采用了法国阿尔都塞的结构主义的马克思主义的问题域，与上层建筑的“相对独立性”的概念达成了一致，并论述了上层建筑相对于经济基础的自主性与独立性；就理论方法而言，他采用了西方马克思主义思想中的"总体性"方法，试图构建出一种有关英国历史与现在的宏观理论。正如他所表述的："一种卓越的、想象的历史与空白的政治分析的巨大鸿沟是我们试图去克服的。我们试图把历史与当前相关联，并重建两者之间的连续性。这就意味着一种不可避免的'总体化'的尝试，这是学术历史编撰学加以割裂的。相反，它意味着一种对当前的结构分析。我们试图构建一种有关英国社会的过去与现在的总体理论（integrated theory）。"①

然而，这一科学主义和理性主义的分析模式却遭到汤普森等人的强烈不满和激烈批评，批评者们认为这一结构化的分析模式在方法论上存在着诸多问题和困难。首先，汤普森指责安德森采用了一种"图示化"的方法，形成了一部有关英国阶级结构的演义史，是作为统治阶级的贵族阶级和作为被统治阶级的资产阶级和无产阶级不断形成和变化的历史。更为重要的是，这一演绎中存在一种"阶级还原论"的模式。"这一模式实际上具有一种内在的还原主义倾向……还原主义是一种无效的历史逻辑，政治或文化事件按照行为者的阶级属性来加以解释。当在这些事件（在"上层建筑"中）与某种阶级利益结构（在"基础"中）之间构建出一种关系或因果关系时，那么，这一历史解释的要求——仍是糟糕的，这一历史评价——把这些思想或事件归结为资产阶级、小资产阶级和无产阶级的特征。这一还原主义的错误不在于构建了这些关系，而在于把这些思想或事件看作本质上与诱发背景完全相同的东西——以至于思想、宗教

① Anderson P.，Origins of the Present Crisis，*New Left Review*，Vol. 1，No. 23，1964，p. 39.

信仰或艺术作品都被还原为它们所体现的‘真正’的阶级利益。”①对此，安德森指出，这一“图示化”的方法是对三个世纪以来英国阶级结构演变的历史进行说明的一种必要压缩，如果说存在还原的话，那也只是一种范围上的还原。其次，汤普森批评安德森的分析中存在一种“经济还原论”的思想。安德森反驳说，与其说他的分析存在一种经济还原论的思想，不如说它具有一种唯心主义的企图，因为“这一斗争（英国内战）所进行的意识形态术语是极为宗教的，因而它比一般的政治习语更远离于经济的抱负”②。再次，汤普森指责安德森存在一种对“权力的不健康的迷恋”，对人类民众的生活质量却视而不见。在汤普森看来，人类的历史就是一部民众的苦难史，“历史无法与隧道相比，快速列车通过隧道竞相把乘客送到阳光普照的平原。或者，假如可以的话，一代又一代的乘客在黑暗中出生和死亡，而列车仍行进于隧道中”③。然而，安德森认为他并没有完全专注于阶级权力，而是对民众的生活质量也给予了极大关注。这一点明确体现他在 1961 年发表的有关瑞典的文章《瑞典：克罗斯兰先生的梦想之地》(Sweden：Mr. Crosland's Dreamland & Sweden I& II：Mr. Crosland's Dreamland)中。

更具争议之处在于，当安德森应用“西方马克思主义”的理论资源重新审视英国历史与社会时，他得出了对英国资产阶级文化和马克思主义

① Thompson E. P., The Peculiarities of the English, *The Socialist Register*, Vol. 2，1965，p. 352.

② Anderson P., Origins of the Present Crisis, *New Left Review*, Vol. 1，No. 23，1964，p. 28.

③ Thompson E. P., The Peculiarities of the English, *The Socialist Register*, Vol. 2，1965，p. 358.

文化的一种否定判断和结论，因而被批评者称作"历史虚无主义者"。正是这一历史虚无主义的判断和结论引起了汤普森等人更为强烈的不满和愤怒的批评。[①] 于是，汤普森在《英国的特殊性》一文中做了一一驳斥：第一，安德森在有关英国历史"例外论"的说明中存在一种未被揭示的"他国模式"，即法国模式。以法国模式为标准，英国资产阶级的历史就是"破碎的和不完整的"，英国工人阶级的历史就成了"现代历史之谜"，英国的知识分子也没有形成"一个真正的知识界"。[②] 同时，这一法国模式变成了"一种革命的理想类型，可以对他国革命模式进行评判。不久，这种渴望整齐划一的柏拉图主义的头脑对于实际的历史就变得缺乏耐心。法国革命成为了西方历史上的一个重要时刻，并通过其整个经验，提供了一种随后的冲突无法比拟的见解和预兆。尽管它是一种巨大的经验，但它并不会必然成为一种典型的经验"[③]。第二，安德森在有关英国资产阶级革命性质的说明中也存在一种"他国模式"，认为英国革命是一场不成功的资产阶级革命。在汤普森看来，这一解释是极端错误的，英国资产阶级革命是一次真正的划时代的成就。第三，安德森在有关英国资产阶级文化的说明中，只意识到启蒙运动与马克思主义运动的重要时刻，而没有认识到英国资产阶级的重大成就，诸如清教徒主义的革命遗产，资产阶级的民主制度、资产阶级的政治经济学成就、资产阶级的

[①] 参见李瑞艳：《基于民族性的社会主义诉求——安德森从英国民族性特征对发达国家走向社会主义的哲学思考》，载《当代国外马克思主义评论》，2012(10)。

[②] 参见 Thompson E. P.，The Peculiarities of the English，*The Socialist Register*，Vol. 2，1965，p. 312.

[③] Thompson E. P.，The Peculiarities of the English，*The Socialist Register*，Vol. 2，1965，p. 321.

自然科学成就以及资产阶级的整个历史经验等。在汤普森看来,"我们的作者所做的就是:(1)忽视了清教徒和资产阶级民主的遗产(宪政制度)的重要性;(2)忽视了作为'真正的明确的意识形态'的资本主义政治经济学的重要性;(3)忽视了三个多世纪以来英国自然科学家的成就;(4)把经验习语与经验主义意识形态相混淆。"①第四,安德森在有关英国工人阶级历史的说明中,仅仅强调了费边主义的次要影响,而没有注意到马克思主义和共产主义的重要影响。在汤普森看来,尽管英国的无产阶级及其组织受到了费边主义的影响,并在19世纪末受到了帝国主义的强烈影响,但实际上,英国工人阶级的历史受到了马克思主义和共产主义的真正熏陶和影响。"长期以来——或者说100年来,一直存在着马克思主义与这些形式的交往。它采取了多种形式。作为一种吸引和排斥模式,马克思主义和反马克思主义都渗透到了我们的文化之中。同样也渗透到了我们的劳工运动中,这比我们作者所设想的更为广泛。"②

对于这些批评,安德森随之在《社会主义和伪经验主义》一文中做了一一答复。首先,就英国资产阶级革命的性质而言,它不是一场纯粹的资产阶级革命,而是一场成功的资本主义革命。其次,就资产阶级文化的性质而言,清教徒主义确实是资产阶级的伟大遗产,但就其性质而言仍是一种改良的而非革命的意识形态。再者,就达尔文主义而言,它作为自然科学是伟大的成就,但作为社会科学却是灾难性的成就。当它渗

---

① Thompson E. P. , The Peculiarities of the English, *The Socialist Register*, Vol. 2, 1965, p. 331.

② Ibid. , p. 348.

透到社会科学中时产生了一种社会达尔文主义，一种"适者生存、优胜劣汰"的自然生存法则演变为一套自由竞争的社会生存法则，这就在一定程度上鼓励和赞同了某种资本主义、种族主义和帝国主义的侵略行径。更为重要的是，这一社会达尔文主义对马克思主义进行了最具毁灭性的渗透，成了它所承受的"最沉重的十字架"。最后，对于英国共产党以及马克思主义和共产主义作用的忽视，安德森却表示了肯定，"简单来说，对于现代英国劳工运动的说明中，我们忽视了共产主义的作用。汤普森极其正确有力地提醒了我们英国共产党在劳工运动的关键时期的重要作用。"①但就英国共产党、工党和工会等组织的本质而言，安德森认为它们都共同带有某种功利主义和实用主义的性质，与马克思主义和共产主义的革命主义和激进主义的性质大相径庭，因而，英国并不存在任何真正的革命的马克思主义思想和文化。

可见，在对英国现代史的考察中，安德森与汤普森分别采用了两种不同的阐释模式，前者是理性主义的，后者是经验主义的。正是在这一阐释模式之上，面对同样一段历史，两人却得出了如此悬殊甚至截然相反的判断和结论。实质上，在这一判断和结论的背后所揭示的是安德森与汤普森对于英国经验主义文化和马克思主义文化的不同理解和认识。在安德森看来，英国的经验主义文化只体现了一种改良的和合作的思想意识，而没有提供任何革命的或激进的意识形态，因而无法产生马克思主义或社会主义的革命意识和行为；在汤普森看来，英国的经验主义文

---

① Anderson P., Socialism and Pseudo-Empiricism, *New Left Review*，Vol. 1，No. 35，1966，p. 24.

化与马克思主义文化之间存在着某种程度的契合，不仅孕育了革命的或激进的意识和行为，而且培育了马克思主义或社会主义的理论和实践。因此，安德森得出了对英国经验主义文化和马克思主义文化的否定判断和理解，为引入欧洲大陆的理性主义的马克思主义资源以弥补本国文化的缺憾提供了一个理论的前提条件和思想的必要基础。

（二）英国"总体化理论"的缺席

在对英国文化的总体审查中，安德森在《国民文化的构成》一文中试图对英国文化的总体特征给予一种结构主义的说明。在此，"结构"一词是由列维·斯特劳斯所界定的，即对于社会事实进行结构研究的方法，它不是以对学科术语的审查而是以对学科间关系的审查为特征，其目标不是为了说明任何一门学科的具体特征，而是为了说明英国各门具体学科之间的相互关系和作用。总体上，英国文化是以一种"缺席的核心"为特征的，它缺乏一种总体性的社会理论：一个是经典的社会学，一个是本土的马克思主义。① 无论是经典的社会学，还是马克思主义理论，它们都力图把传统的各门学科纳入一个总体中，在概念体系中来理解社会本身，理解"结构的结构"。总之，55年来，英国的整个文化地形一直都是由这一"缺席的核心"所决定和支配的。

对于这一"缺席的核心"，安德森在《国民文化的构成》中有关英国文化的总体论述延续了他在《当代危机的起源》中有关英国现代历史的基本

---

① 参见 Anderson P., Component of the National Culture, *New Left Review*, Vol. 1, No. 50, 1968, p. 57.

观点。在他看来,这一双重缺席的秘密在于英国独特的历史发展过程之中。在英国,贵族阶级的统治秩序没有受到资产阶级的全面挑战,随后,贵族阶级与资产阶级的联合统治也没有受到无产阶级的全面威胁。之后,英国工人阶级运动的顶峰只是英国工党而非社会主义党派的运动,因而没有产生出任何经典的社会学和本土的马克思主义。与此相反,在法国,一方面贵族阶级的统治秩序受到了资产阶级的全面质疑,另一方面资产阶级的统治秩序受到了无产阶级的全面否定,由此产生了相应的社会学和革命的马克思主义。在安德森看来,英国资产阶级"一开始就放弃了与生俱来的理智权利,拒绝承认社会总体存在问题,对于总体性范畴的一种深层的本能的厌恶表明了其全部轨迹,它从未在具体的历史实践中把社会重塑为一个整体,也从未在抽象的理论思考中把社会重思为一个整体。"[1]也就是说,英国资产阶级不仅没有在理论上发展出任何有关英国社会的总体思想,也没有在实践上重塑英国社会的阶级结构,是一种"没有社会学的社会学"。总之,英国缺乏任何总体性的社会思想或理论,既缺乏经典的社会学思想,也缺乏革命的马克思主义学说。

然而,这一经典的社会学却是 19 世纪末 20 世纪初欧洲大陆资产阶级的伟大理智成就,以德国的韦伯、法国的杜尔凯姆和意大利的帕累托为杰出的代表性人物;20 世纪 30 年代之后,这一社会学思想转移至美国,形成了以帕森斯(Talcott Parsons)及其著作《社会行为的结构》为代

---

① Anderson P., Component of the National Culture, *New Left Review*, Vol. 1, No. 50, 1968, p. 13.

表的美国思潮。这表明，社会学不仅是一种欧洲大陆的普遍现象，而且也成为一种美国现象。然而，在这一社会学思潮的世界传播过程中，英国是唯一一个例外的国家，它既没有参与一战前欧洲大陆所创立的社会学的理智体系，也没有以任何方式吸收美国出现的社会学思潮，从而失去了新的社会科学发展的重要时刻，乃至今日英国的大学文化体系仍没有受到社会学理论的任何影响。关键的问题在于，安德森之所以对这一经典的社会学体系情有独钟，主要在于这一经典的社会学体系是一种系统的理论化的社会科学。例如，韦伯(Max Weber)的宗教、法律和市场的社会学、杜尔凯姆(Émile Durkheim)对自杀和社会团结的研究、帕累托(Vilfredo Pareto)的精英理论等都超越了具体的经济学、心理学和历史学，而结合成为一种总体性的社会理论，这就是最为关键的和重要的创新。在此意义上，社会学是作为科学的理论而存在的，它所寻求的是对社会结构的全部重建，在统一的分类范畴体系中囊括社会存在的所有方面。因此，总体性是社会学理论最为重要的标志性特征。

与经典的社会学不同，马克思的社会学思想是一种更广泛的综合的社会科学体系。如果按照列宁的理解，马克思的思想是德国古典哲学、英国古典政治经济学和法国社会主义学说的综合体系，是在一种更广范围上的更大程度的综合，并在其目标上形成了一种彻底的革命理论。与此同时，马克思拥有一种完全不同于韦伯或杜尔凯姆等经典社会学家的总体概念。首先，这一总体性是一种复杂的总体性或结构的总体性，它由经济层面的优越性所最终决定，并由这一富含差异的等级层次所多元决定；其次，这一总体性也是一种矛盾的总体性或断裂的总体性，是由一种复杂总体的断裂而产生的一种带有新的矛盾的结构变体。因此，马克思的社会学思想远远超越了这一经典的社会学思想，是一种由复杂的总体化和矛盾的总体性相结合的更为理论化和系统化的思想体系。

与此同时，安德森详细审查了 20 世纪以来构成英国国民文化的各门具体学科，发现一个非常独特的现象，那就是各门学科中的"移民"现象。在他看来，在哲学、历史学、政治学、社会学、心理学、美学、人类学等学科中存在一种"白色移民"现象，而且这些"白色移民"学者在英国国民文化中的首创性和作用是巨大的，他们分别占据了各门具体学科的主导地位。正如下列清单所明确展示的：

	学科	出生国家
维特根斯坦	哲学	奥地利
马林诺夫斯基	人类学	波兰
奈米尔	历史学	波兰
波普尔	社会理论	奥地利
伯林	政治理论	奥地利
贡布里希	美学	奥地利
艾萨克	心理学	德国
克莱茵	社会心理学	奥地利

在这一清单中，安德森排除了两门主要学科，一个是经济学，一个是文学评论，前者由凯恩斯（John Maynard Keynes）主导，后者由利维斯（F. R. Leavis）主导，凯恩斯移居到了美国，文学评论是唯一一门没有移民现象的学科。

关键的问题是，这一移民现象的具体含义是什么？其社会学的本质是什么？与美国不同，英国并非一个主要的移民国家。这些移民学者之所以选择来到英国主要是因为国内局势的动荡，而英国是一个相对传统的、连续的和有序的国家，因此，那些与英国传统思想文化内在一致的知识分子就选择了英国，如奥地利的维特根斯坦、波普尔、伯林等人，而德国人如法兰克福学派的学者和马尔库塞等人则去了法国而后去了美国；卢卡奇去了俄国；布莱希特去了斯堪的纳维亚而后去了美国等。可见，这些选择英国的移民本质上是"一种'白色的'反动移民"，而那些选择了其他国家的移民则是一种"红色"移民。

从社会学的意义上来看，这一选择并非"知识分子们感到无助时的一个偶然码头"①，而是他们的一种有意识的选择，因为其思想与英国的传统主义和经验主义文化是极为接近甚至是完全一致的。历史学家奈米尔（Ninemeier）就称赞英国是一块建立在习俗和直觉之上的陆地，且没有受到欧洲大陆总体性思想的破坏和污染，"现存社会形式所具有的巨大优越性超越了人类的运动和精神，精神继承中的态度和休闲远远超越于任何一代的思想、意志或发明"②。同样，这一经验主义的思想也成为了这些移民知识分子的主要标志，并出现在一个又一个的不断宣称中，他们整理了过去散漫的经验主义，将经验主义凝固化和狭隘化，发起了对总体性思想的系统拒绝，取消了"总体性"的任何思想和理论。例如，奈米尔通过历史的无效说明取消了总体性的思想；波普尔（Karl

---

① Anderson P. , Component of the National Culture, *New Left Review*, Vol. 1, No. 50，1968，p. 18.

② Ibid. , pp. 18-19.

Popper)贬低了道德的总体性；艾森克(Hans J. Eysenck)把总体性还原为一种心理层面的欲望；维特根斯坦(Ludwig Josef Johann Wittgenstein)通过一种理智的语言分析侵蚀了总体性的地位。因此，这些移民现象的社会学本质就与英国经验主义的文化传统形成了内在一致的理论特质，它在接受经验的同时拒绝了理论，在拒绝理论的同时故意避开了理论。

安德森最后得出结论："英国资产阶级社会的文化是由一种缺乏的核心构建起来的——有关自身的总体理论，经典的社会学或者本土的马克思主义。"[①]这一双重理论的缺席就使各门学科的特征及其相互关系产生了一系列的结构性扭曲，哲学局限于技术的语言分析；政治理论与经济理论相脱节；历史事实与科学理论相分离；美学还原为心理学等。总之，每门学科都与其他学科互不关联，并分别形成了一种分门别类、各自为政的具体化和特殊化的学科体系，而非一种相互作用、相互影响的系统化和理论化的学科体系。

对于这一结论，学者们提出了诸多批评。批评者们认为，首先，安德森把对英国国民文化的总体考察与各门具体学科及其理论作品相等同，并在此清单中排除了英国的自然科学和艺术科学的伟大成就，并总结出英国社会科学的总体特征，即一种总体化理论的缺席。其次，在安德森所列出的这一社会科学的清单中，只有两门学科免受责难，一个是马林诺夫斯基(Malinowski)的人类学，因为其精确而全面的知识对于帝

---

① Anderson P., Component of the National Culture, *New Left Review*, Vol. 1, No. 50, 1968, p. 56.

国的存在来说是必要的；另一个是 F. R. 利维斯的文学评论，尽管其没有产生出总体性的理论，但却产生了社会批判的思想。① 再者，另外一个更大的问题在于它所采用的方法论。从某个角度来看，为何如此广泛而多样的国民文化能够令人信服地产生对于单一学术文化的关注？从另外一个角度来看，为何这一单一学术文化的关注能够转变为一种狭隘的学术研究，而非对国民文化的一种大众说明？

对此，安德森回忆道，这一对国民文化的学术考察的基础主要来自20 世纪 60 年代末新社会运动尤其是学生运动的社会背景，因而，对于学术文化的选择和考察实质上是对学生运动的一种自然表达。由此，安德森进入了对社会科学的总体审查中，认为英国是主要欧洲国家中唯一一个没能产生任何经典的社会学或马克思主义的国家。无论是经典的社会学，还是马克思主义，两者都试图理解社会的总体性质，它既是工人阶级运动兴起的产物，也是资产阶级回应工人阶级运动的产物。然而，由于英国缺乏一种激进的资产阶级革命和革命的工人阶级运动，它既没有产生像韦伯、杜尔凯姆和帕累托等经典社会学家，也没有产生像列宁、卢卡奇和葛兰西等西方马克思主义理论家。因此，直到第二次世界大战之后，这一社会学的理论和学科也没有在英国大学中获得任何普遍的接受，从而使英国有别于其他欧洲国家和美国。安德森尽管后来承认了自己的观点中存在过度依赖、部分忽略或部分误解的错误倾向，但也明确肯定了自己总的观点的正确性。他在《逆流中的文化》(1990 年) 一

---

① 参见 Easthope A. ，*British Post-structuralism since* 1968，London and New York：Routledge，1988，p. 11.

文中指出，这一观点过分依赖于帕森斯有关欧洲社会学传统的经典建构，同时在与马克思的对比中忽略了后期欧洲社会学的代表人物，并误解了英国社会学家斯宾塞(Herbert Spencer)的事业，但主要的评价仍然足够正确，并得到了社会理论的比较历史的证实。正如杰弗里·霍桑(Geoffrey Hawthorn)在《启蒙运动和绝望：社会理论史》(*Enlightenment and Despair—A History of Social Theory*)中所指出的："社会学作为一种理智和学术的独特追求，实际上在英国是缺乏的"，在整个 20 世纪的前半叶，"缺乏任何革命左派的威胁和右派的一致反抗"。①

　　实质上，在安德森对于英国资产阶级文化这一"双重缺席"的论断中，所暗含的一个重要结论是，英国不存在任何真正的鲜活的马克思主义的思想文化，换言之，英国不存在一种真正的革命的马克思主义或社会主义思想文化。在他看来，英国的马克思主义文化就如同英国的资产阶级革命一样，带有某种经验主义、保守主义和改良主义的根本特征，而法国的马克思主义文化也如同它的资产阶级革命一样，带有极强的理性主义、启蒙主义和激进主义的基本特质。因此，英国的马克思主义或社会主义的思想文化只有输入欧洲大陆的马克思主义或社会主义的思想文化，才能激发英国工人阶级的革命意识和革命行为。

　　因此，安德森对于英国资产阶级文化和马克思主义文化的批判就成为其引入欧洲大陆理性主义的马克思主义的首个步骤和前提条件。实际

---

①　参见 Anderson P.，A Culture in Contraflow-I. *New Left Review*，Vol.1，No.180，1990，p.52.

上，安德森对于英国资产阶级文化的批判与对英国马克思主义文化的批判相吻合，目的是创造出一种革命的马克思主义和社会主义的思想文化。然而，一旦英国资产阶级的文化根基被完全清除之后，这种革命的文化便成了无源之水、无本之木和无根之基，再也无法得到真正的保障和后盾的支持。但正是在此基础之上，安德森批判地继承了肇始于经典马克思主义的欧洲大陆的"西方马克思主义"传统，并以《新左派评论》为基地引入和译介了经典传统的著作，形成了极具创造性的马克思主义的理论成果。

三、吸收欧洲大陆马克思主义的理性资源

在对英国的经验主义的马克思主义文化的否定诊断的基础上，安德森走向了一种更广泛的欧洲大陆的理性主义的马克思主义文化，确切来说是"西方马克思主义"的理论思潮。然而，对于这一理论思潮，安德森并没有一味地"拿来主义"，而是批判性地吸收、继承和发展，使其成为"类型学"唯物史观思想中重要的一个理论系谱。

安德森在不同的著作和文章中都明确阐释了这一理论系谱。他在《社会主义和伪经验主义》（1966 年）一文中在为奈恩和自己的理论模式进行辩护时指出，这一理论系谱存在某种唯心主义的尺度，"我们著作的理论系谱完全不同于汤普森对它的想象。它来自一战后西欧马克思主义的主要传统——这一传统与某些新的唯心主义形式处于同一时期，是在马克思主义自身转变中的一种辩证回应。这一杰出运动产生了一种马

克思主义，按照恩格斯和考茨基的标准，它存在一种'唯心主义'的尺度"①。同样，安德森在《英国马克思主义的内部争论》(1980年)一书中对《新左派评论》引入"西方马克思主义"的理论资源的具体步骤做了详细说明，首先翻译和介绍西方马克思主义；其次分析和批判西方马克思主义以揭示出这些理论的弱点；最后应用西方马克思主义来分析英国的历史、文化、政治和社会。他说道："《新左派评论》从60年代中期开始把后经典时代的欧洲大陆马克思主义的主要思想体系引入英国的左派文化之中，成功翻译和介绍了卢卡奇、科尔施、葛兰西、阿多诺、德拉·沃尔佩、科莱蒂、戈德曼、萨特、阿尔都塞、廷帕纳罗和其他思想家……《新左派评论》冷静和系统地批评了'西方马克思主义'中的各种理论流派，并理所当然地认为这是一份独立的社会主义杂志的职责。最重要的是，《新左派评论》试图采用一种广泛的历史唯物主义来分析它自己的社会。"②在2000年《更新》一文中，安德森又重申了这一"西方马克思主义"的思想潮流。"在认识上，《新左派评论》奉献了极大的能量对西方马克思主义思想不同流派的介绍和批判性的吸收，占领这份宏大事业达十年以上。结构主义、形式主义，还有心理特征的规范文本和原始资料，往往首先在该杂志的书页中问世。"③

在《新左派评论》及其撰稿人十多年的努力下，以安德森为代表的年

---

① Anderson P., Socialism and Pseudo Empiricism, *New Left Review*, Vol. 1, No. 35, 1966, p. 31.

② Anderson P., *Arguments Within English Marxism*, London: Verso, 1980, p. 149.

③ Anderson P., Renewals, *New Left Review*, Vol. 2, No. 1, 2000, p. 8.

轻一代的英国新左派知识分子对"西方马克思主义"理论思潮的代表人物和代表思想给予了批判性地吸收、继承和发展,其中,最为重要的是安德森对于"西方马克思主义"这一思潮的总体分析和评价。20年后,这一分析和评价仍带着令人着迷的广度和学术精湛的深度,成为了国内外学术界研究"西方马克思主义"的经典范本。

(一)西方马克思主义的"批判的武器"

就"西方马克思主义"的理论思潮而言,拥有各种各样的理论流派和形形色色的代表人物,如以卢卡奇(Lukács)、科尔施(Karl Korsch)和葛兰西(Antonio Gramsci)为代表的黑格尔主义的马克思主义、以马尔库塞(Herbert Marcuse)为代表的弗洛伊德主义的马克思主义、以德拉·沃尔佩(Galvano Della-Volpe)为代表的新实证主义的马克思主义、以萨特(Jean-Paul Sartre)为代表的存在主义的马克思主义、以阿尔都塞(Louis Pierre Althusser)为代表的结构主义的马克思主义,以及以霍克海默(M. Max Horkheimer)和阿多诺(Theodor Wiesengrund Adorno)为代表的法兰克福学派的批判的马克思主义。面对如此流派纷呈、人物多样,思想庞杂的欧洲大陆的马克思主义理论思潮,安德森将这一具有种种倾向和内在差异的马克思主义思潮和流派置于统一的"西方马克思主义"的术语之下,并对其进行了最为广泛的论述和评价。

安德森认为:"在这个改变了的世界上,革命的理论完全起了变化,这种变化产生了今天可以称为'西方马克思主义'的理论。"①在他看来，西方马克思主义理论主要产生于第一次世界大战即 20 世纪 20 年代之后。在对马克思思想的重新理解和诠释中，不是从哲学转向政治经济学，而是从政治经济学走向了哲学、美学、文化等上层建筑的研究，他们既没有提供有关资本主义经济的科学分析，也没有发展有关资产阶级国家的政治探讨，更没有走向有关社会主义问题的策略讨论。因此，就研究主题而言，西方马克思主义完全偏离了经典马克思主义的研究路径，走向了一种全新的理论主题，创造出一个又一个重要的理论贡献。

安德森认为，"西方马克思主义"理论最为突出的一个理论贡献就是其上层建筑的主题创新，他们在哲学、文化和意识形态等上层建筑领域做出了不可思议的成就，获得了令人难以想象的深度。在他看来，最突出的是，一个又一个的思想家在艺术和意识形态的领域以历史唯物主义前所未有的丰富想象力和严谨研究而声名显赫，如葛兰西的领导权理论，法兰克福对人与自然关系的看法，马尔库塞有关性欲的分析，阿尔都塞关于意识形态的理论，萨特有关匮乏的讨论，所有这些都构成了西方马克思主义最重要的主题创新。更为重要的是，方法论问题成为了西方马克思主义理论创新的一个核心主题。"没有一个西方马克思主义传统的哲学家——曾经声称历史唯物主义的主要的或最终的目的是认识论。但是，几乎所有的人都共同认为，马克思主义中理论研究的初步任务，是要理出马克思所发现的，然而却淹没在他作品题材的特殊性之内

---

① ［英］佩里·安德森：《西方马克思主义探讨》，高铦等译，36 页，北京，人民出版社，1981。

的社会调查规范，并在必要时使之完整。其结果是，西方马克思主义相当大量的作品成了冗长、繁琐的方法论。"①

对于马克思思想的方法论原则的最初论述出现于西方马克思主义的早期代表人物科尔施的《马克思主义和哲学》一书中。他在本书的开篇就为西方马克思主义奠定了基本的主题，即方法的研究；同年，另一位早期代表人物卢卡奇在《什么是正统的马克思主义》一书中，明确指出所谓"正统的马克思主义"实际上是专指方法；后来，马尔库塞的《理性与革命》、德拉·沃尔佩的《作为一门实证科学的逻辑学》、萨特的《方法问题和辩证理性批判》、阿多诺的《否定的辩证法》以及阿尔都塞的《保卫马克思》和《读〈资本论〉》等著作和文章中都明确指出了对方法问题的研究。可见，与经典马克思主义相比，西方马克思主义不是集中于历史唯物主义或有关历史问题的研究，而是聚焦于辩证唯物主义或辩证法原则的研究，并在这个研究领域做出了创新性的贡献。

然而，在安德森看来，令人不解的是，这些西方马克思主义理论的重要的主题创新却包裹在一种古怪的、密码式的语言中。"西方马克思主义理论的古怪深奥，是形形色色的：卢卡奇的语言繁琐难解，充满学究气；葛兰西则因多年遭到监禁而养成使人绞尽脑汁的支离破碎的深奥文风；本杰明爱用简陋而迂回的格言式语言；德拉·沃尔佩的语句令人无法捉摸，并喜欢反复地自我引证；萨特的语言则犹如炼金术士的一套

---

① ［英］佩里·安德森：《西方马克思主义探讨》，高铦等译，69 页，北京，人民出版社，1981。

刻板的新奇词汇的迷宫；阿尔都塞的语言则充满女巫般的遁词秘语。"①有人批评说，这些深邃的语言风格钝化了西方马克思主义的批判精神。其实不然，古怪的语言往往与深邃的思想结伴而行，无论语言多么晦涩难懂，它终究掩藏不住思想自身的批判性和革命性。正如马克思主义在 19 世纪充当了工人运动的"圣经"那样，同样，西方马克思主义也在 20 世纪 60 年代末 70 年代初充当了反叛学生和工人运动的"圣经"。

尽管西方马克思主义的研究主题和研究形式在历史唯物主义的轨迹中发生了重要转变，但有一点是与经典马克思主义思想内在一致的，那就是其中所蕴藏的毫不妥协的批判精神。西方马克思主义者继承了马克思本人的批判的和革命的精神，并对它做了最为深刻的诠释和演绎。尤其是法兰克福学派高举马克思主义的批判旗帜，深入到科学技术、日常生活、通俗文化、社会心理等领域，对资本主义社会中物欲奴役人、机器操纵人的现象进行了全面批判，最终创立了一种系统的"社会批判理论"。从某种意义上说，这一批判理论实质上是一种深层的意识形态批判，因为所有现象中所蕴含的不是人民大众的自下而上的利益诉求，而是资产阶级自上而下的意识形态统治，而且，这一统治更加隐蔽和细致，它不是由外在的压迫性力量所强制实施的，而是通过内心的一致同意来进行的。法兰克福学派的代表人物尤尔根·哈贝马斯（Jürgen Habermas）就认为，科学技术本身就是一种意识形态，"技术与科学今

---

① ［英］佩里·安德森：《西方马克思主义探讨》，高铦等译，71 页，北京，人民出版社，1981。

天具有双重职能，它们不仅是生产力，而且也是意识形态"①。另一位法兰克福学派成员马尔库塞也指出，在发达的工业社会中，由于丧失了内在的批判性和革命性，人变成了一种"单向度的人"，社会变成了一种"单向度的社会"。作为心理学家的弗洛姆（Erich Fromm）则对现代社会的自由思想进行了尖锐批判，认为现代人一方面渴望自由，另一方面又逃避自由，人越自由越孤独。总之，在西方马克思主义的批判视域中，当代资本主义社会中所鼓吹的自由、平等、民主、博爱等意识形态具有极大的欺骗性和虚假性，这是对这个颠倒了的世界的颠倒了的反映，资本主义社会掩盖了社会中的真实矛盾和冲突，使我们自觉或不自觉地维护了资本主义的统治。

然而，这一全新的意识形态批判理论并没有使西方马克思主义理论与工人阶级的革命实践相结合，而是远离了工人阶级的政治运动。由此，安德森指出，西方马克思主义理论的一个最为显著的特征是，它在结构上与政治实践相脱离。作为一战后欧洲资本主义先进地区无产阶级革命失败的产物，西方马克思主义是在社会主义理论和工人阶级实践之间日益分离的情况下发展起来的，他们既不满资本主义的统治，也看不到变革资本主义的希望，最终陷入改良主义的窠臼和悲观主义的泥潭而无法自拔。"谈方法是因为软弱无能，讲艺术是聊以自慰，悲观主义是因为沉寂无为；所有这一切都不难在西方马克思主义的著作中找到。"②尽管他们对资本主义社会进行了毫不妥协的意识形态批判，但这一"批

---

① 陈学明：《"西方马克思主义"命题词典》，299 页，北京，东方出版社，2004。

② ［英］佩里·安德森：《西方马克思主义探讨》，高铦等译，118 页，北京，人民出版社，1981。

判的武器"并没有带来大众对资本主义的"武器的批判"。究其原因，安德森指出："发达国家的左派普遍缺乏现实的战略思想，即不能阐明超越资本主义民主过渡到社会主义民主的具体可行的前景。继西方马克思主义之后的马克思主义同其先辈共有的东西是'战略的贫困'，而不是'理论的贫困'。"[①]因此，尽管西方马克思主义拥有一种革命的理论，但却缺乏一种革命的策略，始终没能引起革命的行动。

这里的问题在于，这一具有种种差异和内在分歧的西方马克思主义思潮能否被界定为一种传统？这一简单化的统一做法是否会抹杀西方马克思主义思潮内部的不同流派和代表人物之间的相互矛盾和彼此对立？正如林春在《英国新左派》一书中所指出的，安德森对于西方马克思主义的这一宏观研究路径必然会取消德拉·沃尔佩、科莱蒂（Lucio Colletti）和阿尔都塞的科学主义的马克思主义与人道主义或黑格尔主义的马克思主义之间的显著对立。[②] 如果从更广泛的意义上讲，西方马克思主义是在共同的历史时代背景下，发展并创造出一种共同的理论模式，那么它可被称为一种传统；如果传统是指某些流传下来的观念和价值体系等思维方式的传播，那么西方马克思主义就无法称为一种传统。正如安德森自己所承认的，这些西方马克思主义者之间并不存在任何有机的联系。"事实上，西方马克思主义传统的哲学家使用的语言是空前复杂和难懂的，实际上他们全都极度闭塞，对邻国的理论文化一无所知。令人惊奇

---

① ［英］佩里·安德森：《当代西方马克思主义》，高铦等译，30 页，北京，人民出版社，1989。

② 参见 Lin Chun, *The British New Left*, Edinburgh：Edinburgh University Press，1993，p. 110.

的是，在西方马克思主义的整体中，不曾有过一位理论家对另一位主要理论家的著作进行过认真的评价或持久的批评，从而在其论述中反映出对于著作内容有详尽了解或者反映出最低限度的分析上的关切。"①假如西方马克思主义思想无法在通常的意义上成为一种传统，那为什么安德森把它界定为一种传统呢？假如西方马克思主义之间存在联系的话，那也是极少的有机联系，如果不是一个文化的局外人把他们看作一群相互联系的思想家，那么他们可能会呈现出另外一种分散化的状态。从这个意义上说，正是安德森自己构建了这样一种传统，这一构建的真正原因不是在西方马克思主义内部，而是在西方马克思主义外部，是作为英国经验主义文化的替代品而存在的。②

　　总体来看，在对西方马克思主义的总体审查和批判中，安德森似乎远离了西方马克思主义而走向了更为经典的马克思主义。实质上，无论是经典马克思主义，还是西方马克思主义，都成了安德森的马克思主义和社会主义思想不可或缺的理论资源，前者为其提供了一种政治经济学的批判，后者为其提供了一种文化和意识形态的批判。在此，经济批判与政治批判相统一，文化批判和政治批判相关联，理论批判和实践批判相融合，其核心是实践的批判，改变现存的世界，改变现存的社会，最终实现对资本主义的社会主义改造。

---

① ［英］佩里·安德森：《西方马克思主义探讨》，高铦等译，89 页，北京，人民出版社，1981。

② 参见［英］丹尼斯·德沃金：《文化马克思主义在战后英国》，李凤丹译，189—190 页，北京，人民出版社，2008。

(二)阿尔都塞的极端结构主义诠释

在这些欧洲大陆的"西方马克思主义"理论思潮中，对安德森的"类型学"唯物史观思想产生直接影响的是法国阿尔都塞的结构主义的马克思主义思想，安德森在这一理论思潮的影响下创立了以他为首的英国结构主义的马克思主义学派。正如在法国，以阿尔都塞为代表的结构主义的马克思主义思潮与以梅洛-庞蒂（Maurice Merleau-Ponty）和萨特为代表的存在主义的马克思主义思潮彼此对立，同样，在英国，以安德森为代表的结构主义学派与以汤普森为代表的历史主义学派也针锋相对。以汤普森为代表的历史主义学派不仅极力批评了以安德森为代表的结构主义学派的理论观点，而且严厉批判了以阿尔都塞为代表的法国结构主义的马克思主义思潮。在《理论的贫困》（1978年）中，汤普森认为阿尔都塞主义体现出"理论帝国主义"和唯心主义的种种倾向，两年之后，安德森在《英国马克思主义的内部争论》（1980年）中做出了激烈的反驳，认为阿尔都塞开创了理论研究和经验研究的双重事业。"这种由阿尔都塞和巴里巴尔（Etienne Balibar）所尝试的体系化的概念阐释就是一种原创的和富有成效的事业，它产生了比任何先前的马克思主义讨论更为具体的和精确的解释，无论汤普森能否从历史学家和人类学家中列举出。其贡献的合法性和成效性至少可以在两个领域中被看到。一方面，它开启了对历史唯物主义原则的一种更为密切的理论考察，其中最为明晰的和批判的标准是 G. A. 柯亨（G. A. Jerry Cohen）的哲学著作。另一方面，它也影响了历史学家和人类学家的经验研究的重要著作：盖伊·博伊斯（Guy Bois）有关诺曼封建主义的伟大研究和皮埃尔-菲利普·雷伊（Pierre-

Philippe Rey)有关法国对刚果殖民主义影响的重建是其核心事例。"①

　　实际上，安德森之所以走向这一结构主义的马克思主义思想，是因为这一结构主义的马克思主义提供了一种科学的和理性的分析，而不像历史主义的马克思主义那样，仅仅提供了一种经验的解释或者道德的批判。更为重要的是，这一结构主义的马克思主义思想试图去融合某些历史的或经验的解释。他在反驳汤普森对历史唯物主义的历史编撰学的解释时指出："结果是，理论的马克思主义必须被放弃。它自命为科学而且总是反启蒙主义的。然而，那种源自马克思的传统与这一理论相反，并且应该受到尊重……对于真正的历史唯物主义——'这种开放的、经验的探讨传统始于马克思的著作，并且使用、发展和修正了他的概念'——肯定仍是极具价值的。"②在安德森看来，无论是经验的探讨，还是理论的研究，都是马克思主义研究中不可或缺的因素。

　　对于安德森而言，结构与主体之间的关系问题是结构主义的马克思主义思想中所面临的也是亟待解决的一个最为核心的问题。他指出，结构与主体的问题"一直是解释人类文明发展的历史唯物主义之最重要和最基本的问题之一"。然而，作为历史唯物主义的创始人，马克思并没有对这两种不同类型的机制做出统一、完美的阐释：他一方面在《政治经济学批判·序言》中把历史变革的动力归因于生产力和生产关系之间的矛盾，另一方面在《共产党宣言》中又把历史变革的动力归因于阶级斗争。因此，安德森采用了阿尔都塞有关社会结构与社会主体关系问题的

---

　　① Anderson P. , *Arguments Within English Marxism*, London and New York: Verso, 1980, p. 65.

　　② Ibid. , p. 61.

结构主义解释，形成了他自己对于这一问题的结构主义的解决。

对于社会结构而言，安德森认为阿尔都塞对社会结构做出了一种灵活而有效的解释。那么，作为结构主义者的阿尔都塞如何来解读社会结构呢？在他看来，社会结构是由经济的、政治的和意识形态的实践构成的，其中，每一实践在其具体有效性上都是积极的，而且，每一实践又是其他实践存在的必要条件，而非充分条件，这些实践之间构成了一种分散的、不均匀的和移心化的结构。这样，经济实践虽然仍享有一种优先权和特权化的地位，但由于不再是充分条件而只在归根到底的意义上对上层建筑起最终的决定作用；同样，上层建筑由于自身的自主性和积极性而获得了一种相对的独立性。正如他自己所宣称的："矛盾的多元决定……具有普遍性：经济的辩证法从不以纯粹的状态起作用；在历史上，上层建筑等领域在起了自己的作用以后从不恭恭敬敬地自动引退，也从不作为单纯的历史现象而消失，以便让主宰一切的经济沿着辩证法的康庄大道前进。无论在开始或在结尾，归根到底起决定作用的经济因素从来都不是单独起作用的。"[①]最终，一元决定论的思想丧失了有效性而成了一种多元决定论。社会结构不再由经济因素所唯一决定，而是由经济、政治和意识形态等的实践所共同决定，这就使社会结构形成了一种多元而复杂的存在。同样，这一多元决定论的思想使马克思最初为我们设计的基础与上层建筑的理论模式变得更为灵活而有效。"基础"不再是"真正的基础"而无须承担超出自身的分量和意义，上层建筑也不再是"基础"的直接附属物而获得了一种相对的独立性和自主性。

---

① ［法］阿尔都塞：《保卫马克思》，顾良译，103 页，北京，商务印书馆，2006。

对于这一社会结构及其"多元决定"的解释，安德森表示了极大的认可和接受。首先，在安德森看来，阿尔都塞有关"社会结构"（social formation）的概念最初是在《保卫马克思》中作为对马克思的"社会"概念的替代而引入的，它表述了一种不同于黑格尔的"表述总体"（expressive totality）的"结构总体"（structural totality）的概念。同时，他明确区分了三种社会实践，即经济的、政治的和意识形态的，并坚持了每一实践的不可还原性，这就使社会结构的复杂性和多元性变得足够清晰和明确。更为重要的是，他提出了著名的"多元决定"（overdetermination）的思想。"这一开创性的讨论方向是正确的：在所有的马克思主义者早该如此……它产生了迄今对形态的最完善的和最具识别力的解释。"①

这里需要明确的是，安德森有关社会结构的解释首先采用了卢卡奇有关"社会总体"的研究思想和方法，他在《社会主义和伪经验主义》一文中明确宣称了这一思想和方法。他说道："我们所选择的不是把一切还原为经济，而是把当前状况分析为一个总体，其中，每一层面危机的决定因素都位于这一层面（而不是'基础'）之中，而所有层面都在结构上整合为一个有意义的整体——由其复杂的社会历史所构建。"②这一"总体性"就意味着总体与部分之间的辩证关系，一方面肯定了总体中部分的多样性和差异性，承认了部分的自主性和有效性；另一方面肯定了总体对部分的首要性和优先性，把总体看作部分的有机整合，而非部分的机械

---

① Anderson P.，*Arguments with in English Marxism*，London and New York：Verso，1980，p. 79.

② Anderson P.，Socialism and Pseudo-Empiricism，*New Left Review*，Vol. 1，No. 35，1966，p. 33.

叠加。因此，安德森所说的总体是一种有机统一同时又富含差异的整体。

其次，安德森进一步采用了阿尔都塞有关"社会总体"的概念，尤其是有关"社会结构"和"多元决定"的思想和方法。一方面，安德森采用了阿尔都塞的"社会总体"的概念，认为它是一种结构的统一体，也是一种复杂的统一体，是一种有结构的复杂整体，既强调了社会结构的统一性和整体性，也强调了社会结构的复杂性和多元性。正如阿尔都塞自己所宣称的："马克思讲的统一性是复杂整体的统一性，复杂整体的组织方式和构成方式恰恰就在于它是一个统一体。这是断言，复杂整体具有一种多环节主导结构的统一性。"[①]另一方面，安德森不仅强调了社会结构的总体存在，而且强调了社会结构的总体断裂。或者换言之，社会总体不仅是一种"整合的总体""巩固的整体"或"抑制的整体"，而且是一种"断裂的总体""崩溃的总体"或"变迁的总体"。因此，安德森有关"社会总体"的研究中必然包含两个层面，一个是有关社会存在的总体性的研究，一个是有关社会发展的规律性的研究，这两个层面的研究成为马克思主义历史研究的两大重要内容。

对于社会主体，安德森认为阿尔都塞并没有对社会主体做出积极有效的解释，而是走向了一种极端化的理解，并提出了"历史过程无主体"的著名论断。在阿尔都塞看来，社会结构是一种分散的、不均匀的和移心化的结构，同样，社会主体也不再是人本主义者所赋予的统一的、先验的原因，而是一种分散的、异质的结果。这样，社会主体就生活在层层包裹的社会结构之内，毫无能动性和积极性可言。就其客观结构而

---

① ［法］阿尔都塞：《保卫马克思》，顾良译，197页，北京，商务印书馆，2006。

言，社会主体仅仅只是生产关系的承担者和占据者。对此，阿尔都塞表述道："生产关系的结构决定着由生产当事人所占据的位置和所承担的功能，就他们是这些职能的'承担者'（support/Trager）而言，他们从来也只是这些位置的占据者，所以真正的'主体'……并非天真的人类学'所予'的'明显性'，不是'具体的个人''实在的人'——而是这些位置和职能的规定与分配。"①就其主观结构来说，社会主体则是由意识形态所构建的。他在《意识形态和意识形态的国家机器》一文中指出，主体是通过一种内在的"召唤"（interpellation）过程自由地进入他所承担的位置的，"在唯一的和绝对的主体名义下把个体质询为主体的所有意识形态结构……是推测性的，即一种镜像结构"②。也就是说，我们每个人都是在意识形态的召唤下进入社会中的，并在主观上把自己想象成为一个自由的主体。其实，我们只是社会位置的一个占据者和承担者，始终无法逃脱出社会所强加给我们的结构和位置，无论是客观的，还是主观的，所谓的主体仅仅只是一种幻象和假想。

对此，安德森给予了激烈的批判，认为阿尔都塞过度强调了社会结构的功能作用，同时极度抹杀了社会主体的意志作用，取结构而舍主体，从而滑向了一种极端结构主义的解释。他批评说："如果结构单独在一个超越所有主体的世界中得到公认，那么什么能确保它们的客观性

---

① Althusser L., *Reading Capital*, trans. by Ben Brewster, London: New Left Books, 1970, p. 39.

② Althusser L., *Lenin and Philosophy and other Essays*, New York and London: Monthly Review Press, 1971, p. 180.

呢？极端的结构主义也决不会比它所宣告的人类的毁灭再刺耳了。"①同样，与结构主义有着共同血统和渊源的后结构主义却走向了另外一个极端——主观主义，取主体而舍结构。安德森指出："马克思主义理论内部悬而未决的难题和僵局，尽管结构主义曾许诺要超越它们，但在这一竞争领域中却从未在细节上得到解决。把语言模式当做解开'所有神话的钥匙'，远未阐明或解释结构与主体的关系，这种情况导致由结构的夸张的绝对主义发展为对分裂的主体的盲目崇拜，但并未发展关于结构与主体的关系的理论。"②

因此，对于社会结构与社会主体之间关系的难题，安德森试图在两者之间进行某种协调和架构，一方面反对阿尔都塞等结构主义者对社会结构的极端强调，另一方面反对汤普森等唯意志主义者对社会主体的极度信仰。"对于历史结构必要性的义无反顾的强调，阿尔都塞更忠实于历史唯物主义的核心信条，同时相应于对历史的科学研究的经验总结——但也付出了代价，它掩盖了现代劳工运动的创造性并削弱了革命社会主义的使命。另一方面，对于人类代理人塑造集体生活条件的潜能的强烈意识，汤普森更接近于马克思和恩格斯在其时代的政治品性——但倾向于把历史看作是一个统一的整体，蔑视了必然王国中自我决定的千年否定。"③在此，安德森所面临的这一理论难题就在于如何把结构主义

---

① ［英］佩里·安德森：《西方马克思主义探讨》，高铦等译，68 页，北京，人民出版社，1981。

② ［英］佩里·安德森：《当代西方马克思主义》，余文烈译，74 页，北京，东方出版社，1989。

③ Anderson P. , *Arguments Within English Marxism*, London and New York：Verso，1980，p. 58.

和意志主义这两种要素结合为一种可行的历史唯物主义的解释，一方面承认社会结构的根本性地位，另一方面承认社会主体的意志论因素，从而形成有关社会结构与社会主体之间的相互作用和彼此统一的科学解释。

对此，安德森在有关社会存在与社会变迁的解释中形成了一种更为经典的历史唯物主义的解释：

它是，而且一定是主导的生产方式提供了社会形态的基本统一，把其客观位置分配给它之内的阶级，并在每个阶级中分配代理人。结果典型地就是阶级斗争的客观过程。为了稳定和控制这一冲突，因而在国家内外所实施的包含了压制和意识形态的政治权力的补充形式就是不可取代的。但是，阶级斗争本身不是秩序维持中的首因，因为阶级是由生产方式所构建的，而非相反。

所有社会变革机制的最根本因素是由生产力和生产关系之间的矛盾，而不是由生产关系所产生的阶级冲突和对立所引发，前者包含了后者。当然，两者并不完全等同，生产方式的危机并不等同于阶级的冲突，但在某个历史时刻，它们也许可以结合，也许无法结合。一方面，任何重大的社会经济危机，无论是封建主义的还是资本主义的都典型地吸收了所有无意识的社会阶级；另一方面，这一危机的解决一直是长期阶级斗争的结果。也就是说，在社会秩序的维持和颠覆中，生产方式和阶级斗争总是相互作用的。①

---

① Anderson P. *Arguments Within English Marxism*，London and New York：Verso，1980，pp. 55-56.

　　显然，安德森在对社会存在与社会变迁的解释中存在着一种极强的结构主义的思想基质。对于社会存在而言，其存在的总体性和结构性是由基本的生产方式所提供的；对于社会变迁而言，其变迁的根本动力是由生产力与生产关系之间的矛盾运动所引发的，变迁的直接动力是由阶级的政治斗争来解决的。可见，在这一结构主义的解释中，安德森遵循了历史的唯物主义的解释原则和历史决定论的基本路径，回到了经典马克思主义的地形学。与此同时，这一解释也是一种深层的结构主义思想基础之上的折中主义和调和主义，一方面强调了社会结构的首要的和深层的功能作用；另一方也强调了社会主体自身的积极的和能动的创造作用，最终形成了一种温和的结构主义的马克思主义思想。

　　更为重要的是，安德森的这一温和的结构主义的马克思主义思想不仅体现在对社会结构与社会主体关系问题的终极解答中，而且体现在结构主义与经验主义、历史主义和人道主义思想关系问题的理解上。与法国阿尔都塞的结构主义的马克思主义思想所不同的是，安德森并没有走向一种理论上的反经验主义、反历史主义、反人道主义的极端的结构主义解释，而是试图在结构主义的思想中融入经验主义、历史主义和人道主义的基本要素，实现了经验主义与理性主义、历史主义与结构主义、人道主义与科学主义之间的内在统一。因此，如果说阿尔都塞是一位极端的或强硬的结构主义的马克思主义者，那么安德森就是一位温和的或软弱的结构主义的马克思主义思想者。

四、总结新社会运动的实践

对于安德森而言，这一"类型学"的唯物史观思想不仅是一种科学的解释学，而且是一种革命的实践论，是指导无产阶级实现社会主义未来理想的一种实践指南。他在《英国马克思主义的内部争论》中指出："对于创始人而言，历史唯物主义也是'科学的社会主义'，换言之，它是理解当前和把握未来的事业——一项带有无产阶级革命理念的政治工程。"①因此，安德森期待着社会主义的实现，期待着马克思主义理论与工人阶级实践的结合。

自从第二次世界大战以来，马克思主义理论与工人阶级运动的结合似乎成了一种不可想象的事情。马尔库塞曾如此描绘道："工人和老板享受同样的电视节目，漫游同样的风景胜地，打字员同他雇主的女儿打扮得一样漂亮，连黑人也有了高级轿车。"②然而，令人意想不到的是，1968 年爆发了以法国"五月风暴"为首的风起云涌的新社会运动。尽管这一由青年学生和工人阶级组成的激进运动很快偃旗息鼓，但它对于那一代新左派知识分子而言却是鼓舞人心的，因为它意味着一种全新的社会主义革命。对此，安德森认为："一种革命的文化不是明天的，在今天，文化之内的革命是可能的和必要的，学生斗争就是其最初的形

---

① Anderson P., *Arguments Within English Marxism*, London and New York: Verso, 1980, p. 84.
② [美]马尔库塞：《单向度的人》，刘继译，中译者序言，上海，上海译文出版社，2006。

式。"①同样，其他新左派知识分子也表达了同样的观点和看法。P. 布莱克里奇(P. Blackledge)认为："1968 年改变了一切，再一次，一种革命的工人阶级运动出现在了西欧的议程之中。"②哈曼(Harman)也认为："1968 年是标志战后历史的一个分水岭，因为社会主义进步从 20 世纪20 年代以来似乎首次在全世界范围内出现了。"③

那么，这些新社会运动的性质和特征是什么？它们与传统的社会主义运动有何不同？它们在反资本主义的运动中又扮演着怎样的角色？"五月风暴"作为战后资本主义发生的最为重要的实践形式，它是 70 年代以后新社会运动的真正预演。对此，安德森说道："1968 年法国五月暴动标志着这方面的一个深刻的历史转折点。近五十年来第一次在发达的资本主义制度下——在和平时期，在帝国主义繁荣和资产阶级民主的条件下——发生的一场大规模的革命高潮。"④尽管这一革命最终只是昙花一现，但随后以反核运动和女权运动为开端的新社会运动风起云涌，各种主题的抗议运动层出不穷，千千万万的欧美民众走上街头，示威浪潮席卷了西方各主要资本主义国家，包括民族解放运动、生态运动、妇女运动、同性恋权利运动，动物权利运动……他们围绕着种族、环境、性别、民权等问题而形成了强烈的政治认同，组成不同的团体和协会，

---

① Anderson P. ，Components of the National Culture，*New Left Review*，Vol. 1，No. 50，1968，p. 57.

② Blackledge P. ，*Perry Anderson*，*Marxism and the New Left*，London：The Merlin Press Ltd. ，2004，p. 61.

③ Ibid. ，p. 68.

④ ［英］佩里·安德森：《西方马克思主义探讨》，高铦等译，121 页，北京，人民出版社，1981。

表达了对当代资本主义社会的不满并做出抗争。尽管这些形式的社会运动在历史上并不新鲜，但它们所表示的不满却是全新的，它们已经偏离了社会主义运动的预定轨道，不再把工人阶级作为唯一的主体，不再把推翻资本主义国家机器当做革命的手段，也不再把实现资本主义的社会主义改造当做主要目标，而是一种以多元化主体、多元化的手段和多元化目标为特征的新社会运动。它们对当代资本主义制度形成了一种全面的质疑，对当代资本主义的社会权力构成了一种广泛的文化挑战。正如萨特所认为的，这是一场"没有政治革命的文化革命"，革命的参加者"什么也不要求，至少不要求政府让渡给他们任何明确的东西，同时他们要求一切：要求自由；他们不要求政权，他们没有试图夺取政权，因为今天对于我们来说，需要消灭的是使权力成为可能的那个社会结构本身。"[①]在此意义上，这些新社会运动对当代资本主义社会制度构成了一种新的全面的威胁和挑战。

同时，安德森意识到，这些新社会运动也对传统的马克思主义理论和实践构成了一种巨大的挑战，他提出了一个崭新的时代课题——"自然和历史的问题"。他在《当代西方马克思主义》一书中说道："同样的问题在历史唯物主义的传统内容和概念的典型领域几乎一再碰到，在这些领域内，超出其传统范围的新的政治运动或事件现在已不可避免。这方面的三个最明显的例子是妇女问题、生态学问题和战争问题。"[②]与历史唯物主义中有关"主体与结构的问题"相比，这一"自然与历史的问题"构

---

① 徐崇温：《西方马克思主义理论研究》，30 页，海南，海南出版社，2000。
② ［英］佩里·安德森：《当代西方马克思主义》，余文烈译，116 页，北京，东方出版社，1989。

成了一个更大的难题。对于社会主义理论而言，这些有关性别、生态和和平等问题的研究如何在马克思主义有关阶级斗争的理论中系统化？对于社会主义实践而言，这些拥有不同的斗争主体、斗争手段和斗争目标的新社会运动如何与传统的社会主义运动相结合？在安德森看来，尽管这些新社会运动不能被完全囊括，甚至完全不能被囊括到马克思主义理论和社会主义实践的内涵之中，但作为对当代西方资本主义社会的一种积极而有效的多元反抗力量，它们构成了社会主义运动的"天然同盟军"。他写道，妇女运动和生态运动"分别提出了人们所能想象得到的既最深远又最根本的问题——性之间的关系和人与自然的关系，它们与马克思主义主要关心的阶级之间的关系相交叉而不是其中的一个方面，但是马克思主义却可随时与它们结合，实现短期的目标"①。因此，在安德森看来，社会主义运动并没有丧失任何的有效性，也不可能被新社会运动所取代，实质上，社会主义运动才是最为根本的运动。只有社会主义实现之后，其他社会运动所提倡的性别、生态和和平问题才能得到真正的实现。

　　总之，这一由1968年"五月风暴"所引发的世界范围内的新社会运动对于安德森本人的影响来说是不言而喻的，他信心十足地预言了马克思主义理论和社会主义实践的结合。"在马克思主义理论和群众实践之间，以工业工人阶级的实际斗争为导线，重新开辟一条革命路线的机会已大大增加，理论和实践这样一种重新结合的结果，将改造马克思本

---

① ［英］佩里·安德森：《当代西方马克思主义》，余文烈译，148页，北京，东方出版社，1989。

身——重新创造出曾在当年产生历史唯物主义奠基人的那些条件来。"①
同时,安德森预言了西方马克思主义的终结和托洛茨基主义的重生。在
他看来,托洛茨基主义的马克思主义既没有受到东欧斯大林主义的马克
思主义的污染,也没有受到欧洲大陆的"西方马克思主义"的玷污,它将
在今后反资本主义的社会主义实践中发挥作用。他意识到运动是托洛茨
基主义思想的生命之血,"自列宁逝世以来,托洛茨基毕生致力于实际
的和理论的斗争,以使国际工人运动从官僚政治的统治下解放出来,使
工人运动能在世界范围内重振声威,胜利地推翻资本主义"②。从此,
安德森走上了托洛茨基的革命马克思主义的道路,成了英国革命马克思
主义的典型代表,试图为西方资本主义社会中的工人阶级提供一种革命
的社会主义方案。

小 结

综上所述,安德森的"类型学"唯物史观思想中存在三种主要的思想
来源,即经典的马克思主义、英国经验主义的马克思主义和欧洲大陆理
性主义的马克思主义,它们共同构成了安德森"类型学"唯物史观不可或
缺的理论来源。经典的马克思主义为其提供了一套系统化的理论范畴和
和理论体系,英国经验主义的马克思主义为其提供了一种人道主义和历

---

① [英]佩里·安德森:《西方马克思主义探讨》,高铦等译,122 页,北京,人民
出版社,1981。

② 同上书,122—123 页。

史主义的基本要素，欧洲大陆理性主义的马克思主义为其提供了一种科学主义和结构主义的根本要素，由此形成了一种独具特色的"类型学"的唯物史观思想。

对于经典的马克思主义，安德森主要采用了马克思在《政治经济学批判·序言》和《资本论》中所得出的诸如生产力与生产关系、经济基础与上层建筑、生产方式与社会形态等历史唯物主义的基本概念和理论，遵循了马克思晚期的科学主义和理性主义的认知路线，而非马克思早期的人道主义和经验主义的认识路径，不仅对历史唯物主义思想进行了坚决的保卫和辩护，而且对历史唯物主义思想进行了科学的解释和论证。与此同时，安德森试图把这一"类型学"唯物史观思想应用于世界上不同地区和国家的历史、现实与未来的研究中，把历史的考证和理论的阐释彼此关联，经验的事实和理性的分析相统一，形成了一种融历史与理论、经验与理性为一体的历史科学理论，回到了经典马克思主义的地形学，坚持了历史的唯物主义的解释原则和历史决定论的思想。更为重要的是，安德森对社会主义的国际主义事业进行了坚决的捍卫和坚守。他遵循了经典马克思主义的革命社会主义理想，试图开创出一种"革命的政治学"。一方面他坚持了马克思主义理论与社会主义实践的内在统一，另一方面他坚持了社会主义的国际主义事业，反对一国的社会主义，赞成多国的社会主义，试图在国际主义的文化和政治事业中实现对资本主义的社会主义改造。

对于英国经验主义的马克思主义，安德森在《当代危机的起源》、《社会主义和伪经验主义》《国民文化的构成》和《英国马克思主义的内部争论》等一系列著作和文章中，通过对英国现代的历史、社会、文化和政治的总体考察和分析，得出了对英国现代性的一种全面否定和认识，带有"民族虚无主义"的色彩。就英国的历史而言，英国的现代历史发生了严重偏离。从资产阶级革命的时代、工业革命的时代、帝国主义的时代一直到两次世界大战的时代，如果说以法国为代表的欧洲大陆的资产阶级革命和工人阶级革命是以革命性和彻底性为主要特征，那么英国的资产阶级革命和工人阶级革命却以改良性和合作性为根本特征。就英国的社会而言，自从资产阶级革命以来，英国的现代社会没有发生任何根本的变革，社会的阶级结构也没有发生任何彻底的改变，在社会中居主导地位的仍旧是贵族阶级而非资产阶级和无产阶级。就其性质而言，英国的社会仍是一个极为传统的和保守的社会；就英国的文化而言，英国的革命文化传统是极其薄弱的。英国缺乏一种总体化的社会理论，既没有产生一种经典的社会学，也没有产生一种本土的马克思主义。就其性质而言，英国的经验主义和改良主义的文化气质无法产生出革命的马克思主义理论和文化。由此，安德森指出了英国经验主义文化与马克思主义文化之间的巨大鸿沟，得出了对英国马克思主义和社会主义文化的否定判断和结论。这一否定的判断和结论就为安德森引入欧洲大陆的理性主义的马克思主义，以弥补英国的经验主义的马克思主义文化的内在缺陷，奠定了一种坚实的理论前提和思想基础。

对于欧洲大陆的理性主义的马克思主义，安德森对第一次世界大战以来所产生的"西方马克思主义"传统进行了总体的分析和评价，认为在整个历史唯物主义的轨迹中，西方马克思主义在研究主题、研究形式、研究语言和研究基调等方面偏离了经典马克思主义的政治经济学的研究路线，走向了哲学、美学和文化等上层建筑的研究路径，并在这一领域中做出了一个又一个重要的理论创新。但理论的批判并没有带来实践的批判，同样，"批判的武器"也没有变为"武器的批判"，马克思主义理论与工人阶级实践的内在分裂成为其最为显著的典型特征，偏离了经典马克思主义的理论与实践相统一的内在标准。而在西方马克思主义的理论资源中，法国结构主义的马克思主义思想成了安德森"类型学"唯物史观的直接理论来源。在社会结构的问题上，安德森采纳了阿尔都塞有关社会总体、矛盾与多元决定的基本观点，认为社会是一个有结构的复杂整体，也是一个多元的有机整体，形成了有关社会总体的结构主义的阐释；在社会主体的问题上，安德森既不赞成阿尔都塞对社会主体的结构主义的解释，也不赞成汤普森等人及后结构主义思想对于社会主体所做的唯意志主义的解释，而是试图在结构主义和唯意志主义之间进行某种协调和建构，从而形成对社会结构与社会主体之间相互作用和内在统一的历史唯物主义的科学解释。就其实质而言，这是一种深层的结构主义的马克思主义思想。如果说阿尔都塞的结构主义的马克思主义思想是一种极端的或强硬的结构主义的马克思主义阐释，那么安德森的结构主义的马克思主义思想就是一种温和或软弱的结构主义的马克思主义解释。因为它试图在"类型学"唯物史观的解释中把经验主义和理性主义、历史主义与结构主义、人道主义和科学主义的基本要素融为一体，形成真正科学的理解和认识。

总之，经典的马克思主义、英国经验主义的马克思主义和欧洲大陆的理性主义的马克思主义，构成了安德森"类型学"唯物史观思想的不可或缺的三大理论来源。在此基础上，安德森形成了一种独特的"类型学"唯物史观思想，其中，经验主义和理性主义并行不悖，历史主义和结构主义相得益彰,科学主义和人道主义交相辉映,其目的在于试图把唯物史观表述为一种科学的解释学。同样,安德森也把唯物史观表述为一种革命的实践论。尤其随着 1968 年法国"五月风暴"所引发的形形色色的新社会运动,安德森相信马克思主义理论与工人阶级运动相结合的时刻即将到来,一种真正自由、民主和平等的社会主义社会将会实现。

第二章 ｜ 社会形态的类型学

　　历史研究是安德森"类型学"唯物史观的一个逻辑前提和基础。他在《西方马克思主义探讨》中明确说道："如果马克思主义的确切称号是历史唯物主义，它就必须首先是历史的理论。然而引人注目的是，历史就是过去。现在和未来当然也是历史的，而这正是马克思主义内实践作用的传统格言所不自觉地提到的。"①

　　这里首先需要回答的一个问题是，历史是什么？作为历史唯物主义的创始人，马克思和恩格斯表述道："历史什么事情也没有做，它'并不拥有任何无穷

---

① ［英］佩里·安德森：《西方马克思主义探讨》，高铦等译，136 页，北京，人民出版社，1981。

尽的丰富性',它并'没有在任何战斗中作战'！创造这一切,拥有这一切并为这一切而斗争的,不是'历史',而正是人,现实的、活生生的人。'历史'并不是把人当做达到自己目的的工具来利用的某种特殊的人格。历史不过是追求着自己目的的人的活动而已。"①简单来说,所谓历史,就是由具体的历史的人的实践活动所构成的人类的社会史。那么,历史有无本质,其本质在哪里? 历史有无动力,其动力又在何处? 历史有无规律,其规律是什么? 对此,安德森遵循了一种经典的历史唯物主义的研究路径,对社会存在、社会发展和社会变迁给予了重点研究和论述,形成了一种基于"类型学"唯物史观的社会形态理论。

一、社会历史的集约性

有关社会存在的问题是安德森历史研究中最根本和最深层的一个问题,只有对社会存在的结构进行深入挖掘,才能充分了解社会的真实状况。对此,马克思提供了一种历史唯物主义的说明和解释,认为生产力和生产关系、经济基础和上层建筑构成了社会最基本的结构要素,而社会历史正是在这些结构要素的相互关联和相互作用的模式下前进和发展。如此,安德森就按照唯物史观的基本概念和理论从本体论的意义上确立了"类型学"视角的社会存在。②

---

① 《马克思恩格斯全集》第 2 卷,118—119 页,北京,人民出版社,1957。
② 参见乔瑞金、李瑞艳：《试论安德森的"类型学"唯物史观思想及其意义》,载《哲学研究》,2011(7)。

在阐述社会存在的集约性时，我们需要对安德森所采用的历史唯物主义的相关概念做一番梳理和说明，以期理解历史上的社会形态是如何在生产方式中被集约在一起的。

首先是生产方式的概念。马克思在《德意志意识形态》中将其称为"物质资料的生产方式"，并在《资本论》的写作中得出了一整套有关资本主义生产方式的抽象经济理论。在安德森看来，这一生产方式的概念并不仅仅是一个狭隘的经济学范畴，而且是一个更广泛的历史学范畴，它是区分一种历史结构和另外一种历史结构的重要依据和标准。"首先应当足够清楚的是，马克思并没有阐述过作为政治经济学范畴的生产方式概念，甚至是对它的一种相反说明（adversary version）。这一概念的最初功能究竟是什么呢？设想一下社会经济形态和时代的多样性——就能提供给我们在人类进化中划分一种重要历史结构类型与另一种历史结构类型的方法。"①也就是说，生产方式不是单单指称一种经济结构，而是泛指一种社会历史结构，相当于社会形态（social formation）的概念范畴。在此，social formation 存在两种译法，一种是指社会结构，一种是指社会形态。如果说社会结构的译法更多地包含着一种空间性与同时性的含义，那么社会形态的译法则更多地包含了一种时间性和历时性的含义。因此，生产方式的概念不是一种狭隘的政治经济学范畴，而是一种更广泛的历史社会学范畴，这使得历史唯物主义的这一概念获得了更为有效的解释力和阐释力。正如安德森自己所表达的："从遗传学和功能

---

① Anderson P. , *Arguments Within English Marxism*, London and New York: Verso, 1980, p. 64.

上来说，马克思对于生产方式概念的发现就标志着从政治经济学世界的退场，借此，它开始了一种新的历史类型。"①（在后面的论述中，主要视不同情况来翻译，当指称一种时间性的含义时译作社会形态，当指称一种空间性的含义时译作社会结构。）

其次是生产方式与社会形态之间的关系问题。在安德森看来，阿尔都塞在《保卫马克思》一书中对社会结构做出了明确表述，认为社会结构是由经济的、政治的和意识形态的实践所构成，同时提出了著名的"多元决定"（overdetermination）的思想，从而使社会结构变成了一种最终由经济所决定的多元决定的局面。对于生产方式和社会形态之间的关系，《读〈资本论〉》的合著者巴里巴尔向前迈出了决定性的一步。如果说马克思在《资本论》中仅仅揭示了一种抽象的生产方式理论，但没有分析包括不同生产方式的社会形态，那么巴里巴尔则进一步强调，任何社会形态都不仅包含一种生产方式，而是包含多种生产方式，其中一种生产方式占据主导地位。在此，安德森遵循了阿尔都塞和巴里巴尔的这一解释，认为"历史的实际运动绝不是从一种纯粹的生产方式向另一种生产方式的简单转变，而总是包含着一系列复杂的社会结构，其中有若干种生产方式相互交织在一起，尽管有一种占主导地位"②。这样，生产方式的概念就成为安德森阐释和理解社会形态的一个重要概念，或者换言之，正是生产方式的基本概念使得对社会形态的历史变迁的探讨成为了

---

① Anderson P., *Arguments Within English Marxism*, London and New York: Verso, 1980, p. 64.

② [英]佩里·安德森：《绝对主义国家的系谱》，刘北成、龚晓庄译，452页，上海，上海人民出版社，2001。

可能。

　　同样，在安德森看来，历史学家通常会把生产方式的概念当做一种现成的工具来使用，但却从没有对其进行过任何理论性的表述；相反，阿尔都塞和巴里巴尔把它构建为一种可表述的理论概念，但却丝毫没有关注它之外的历史材料，这就无法产生真正的历史知识。在此，安德森所要做的就是把理论性的概念范畴与经验性的历史材料结合起来，"如果没有对理论概念的正式构建，那么马克思主义历史是不可能的，它不是'一般的历史编撰学'的概念；如果这些概念源自并回到可控的历史研究中，那么它们才能产生真正的知识。"①因此，要想对历史上具体的社会形态问题进行探讨，就必须把生产方式的理论概念和历史研究的经验材料相结合，才能产生有关人类历史产生、发展和变迁的真正的科学知识。

　　那么，究竟生产方式与社会形态存在着怎样的关联？为什么最一般的生产方式的理论概念能够用来探讨历史上具体的社会形态？对于这一问题，马克思本人曾表述过一种著名而隐晦的理论："在一切社会形式中都有一种一定的生产决定其他一切生产的地位和影响，因而它的关系也决定其他一切关系的地位和影响。这是一种普照的光，它掩盖了一切其他色彩，改变着它们的特点。这是一种特殊的以太，它决定着它里面显露出来的一切存在的比重。"②在阿尔都塞的解释中，生产方式就是一种特殊的以太，它作为一种总的最深层的结构，最终决定着社会形态中

---

　　①　Anderson P. ，*Arguments Within English Marxism* ，London and New York：Verso，1980，p. 66

　　②　《马克思恩格斯全集》第 30 卷，48 页，北京，人民出版社，1995。

不同的经济、政治、文化和意识形态等区域结构，同时，区域结构也不是一种完全的、被动的结构，而是具有"相对的独立性"的，两者既相互独立，又相互依存，最终构成一个完整的结构的统一体。因此，对于生产方式与社会形态之间的结合问题，首先需要从结构性或同时性的层面来加以思考和整合。

然而，这里依旧存在一个问题。一旦生产方式和社会形态进入历史的时间序列中，生产方式的历史时间能否与社会形态的历史时间彼此结合？因为生产方式的历史时间是单一的，而社会形态的历史时间是多元的，包括经济的、政治的、文化的和意识形态的时间。因此，这里需要解决两个问题：一是如何赋予社会形态的各层面和各要素以各自独立的历史时间问题；二是如何赋予社会形态的总体一个单独的历史时间问题，或者说如何把各层次和各要素的具有各自独立的历史时间整合为一个总的生产方式的历史时间？

对此，一方面法国著名的历史学家费尔南·布罗代尔（Fernand Braudel）和欧内斯特·拉布鲁斯（Ernest Labrousse）分别划分了不同的历史时间。布罗代尔划分了有关菲利普二世时代地中海和地中海世界的不同结构的历史时间，他按照地理的、经济的、政治的三个层面来建构，并赋予每一层面不同的历史时间模式，认为地理是长期的，经济是中期的，政治是短期的。同样，拉布鲁斯也证实了 18 世纪法国农业经济中有层次的时间模式，长期的、循环的和周期性的。另一方面，阿尔都塞在《保卫马克思》的"矛盾与多元决定"等章节中建构了社会结构的复杂性和多元性之后，便在《读〈资本论〉》中为每一层次和要素构建了一个历史时间（temporality）。阿尔都塞明确地说道："相反，我们必须赋予每一个层次以相对自主的，因而在它对其他层次的'时代'的依存性本身中相对独立的特有的时代。我们应该而且可以说：每一种生产方式都有自己固有的、以生产力的发展为特殊标志的时代和历史，都有自己固有的特殊的生产关系的时代和历史；都有自己固有的政治的上层建筑的历史……都有自己固有的哲学的时代和历史……都有一个自己固有的美学生产的时代和历史……都有一个自己固有的科学形态的时代和历史，等等。"①实际上，无论是布罗代尔和拉布鲁斯，还是阿尔都塞，他们在对社会结构不同层面的历史时间的建构中始终没有解决的一个理论和技术难题在于，如何把不同层面的历史时间整合为一个单一的社会总体的历史时间？

安德森认为，就时间本身而言，它存在两种不同的时间：一种是按年代来排列的统一的、同质的、连续的时间，一种是按时代来划分的不同的、异质的、断裂的时间。只有在后一种时间的意义上，我们才可以设想一种由不同结构层面所产生的历史时间的复杂组合而构成的社会总体发展的独特时间。因此，把所有区域或层面的历史召集到一起的历史时间不是一种空洞的日期方格，而是社会形态的总体的历史时间。然而，国家构成了历史研究的自然边界。世界上不同地区和国家之间的社会形态的历史时间也是多元的和差异的。但是，生产方式不是指一国的生产方式，而是指国际的生产方式，不是指具体的、经验的生产方式，而是指抽象的、普遍的生产方式，这就是所谓生产方式一般的概念。因

---

① ［法］阿尔都塞、巴里巴尔：《读〈资本论〉》，李其庆、冯文光译，87 页，北京，中央编译出版社，2008。

此，这一历史唯物主义的生产方式一般的概念就坚持了生产方式的国际化特征，并把以国家为界的每个特殊的社会形态整合为更一般的占主导地位的生产方式的历史时代。① 这样，生产方式的历史时间就可以等同于社会形态的历史时间，用前者的历史时间来指示或表征社会形态的历史时代，同时，这一生产方式的历史时间概念也丝毫不会损害到社会形态各层面和各要素的相对独立的历史时间问题。"所有层次（区域或地区）历史能够被召集在一起的这一相关事件不是一种空洞的日期方格，而是作为整体的社会结构的全面发展……历史唯物主义首先坚持了生产方式的国际特征，并且需要把每一种独特的社会结构整合为其中居主导地位的生产方式的更为复杂的一般历史。"②

在这一社会形态的总的历史时间中存在两种时间，一种是社会存在的历史时间，一种是社会变迁的历史时间。在社会存在的历史时间中，不同层面或区域的历史时间可整合为一个统一的历史时间，即生产方式的总的历史时间；在社会变迁的历史时间中，也存在一种总的生产方式转变的历史时间。这一总的生产方式转变的历史时间就是一种特殊的社会形态的历史时间，是一种社会形态向另外一种社会形态转变的历史时间，即社会形态断裂或社会危机的历史时间。在这一社会危机的历史时间中，"一种巨大的'矛盾'积累开始作用于统一法庭，其中某些是完全异质的——具有不同的起源、不同的意义、不同的层次和应用点——但

---

① 参见 Anderson P. , *Arguments Within English Marxism* , London and New York：Verso，1980，pp. 73-76.

② Anderson P. , *Arguments Within English Marxism* , London and New York：Verso，1980，pp. 74-75.

从未'合并'为一种'断裂的'统一体——他们在这一'融合'中构成的统一体就是一种革命的断裂"①。这就是一种社会形态的总的特殊的历史时间，是一个社会时代向另一个社会时代转变的时刻，是社会的全面危机的时刻，也是社会的全面变革的时刻。

这样，在安德森的理解和认知中，生产方式是历史唯物主义的一个最核心、最重要的理论概念。通过这一生产方式的理论概念，我们可以在生产方式这一集约性的概念中来探讨社会形态的整体存在及转变机制。更为重要的是，我们就可以探讨诸如奴隶主义、封建主义、资本主义和社会主义等历史上具体的社会形态。生产方式构成了社会形态的一种集约化的存在，它不仅在自身的总的结构中把社会形态的各层面和各要素集结在一起，而且在自身的历史时代中把社会形态的各层面和各要素集结在一起。因此，安德森就从空间和时间的双重意义上确立了社会的结构化和总体化的存在样态，形成了有关社会形态的科学理解。

二、社会存在的整体性

安德森首先把唯物史观看作对社会存在的一种本体论意义上的结构性认识。生产方式是社会存在的一种最根本的结构，其生产力和生产关系、经济基础和上层建筑这两对基本关系就犹如纲目一样，把社会存在

① Anderson P., *Arguments Within English Marxism*, London and New York: Verso, 1980, pp. 76-77.

的各种要素都集结在一起，形成了一种动态的网络体系。正是在这一被集约化了的动态网络体系中，生产力和生产关系、经济基础与上层建筑这两对关系或矛盾才凸显出各自的意义。作为动态网络体系的社会存在不仅是一个不断变化着的整体，而且在不同历史时期和不同现实条件下，表现为不同的存在形式和发展状况，其内在各种要素的功能也在这个被集约化的过程中体现出来。

(一)生产力与生产关系的互存性

对于生产力和生产关系这一对结构要素而言，安德森认为，生产力和生产关系总是共处于一个统一体中，它们相互关联、相互依存和相互影响，任何一方都不能脱离另一方而单独存在，因此，生产力与生产关系之间具有一种统一性和整体性。而且，在这一统一性和整体性中，生产力相对于生产关系来说不再具有任何的优越性和特权化，而生产关系相对于生产力来说也获得了一种"相对的独立性"。

在传统的马克思主义解释中，生产力的作用总是积极主动的，而生产关系的作用总是消极被动的，更为重要的是，生产力的积极作用又是由科学技术的发展加以保障的，甚至传统的马克思主义提出了"科学技术是第一生产力"的思想。这就赋予了生产力一种完全的自主性和能动性，它可以在脱离生产关系的状态中得以存在和发展。然而，安德森提出了一种不同的观点，认为生产力的发展不是单纯技术进步的结果，而是在生产关系的保驾护航中前行的。他详细考察和对比了奴隶制生产方式和封建制生产方式中的生产力问题。在新的劳动分工的基础上，奴隶制社会和封建制社会都不可避免地出现了生产力的极大发展和进步，诸如奴隶社会中的旋转碾磨机、螺旋压榨机、吹玻璃技术、供暖系统、收割机、植物学知识、土地灌溉技术等，代替封建社会中用于耕地的铁犁，用于牵马的挽具，用于改良土壤的泥炭肥料，使用机械动力的水磨，以及三田轮作制等。但是，这些作为生产力标志的技术革新在奴隶社会和封建社会中却被不同地使用，前者是个别而局限的，后者是普遍而广泛的。原因何在？在安德森看来，生产力的发展并不单单是由科学技术的进步来保护的，而是由社会的生产关系加以保障的。正如他所指出的："不应该将它们孤立地看作这个时代经济史中的神灵或决定性的变量。事实上很清楚，这些改进的单纯存在并不能保证它们的广泛利用……只有当一个发展了的封建主义在农村完全形成之后，它们才能被广泛运用。是生产模式本身的内部动力，而不是作为其物质表现之一的一种新技术的出现，才是应当寻求的农业进步的基本原动力。"①也就是说，生产关系对于生产力的发展起着至关重要的作用。正如奴隶制生产关系无法使生产力获得更高水平和更高程度的发展，而封建制生产关系却确保了生产力的全面发展和普遍进步一样，更进一步说，生产力和生产关系作为两个最基本的社会结构要素，它们始终相互交织和缠绕在一起。

同样，在社会变革时代，这一生产力的积极作用又被赋予了一种优先化和特权化的地位和作用，而且，这一优先化和特权化的地位和作用则是由马克思在 1859 年《政治经济学批判·序言》中首先赋予的。"社会

① ［英］佩里·安德森：《从古代到封建主义的过渡》，郭方、刘健译，194—195页，上海，上海人民出版社，2001。

的物质生产力发展到一定阶段，便同它们一直在其中运动的现存生产关系或财产关系发生矛盾。于是这些关系便由生产力的发展形式变成生产力的桎梏。那时，社会变革的时代就到来了。"①然而，安德森在考察封建主义的总危机时注意到，当时的生产力基本上处于一种停滞和退步的状态：一方面，农村生产力受到了极大的限制，封建农业的极度扩张超过了土地和社会结构自身的客观限制，开垦的荒地未得到相应的保护，肥沃的土壤被消耗殆尽，洪水和沙尘变得肆无忌惮；另一方面，城市生产力也受到了客观限制，诸如采矿、银矿和金属业等技术面临着重重障碍；此外，接踵而来的黑死病、鼠疫等外在因素的爆发又引发了劳动力的严重匮乏。所有这些因素都最终加剧了生产力自身的结构性危机，从而引发了封建主义的总危机。因此，安德森得出结论："一种生产方式中的危机的特有'形象'，不是有活力的（经济的）生产力胜利地冲破落后的（社会的）生产关系，迅速地在它们的废墟上建立一种更高级的生产活动和社会；相反，生产力经常趋于停滞和退步于现存的生产关系之内，到它们自身在新的生产力能够创造出来之前必须激烈地变化和重组，并结合为一种全球性的新生产方式。换言之，在转变时代，生产关系的总的变化是发生在生产力之前。而不是相反。"②这就意味着，在社会变革时代，当生产力与生产关系发生矛盾时，并不总是先进的生产力首先冲破落后的生产关系，而是生产关系的变革发生于生产力之前。或者说，生产关系的变革并不是由生产力中决定性的进步所引起的，而是由生产

① 《马克思恩格斯选集》第 3 卷，32—33 页，北京，人民出版社，2012。
② ［英］佩里·安德森：《从古代到封建主义的过渡》，郭方、刘健译，216 页，上海，上海人民出版社，2001。

关系自身因素的衰落或崩溃所导致的。

这就表明，生产力和生产关系之间的关系不仅仅是一个历史时间问题，同时也是一个逻辑秩序问题，无论如何，生产力和生产关系两种基本结构要素都共同具有一种独立性和自主性，然而，这一独立性和自主性始终是作为整体中的一个功能而发挥作用的，或者两者总是相互依存、互为条件的，它们在历史上从来不是单独起作用的，而是在相互影响和相互作用中共同起作用的。这里，安德森就坚持了马克思的历史唯物主义的最核心的思想，即生产力和生产关系之间的矛盾运动，或者生产方式本身的矛盾运动是历史变革最深层的动力。"尽管马克思的理论缺乏一种遗传学类型的解释原则，但它显然拥有一种观点——始于1859 年《序言》，带有一种独有的清晰和力量：生产力和生产关系之间的矛盾是长期历史变革最深层的动力。"①可见，安德森的这一"修正"实质上并没有背离马克思有关生产力和生产关系的阐释框架，而是与其阐释框架完全一致。正如林春在《英国新左派》一书中所评价的："安德森的修正与马克思的总体框架是完全一致的。"②

(二)经济基础与上层建筑的统一性

对于经济基础与上层建筑的这一结构性的要素，也遭到了诸多非马克思主义学者，甚至是马克思主义学者的诸多质疑与责难，因为这一理

---

① Anderson P. , *Arguments Within English Marxism* , London and New York：Verso，1980，p. 81.

② Lin Chun, *The British New Left* , Edinburgh：Edinburgh University Press，1993，p. 129.

论模式蕴含着一种经济还原论或经济简化论的色彩，也因为这一理论模式蕴含着一种静态化的空间，而无法说明动态化的历史。尽管如此，安德森依旧采用了这一经济基础与上层建筑的经典理论模式，不仅坚持了经济基础首要性的宣称，而且还原了上层建筑的一种多元存在，即政治、法律、文化和意识形态都享有一种相对的自主性和积极性，尤其是对政治因素给予了极大的关注和强调。在他看来，任何社会结构都是一种多元要素的组合，除经济因素之外，还存在着各种上层建筑要素，这些要素并非只是经济因素的副产品或附属物，而是社会结构的本质性或决定性要素，它们必然参与了整个社会结构的存在、发展和转变机制。

在对封建主义生产方式的界定中，传统马克思主义者把它看作"大土地所有权同小农生产相结合，剥削阶级用超经济强制的习惯方式——劳役、实物贡赋、货币地租——来压榨直接生产者的剩余……这种复合体被认为是封建主义的经济核心，它可以存在于许多各式各样的政治外壳之下，换言之，基于一种不变的生产核心，法律体制和政治体制是可选择的和外在的人工产物。这样，政治和法律上层建筑就同经济基础脱离了，后者单独构成了这种实际的封建生产方式。"[①]这样，在对封建主义生产方式的界定中，就存在着一种经济简化论或经济还原论的色彩，把经济要素看作唯一的、绝对的决定性要素，而把政治、法律、文化等上层建筑要素看作附带的或偶然的要素，并认为只要存在着农奴制，就

---

① ［英］佩里·安德森：《绝对主义国家的系谱》，刘北成、龚晓庄译，431页，上海，上海人民出版社，2001。

存在着封建主义。在这一唯物主义的解释中，封建主义就成了全世界范围内的一种普遍现象，涵盖了世界上不同地区的不同国家，诸如亚洲的中国、印度、土耳其、波斯和埃及等也常常被划入封建主义之列，而其本质特征是专制主义，而非封建主义。然而，这一解释却存在一个难题：为什么只有欧洲和美洲的封建社会自动发展出了资本主义生产方式呢？在安德森看来，资本主义的独特性实质上源于封建主义的独特性，而封建主义的独特性源于欧洲独特的地理与历史空间，换言之，只有在欧洲才能真正诞生出独特的封建主义和资本主义的生产方式。"在地理上看，这种'充分'的封建复合体诞生在西欧大陆，即原卡罗琳帝国的领土。它从那里缓慢地、不平衡地向外扩展，先是扩展到英国、西班牙和斯堪的纳维亚，然后不太彻底地扩展到东欧。"①

那么，如何来界定封建主义的生产方式呢？在安德森看来，封建主义生产方式是以一个复杂的统一体为特征的，它包含三个结构性的特点：首先，公社土地、自主地与领主自营地的共存本身是其关键性的构成要素；其次，封建的主权分裂产生了中世纪的西欧城市；再者，在整个封建依附等级制的顶点有着固有的模糊或动摇。也就是说，封建主义生产方式是经济与政治的有机统一体。尽管农奴制为整个封建主义生产方式的剩余价值的榨取提供了一个初步的基础，但这种领主的土地所有权和农民的生产活动是在采邑分封制、封建等级制和主权分裂制等上层建筑要素的体系中得以存在的，"效忠——封地——豁免权三者的混合

---

① ［英］佩里·安德森：《绝对主义国家的系谱》，刘北成、龚晓庄译，438 页，上海，上海人民出版社，2001。

产生了采邑制度本身，从而创造出完全独特的'统治和依附'模式。"①可见，它是财产权和统治权的一种独特混合，一方面，有条件的私人土地所有权与个人司法权相联系，另一方面，土地所有权与主权分裂相结合，从而形成了一种独特的双边契约关系，效忠宣誓和分封行为分别束缚着双方的行为。因此，封建主义生产方式是农奴制、采邑分封制、封建等级制和主权分裂制这些经济的、政治的、法律的和文化的要素共同作用的一个必然结果，也就是经济基础要素与上层建筑要素共同作用的必然后果。

更为重要的是，安德森还原了上层建筑的本质存在。在他看来，封建主义生产方式的独特性不应在经济因素中去寻找，而应在政治、法律和文化等上层建筑因素中去寻找。或者换言之，这些上层建筑要素构成了封建主义生产方式的本质的或决定性的特征，而非可有可无的特征。"如果说从大西洋到太平洋所有地区有一个共同的封建主义经济基础，其差别仅仅是法律和政体形式，但却只有一个地区产生了工业革命并最终导致了一切地方的所有社会的改造，那么，其超越性成功的决定因素就应该在其独特的政治和法律上层建筑中寻找。"②同样，对于所有的前资本主义社会而言，上层建筑要素也构成了其不可或缺的本质参量。"前资本主义生产方式不可能脱离政治、法律和意识形态上层建筑来加以界定，因为它们决定着显示其特征的超经济强制的类型，这些法定依附关系、产权和主权的具体形式决定着前资本主义社会形态，而绝不仅

---

① ［英］佩里·安德森：《绝对主义国家的系谱》，刘北成、龚晓庄译，438 页，上海，上海人民出版社，2001。

② 同上书，432 页。

仅是附属的或偶然的暂时现象；它们构成了前资本主义社会中占主导地位的决定性生产方式的主要参数。"[1]

　　在所有这些上层建筑要素之中，安德森对政治上层建筑给予了一种特别的强调和重视，并把国家作为一个核心问题来加以考察和论述。在《绝对主义国家的系谱》一书中，他分析了第一个最具现代意义的绝对主义国家，考察了其现代化的国家机器，认为所有这些现代化的国家机器不是资本主义性质的国家机器，而是封建主义性质的国家，因为它们蕴含着一种战争主义的内在逻辑。"军队、官僚机器、外交与王朝构成了坚固的封建复合体，统治着整个国家机器，操纵着国家的命运。"[2]首先，就军队而言，绝对主义国家首创了职业化的军队，但与资本主义的现代化军队不同，它们不是在全国范围内征募来的军队，而通常是由外国雇佣军起主导作用的一群乌合之众。正是这一非现代化的职业军队，发动了一次又一次的战役。其次，就绝对主义国家的官僚、税收、贸易和外交等机器而言，也同样蕴含着这一战争主义的逻辑。文职官僚的买卖和农民的双重赋税（地方性的封建地租和集权化的封建地租）的直接目的是为了战争；重商主义的贸易原则不是为了国家间的平等互利贸易，而是为了战争的必要性和合理性；作为外交关系最高形式的联姻，也往往只是外交的一种和平镜像，它常常又会引起战争。因此，战争本身成了绝对主义国家的一种社会属性、原始本能和本质宿命。正如安德森所形象描述的："战争不是诸侯的'健身运动'，而是他们的宿命。除个人

---

　　[1]　［英］佩里·安德森：《绝对主义国家的系谱》，刘北成、龚晓庄译，433—434页，上海，上海人民出版社，2001。

　　[2]　同上书，26页。

爱好以及性格上有限的差异之外，整个等级的社会需要在无情地召唤着他们。"①

　　可见，在安德森看来，这些生产力和生产关系、经济基础和上层建筑结构性的要素并不仅仅只是理智的一种纯粹而任意的构造，而是对历史的一种真实反映和再现，因而，对于这些要素和要素间关系的探讨始终是在历史上诸如奴隶主义、封建主义和绝对主义中的具体的社会形态来探讨的。在对这些要素及其关系的解释中，安德森提供了一种类似于阿尔都塞的结构主义的马克思主义思想的解读，不仅释放了各要素自身的独立性和自主性，而且强调了各要素之间的相互性和依存性，始终把它们作为一个整体来看待，这就体现出一种整体主义的思想。然而，这一整体主义的思想中却包含着一种深层的结构主义和功能主义的意识，因为所释放的生产力和生产关系，经济基础和上层建筑的积极能动的作用始终是在整体的结构和功能之中展露和显现的。就其实质而言，当安德森把阿尔都塞的结构主义的马克思主义的概念的结构空间应用于历史的结构空间时，他就从结构主义和历史主义的双重维度上确证了社会存在的结构性和整体性，从而使历史唯物主义的基本概念不再存在于抽象的思维的逻辑空间中，而是存在于具体的经验的历史时间中，最终获得了对人类历史发展的更为有效的诠释。

---

　　① ［英］佩里·安德森：《绝对主义国家的系谱》，刘北成、龚晓庄译，17页，上海，上海人民出版社，2001。

三、社会变迁的多样性

安德森在思考社会存在的整体性的同时，也特别关注在类型学的意义上理解社会革命，认为社会革命在本质上是一种异质性的社会变迁，即从一种社会存在状态转变为另一种社会存在状态，社会存在的本质在跃迁过程中发生了根本性的改变；同时，在这一异质性的社会变迁中，社会革命呈现出不同的和多元的变迁类型和模式，可能是突变的，也可能是渐进的，从而形成了一种社会形态的"类型学"。①

(一)封建主义的类型学

在安德森看来，马克思在《政治经济学批判·序言》中关于人类从"亚细亚的、古代的、封建的和现代资产阶级的生产方式可以看做是经济的社会形态演进的几个时代"②的这一思想，就为我们理解人类历史的发展规律提供了科学的唯物主义的解释。然而，这一解释对于世界历史的实际发展道路而言仍然缺乏足够的效力，因为世界上不同地区和不同国家发展的道路千差万别，各有千秋：欧洲、美国和日本最终走向了资本主义道路；亚洲的中国、朝鲜、越南、老挝以及美洲的古巴在没有经历资本主义阶段就走上了社会主义道路；苏联和东欧国家的发展道路更加艰难曲折，经历社会主义之后又转向了资本主义。因此，要想为世界历史的这种差异性和多样性版图提供一种行之有效的解释，就不能对

---

① 参见乔瑞金、李瑞艳：《试论安德森的"类型学"唯物史观思想及其意义》，载《哲学研究》，2011(7)。

② 《马克思恩格斯全集》第 31 卷，413 页，北京，人民出版社，1998。

这一规律做出简单化的理解，即认为人类历史就是从一种社会形态转变为另一种社会形态，或者从一种生产方式转变为另一种生产方式，而应认为任何一种社会形态的转变都包含了复杂的多种生产方式的冲突和碰撞、交叉和融合。因而，"必须坚决抛弃任何简单的进化概念，即认为一种较低的生产方式被一种较高的生产方式所包摄，一种生产方式完全是通过一种有机的内在连续过程而自发地产生于并取代另一种生产方式"①。

在生产方式和社会形态这一历史唯物主义的双重概念和理论框架下，安德森详细考察和研究历史上不同的社会形态，诸如奴隶主义、封建主义、绝对主义和资本主义之间的过渡与变迁，认为这些基本社会形态是在不同生产方式之间的相互冲突、碰撞、接受和融合下形成的，同时认为每一种社会形态在不同地区和国家中又衍生出了不同的社会结构，它们拥有各自独特的属性和特征。

对于封建主义的起源，安德森认为传统的简单进化的解释过于笼统，无法说明奴隶社会向封建社会转变的真正机制。在他看来，封建主义生产方式是同时代的两种结构性要素，即在古典古代的奴隶制生产方式和原始部落的公社制生产方式在相互的冲突和碰撞中，经过不同比例的生产方式的重组或融合而形成的。他说道："两种瓦解中的先前生产方式，即原始的方式和古代的方式的灾难性碰撞，最终产生了遍布整个中世纪欧洲的封建秩序。西方封建主义是罗马和日耳曼的传统融合的特

---

① ［英］佩里·安德森：《绝对主义国家的系谱》，刘北成、龚晓庄译，449页，上海，上海人民出版社，2001。

有结果……"①这就意味着，原始部落制和古典奴隶制之间不仅存在一种时间上的先后关系，而且存在一种空间上的结构关系，它们同时存在于同一时代的不同区域。原始部落制是当时北欧的社会制度，而古典奴隶制是当时希腊、罗马的社会制度，在不断的征服与扩张中，两种生产方式产生了一种不可避免的摩擦和冲突。正是在这种"灾难性"或"灾变性"的碰撞中（"灾难性"一词是相对于古希腊和古罗马文明而言），才最终形成了欧洲历史上独有的封建主义社会。

在这一"历史综合体"的封建主义社会中，安德森认为，先前存在并促其产生的原始生产方式和奴隶制生产方式并不会自动消失，而是与封建主义生产方式相伴始终，但此时，社会的性质已经发生了根本的改变。所谓封建主义社会，是指封建主义生产方式居主导地位，原始部落制和奴隶制生产方式居从属地位，以某种或明显或隐蔽的存在方式。正是在这三种不同而异质的生产方式的相互作用和影响下，欧洲的不同地区和国家之间形成了具有差异的"封建主义的类型学"。安德森把这一封建主义社会形态仅仅局限于欧洲地区，认为它是欧洲所特有的现象，不能随意把它扩展到欧洲以外的地区。当然，亚洲的日本也存在过封建主义社会，但其特征具有显著的差异。尽管封建主义专属于欧洲地区，但并不是欧洲所有的地区和国家都存在完全一致的封建主义类型，这种封建主义的程度或深或浅，成分或多或少，差异或大或小，因而形成了两种不同的类型学：一种是"地区的类型学"，一种是"国家的类型学"。

---

① ［英］佩里·安德森：《从古代到封建主义的过渡》，郭方、刘健译，130 页，上海，上海人民出版社，2001。

就"地区的类型学"而言，由于日耳曼人的原始部落生产方式和罗马帝国的奴隶制生产方式之间所发生的不同比例和不同程度的碰撞和融合，从而产生了欧洲地区的三种基本"类型学"。安德森指出："欧洲封建主义的核心地区是在罗马与日耳曼因素'均衡综合'产生的地方；基本是在北部法兰西和与其相邻的地带，即加洛林帝国的故土。在这个地区的南方，在普罗旺斯、意大利或西班牙，蛮族和古代生产方式的瓦解和重新组合在古代遗产占统治地位的条件下发生。相反地，在这个地区的北方和东方，在德意志、斯堪的纳维亚和英格兰，在那里罗马的统治从未到达，或只是扎根很浅，在蛮族遗产的本地因素占主要地位的条件下，向封建主义的转变则是缓慢的。"①也就是说，在欧洲地区的三种基本类型中，只有西欧才产生了真正典型的封建主义，而在北欧、东欧和南欧，仅仅只是一种不太完全或不太彻底的封建主义，或者蛮族遗产占据主导地位，或者古典遗产占据主导地位。

就"国家的类型学"而言，其结构更为复杂，我们需要暂时撇开原始部落制生产方式和古典奴隶制生产方式的从属地位和影响，从这一居支配地位的封建主义生产方式的内部结构来进行分析和考察，从而显示出不同国家封建主义的层次和水平。正如安德森所详细划分的，在西欧和南欧的国家中，其封建主义可能是完整的，或较为完整的：法兰西拥有一种典型的全面的封建等级制和多层的采邑分封制；英格兰的封建主义主要是由诺曼的军事入侵所造成的，形成了一个有限的采邑分封制；德

---

① ［英］佩里·安德森：《从古代到封建主义的过渡》，郭方、刘健译，159—160页，上海，上海人民出版社，2001。

意志的大多数地区仍然存在着自由的自主地农民和独立的封建贵族联合，始终都没能建立起一种充分的封建主义；意大利的封建主义由于受古罗马文明的影响而相对薄弱，从来都没有建立起真正的封建金字塔；在西班牙，收复失地的运动是其最基本的决定因素，采邑分封制和领主司法权在几个世纪中一直存在着严重的分裂，也没有结合成一种正式的封建采邑制；葡萄牙是西欧最后一个封建主义的国家，其最显著的标志是极度集中的封建财产，而隶属的农奴制却是相对缺乏的。在北欧的国家中，其封建主义的进程开始较晚，进展缓慢，结构残缺：丹麦由于受德意志人入侵的影响，直至 17 世纪农民阶级也没有完全农奴化；挪威则保留了更为传统的农村结构；瑞典的农奴制从未完全建立，领主司法权完全不存在。在东欧，其农奴化时间之短，程度之浅是显而易见的：俄罗斯的封建主义在 11 世纪的军事征服中达到顶峰；捷克和波兰的农奴制和贵族制主要受到了德意志人的影响。①

通过这一"类型学"的分析和考察，可以看到，尽管封建主义生产方式是古典奴隶制和原始部落制两种生产方式共同综合作用产生的，但它一经产生就形成了既不同于古典奴隶制，也不同于原始部落制的一种全新的生产方式，一种全新的社会形态。而且，这一全新的社会形态在不同地区和不同国家中却存在着不同的类型，其封建主义的特征或完整或残缺，只有在西欧才产生了真正的典型的封建主义类型，具备了农奴制、庄园制、采邑分封制和权力等级制这些最为核心的和本质的特征。

---

① 参见［英］佩里·安德森：《从古代到封建主义的过渡》，郭方、刘健译，161—162 页，上海，上海人民出版社，2001。

因此，在对封建主义社会形态的"类型学"诠释中，安德森不仅强调了社会形态变迁的异质性和断裂性，而且强调了同一社会形态下不同地区和国家之间社会结构的多样性和差异性。

(二)绝对主义的类型学

从封建主义向资本主义的过渡中，存在一个特殊的历史阶段，即绝对主义时期。然而，这一绝对主义的概念对于中国的大多数学者而言或许是陌生的，因为我们经常谈论原始社会、封建社会、资本主义社会和社会主义社会，但很少甚至根本不涉及绝对主义社会。在安德森看来，绝对主义是介于封建主义和资本主义之间的一个特殊的社会阶段。从地域上来看，绝对主义是欧洲社会所特有的产物；从时间上来看，它没有统一的起点和终点，每个绝对主义国家都拥有自己独特的历史时间。正如安德森指出的："西班牙绝对主义是 16 世纪在尼德兰遭受第一次重大失败的；英国绝对主义是在 17 世纪被铲除的；法国绝对主义延续到 18 世纪末；普鲁士绝对主义保留到 19 世纪后期；俄国绝对主义直到 20 世纪才被推翻。"①那么，绝对主义到底是一种怎样的社会？它存在着怎样的结构？其性质如何来界定？安德森考察了欧洲绝对主义国家的发展轨迹，最终得出结论："从本质上讲，绝对主义就是：经过重新部署和装备的封建统治阶级，旨在将农民再度固定于传统社会之上……换言之，绝对主义国家从来也不是封建贵族与资产阶级之间的仲裁者，更不是新

---

① ［英］佩里·安德森：《绝对主义国家的系谱》，刘北成、龚晓庄译，前言 4 页，上海，上海人民出版社，2001。

生资产阶级反对贵族的工具，它是受到威胁的贵族的新政治盾牌。"①也就是说，绝对主义国家既不属于资本主义社会，因为它不是为资产阶级利益所服务，同时也不属于封建主义社会，因为相对于封建主义主权的分散或分裂而言，其主权是集中而强大的。因而绝对主义国家是介乎两者之间的一种过渡形式，具有自己独特的社会结构。

　　同样，就绝对主义国家的性质而言，安德森认为绝对主义国家是维护贵族阶级的统治工具，具有极大的封建性。这一界定也遭到了许多学者的反对和批判。英国马克思主义者鲁道夫·密里本德（Ralph Milibad）认为，这一定义高估了绝对主义国家的封建性而低估了绝对主义国家的独立性："由于安德森强调了这一国家的封建性而付出了独立性的代价，因而没能说明这一绝对主义国家的新奇结构。"②也有学者认为，这一定义高估了绝对主义国家的封建性而没有看到绝对主义国家的资产阶级性质："实际上，绝对主义必然参与了资产阶级化的过程，因为统治者日益需要资产阶级提供给他们资金用于战争和进行管理……当马克思把'具有军队、警察、官僚、僧侣和法院等普遍机构的集权化国家权力描述为为早期资产阶级服务'时，他就比安德森所认为的更接近真理。"③因此，在对绝对主义国家性质的界定中，安德森把绝对主义国家看作一种既不同于封建主义也不同于资本主义之间的过渡阶段，但本质上又把

---

　　①　［英］佩里·安德森：《绝对主义国家的系谱》，刘北成、龚晓庄译，6页，上海，上海人民出版社，2001。

　　②　Blackledge P., *Perry Anderson, Marxism and the New Left*, London: The Merlin Press Ltd., 2004, p.74.

　　③　Behrens B., Review: Review: Passages from Antiquity to Feddalism, *The Historical Journal*, 1976, No.1, p.249.

它看作维护封建贵族阶级的国家机器，既侵蚀了绝对主义的独立性，也损害了封建主义的统一性，无法对欧洲的绝对主义国家做出完美的诠释。

然而，无论这一界定是否正确，重要的是，安德森对这一绝对主义国家进行了翔实而细致的经验考察。与封建主义相类似，绝对主义在欧洲不同地区和国家之间也存在着不同的变体，分属于不同的系谱，同样存在着一种"绝对主义的类型学"。

就地区的类型学而言，东西欧的绝对主义国家存在着完全不同的经济基础：在西欧，封建主义的生产关系或者说农奴制已趋于消亡，资本主义生产关系已开始萌芽，形成了一种自下而上的私有产权制度；在东欧，并不存在资本主义的生产关系，封建主义的农奴制刚刚开始形成，它是西欧农奴制的一种再版。然而，东西欧之间却存在着相同的政治上层建筑，都存在着一种自上而下的公共权力，一种绝对强化的和集中的王权。对此，安德森认为："西欧的绝对主义国家是接受了代役租的封建阶级经过调整的政治机构。它是对农奴制消亡的补偿……相比之下，东欧的绝对主义国家是刚刚抹杀了穷人的传统公社自由的封建阶级的镇压机器，它是一种巩固农奴制的手段。"① 然而，这里存在一个疑问，为什么东西欧之间完全不同的经济基础却产生了相同的上层建筑？在安德森看来，东欧之所以在完全不具备经济基础的条件下出现了绝对主义的君主政体，关键在于它所面临的内忧外患。从内因来看，东欧的一个独

---

① ［英］佩里·安德森：《绝对主义国家的系谱》，刘北成、龚晓庄译，203 页，上海，上海人民出版社，2001。

有特征是地广人稀，劳动力天然缺乏，而且极具流动性，与此同时，劳动力由于中世纪频繁的战争而被极度削弱。因此，"东欧绝对主义最基本的国内原因是在农村。它的复杂的镇压机器主要和首先是对付农民的。"①从外因来看，东欧的绝对主义受到了西欧军事主义入侵的严重威胁，"东欧的绝对主义主要是由于国际政治体系的压力决定的……这是在这种充满毫不留情地争夺领土战争的文明中求得生存的代价；封建主义发展的不平衡迫使他们在还没有达到与西欧相似的向资本主义转变的阶段时就必须赶上西欧的国家结构。"②因此，东西欧之间的绝对主义存在着本质的差异，完全不同的经济基础却孕育出了基本相同的上层建筑。

就"国家的类型学"而言，在西欧的英国、法国、瑞典和意大利，产生了典型的绝对主义，自下而上的经济基础与自上而下的上层建筑相统一。"自下而上强化了的私有财产与自上而下强化了的公共权威竞相发展，君主的专断权力则是后者的具体体现。"③在东欧的俄国、普鲁士和波西米亚，农奴制的确立和绝对主义的确立被紧密地联系在一起；而在波兰，这个"农奴制再版"的典型地区没有出现任何的绝对主义国家。由于绝对主义国家在不同地区和不同国家之间的不同变体，因而最终导致了不同的结局。"在西欧，西班牙、英国和法国君主国被自下而上的资产阶级革命所击败或推翻；意大利和德意志的诸公国则被姗姗来迟的自

① ［英］佩里·安德森：《绝对主义国家的系谱》，刘北成、龚晓庄译，213页，上海，上海人民出版社，2001。
② 同上书，210页。
③ 同上书，13页。

上而下的资产阶级革命所消灭。在东欧，俄罗斯帝国最终被无产阶级革命所摧毁。”①

可见，安德森在对“封建主义类型学”和“绝对主义类型学”的探讨中，不仅展现了欧洲不同地区和国家之间统一的类型特征，而且彰显了不同地区和国家之间分疏的类型差异。同时，与世界上其他地区和国家，如中国、日本、印度、伊斯兰地区的类型特征相比，只有欧洲才具有最典型、最本质的封建主义类型，而在欧洲的所有地区和国家中，只有西欧的法国才是最典型的封建主义类型的国家，北欧、东欧和南欧的其他地区和国家都是残缺的或不完整的封建主义类型。因此，这一探讨不免带有某种欧洲中心主义的色彩和倾向。

四、社会发展的系谱性

在安德森“类型学”的唯物史观思想中，他不仅关注社会变迁的多样性，而且凸显了社会发展的系谱性，不仅探讨了从奴隶制社会形态向封建制社会形态的革命性转变，而且研究了封建制社会形态向资本主义社会形态的持续性变迁，既凸显了社会形态类型的差异性，也强调了社会形态类型的系谱性。因此，尽管安德森本人赞赏马克思的急风暴雨式的

---

① ［英］佩里·安德森：《绝对主义国家的系谱》，刘北成、龚晓庄译，460 页，上海，上海人民出版社，2001。

社会革命思想，但他仍把着眼点放在社会的持续发展的问题之上。[①]

众所周知，马克思在《共产党宣言》中早就讲过，一种新的社会形态的建立，并不意味着对产生它的那个社会的全盘否定，而是保留了先前社会的大部分内容，尤其在它的早期，尽管在质上发生了根本的改变。例如，马克思曾谈及社会主义从资本主义脱胎出来以后，必然要保留资本主义社会的许多内容，因此，新的社会形式是多种因素相互渗透和结合的产物，社会发展也就表现为复杂多样。同样，安德森也把马克思的这一思想和理念贯穿于自己的分析和研究中。

对于资本主义的起源问题，安德森认为，它是封建主义生产方式和古典古代生产方式共同作用的结果，但在这一共同作用中，更加突出了古典古代生产方式在其中所发挥的重要影响。他说道："对于资本主义生产方式在欧洲的兴起，只有打破历史时间总体直线发展观念才能获得解释。通向资本主义的历程不是展现了一种循序渐进的编年史，而是显示出在一种生产方式占主导地位的时代另一种生产方式遗产的存留效应，这种遗产的符咒作用在向第三种生产方式过渡时的活化作用。"[②]这里，所谓"一种生产方式居主导地位的时代"，即指封建主义生产方式占据着主导地位，而"另一种生产方式遗产的存留效应"，即指古典古代奴隶制生产方式的作用和影响。简言之，对于资本主义生产方式的产生乃至发展而言，古典古代遗产的复兴或者说文艺复兴运动发挥了至关重要

---

① 参见乔瑞金、李瑞艳：《试论安德森的"类型学"唯物史观思想及其意义》，载《哲学研究》，2011(7)。

② ［英］佩里·安德森：《绝对主义国家的系谱》，刘北成、龚晓庄译，450 页，上海，上海人民出版社，2001。

的作用和影响。

在安德森看来，这一古典古代遗产的作用主要体现在以下几个方面：首先，欧洲封建主义存在一种古代的"市政遗产"，它比世界上任何其他地方都更积极、更有力地促进了城市的发展，并且，市民社会中存在一种根深蒂固的法律观念。其次，欧洲封建主义农村存在一种独特的采邑制度，而古代罗马法为一种"有条件的私人土地产权"向另一种"绝对的私人土地产权"的转变提供了一个基本的法律前提和保障。再次，欧洲封建主义的古典文化遗产出现了全面复兴，"在近代早期，古代的哲学、历史、政治和科学思想——更无须说文学和建筑学——突然获得了新的活力和现实性"[1]。因此，正是古典古代遗产的全面复兴或文艺复兴运动对资本主义的产生起到了巨大作用。

由此，安德森断言："古代生产方式和封建生产方式的联结必然在欧洲产生出资本主义生产方式——这种关系不仅仅是历时系列，而且在某个阶段也是共时组合。在封建主义的现在中，古典的过去再次苏醒，帮助资本主义的未来兴起。它既比想象的更远离后者，又令人惊讶地更接近于后者。因为众所周知，资本主义的诞生也伴随着古代的再生。"[2]如果按照历史主义的看法，古代文明在前，封建文明在后，封建文明要比奴隶文明更加先进，但从文艺复兴对于古典遗产的重新唤醒来看，奴隶文明丝毫不逊色于封建文明；如果按照结构主义的说法，资本主义的产生是封建主义生产方式的内部矛盾运动的结果，这就排除了文艺复兴

---

[1] ［英］佩里·安德森：《绝对主义国家的系谱》，刘北成、龚晓庄译，455 页，上海，上海人民出版社，2001。

[2] 同上书，451 页。

对于资本主义生产方式的实际影响。可见，安德森的这一理解既不同于历史主义的主张，也不同于结构主义的观点，而是认为资本主义是在奴隶主义和封建主义的时间交叉和空间交错中产生的。奴隶主义和封建主义既是一种历时序列，也是一种共时组合，正是在这种时空交错中才产生了欧洲的独特的资本主义的生产方式。

同样，安德森对比了欧洲的封建主义和日本的封建主义，注意到两种完全不同的历史系谱以及由此产生的不同结果。日本也出现过封建主义的生产方式，其特征与欧洲封建主义的结构特征相类似，但其结果却存在着显著的差异：欧洲在封建主义之后自动产生出了资本主义，而日本却是在外力的武装入侵之下被动走上了资本主义。原因何在？在安德森看来，这一共同的封建主义的结构特征无法做出令人满意的解释，只有从两者不同的历史系谱中才能找到其真正的根源。就其起源来看，欧洲的封建主义是在原始公社制和古代奴隶制两种要素的冲突和融合中形成的，而日本的封建主义是在中央集权帝国的长期衰落中形成的；就其采邑制度来看，尽管欧洲的封建主义与日本的封建主义都存在着"效忠——封地——豁免权"混合而成的采邑制度，但两者之间却存在着极大的差异。前者的契约关系更为互惠和平等，而后者的契约关系更为单向，义务更广泛，权利更武断；就其法制观念而言，欧洲的法律制度沿用了古代罗马法，而日本却源自亲缘关系。因此，正是欧洲封建主义和日本封建主义在其产生和根源上的显著差异才造成了欧洲封建主义与日本封建主义截然不同的走向和结局。

对此，有学者提出疑问，这一欧洲封建主义的独特类型概念能否适用于日本的社会形态？因为中世纪的欧洲与幕府的日本之间不仅在起源和历史系谱中是完全不同的，而且在社会结构方面也存在极大的差异，因而无法使用这一共同的封建主义的概念范畴。实质上，这一封建主义的类型概念就是一个甚为局限的概念，只适用于对欧洲封建主义社会形态的独特性的理解中，而无法适用于对日本封建主义社会形态的独特性理解中。因此，要想为亚洲地区日本的社会形态的历史发展规律提供一种行之有效的科学解释，就需要另外一个不同的总体性概念才能予以完全理解。同样，对于世界上不同的地区和国家的历史发展道路而言也是如此，安德森不仅试图为欧洲地区和国家的历史发展道路建立起社会形态的"类型学"，而且也试图为世界上不同地区和国家的历史发展规律建立起社会形态的"类型学"，由此形成一种基于"类型学"唯物史观思想的社会形态的科学理解。

小　结

在对欧洲封建主义、绝对主义以及资本主义等历史问题的研究中，安德森始终站在历史唯物主义的经典视域内展开分析和研究。在诸如生产力与生产关系、经济基础与上层建筑、生产方式与社会形态这些历史唯物主义的基本概念和理论中，形成了一种基于"类型学"唯物史观的社会形态理论。

就历史的研究理论而言，如果说马克思在《资本论》的历史巨著中主要是对资本主义的社会形态做出了完美的解释，那么安德森在《从古代到封建主义的过渡》和《绝对主义国家的系谱》两部史学著作中则试图对资本主义社会之前的奴隶主义、封建主义和绝对主义的社会形态做出明确的界定和表述。在他看来，封建主义和绝对主义是欧洲地区所特有的社会形态，也是生产力与生产关系、经济基础与上层建筑共同作用的结果，这样既避免了第二国际马克思主义者所蕴含的经济还原论或经济简化论的色彩，也凸显了政治、文化、思想等上层建筑要素的相对独立性的特征，由此走向了一种整体论的有关社会形态的科学理解和解释。

就历史的发展规律而言，在这一"类型学"的唯物史观思想下，安德森不仅对欧洲地区和国家的历史发展规律的特殊性给予了科学性的理解，而且对欧洲之外地区和国家的历史发展规律的独特性做出了探索性的解释，形成了有关人类历史发展道路的多元解释。在对欧洲地区和国家文明的论述之外，安德森还对世界上的其他文明，如伊斯兰文明、中华文明等提出了轮廓性的解决方案。在他看来，如果把这些文明统统归入马克思曾使用过的一般"亚细亚生产方式"的概念就是错误的，用它来指称欧洲之外世界上其他一切地区和国家的发展道路是行不通的，"在程序上有一个十分显然的教训，即不能先建立欧洲进化的规范，然后把亚洲的发展情况归入遗留的一个统一范畴。凡是在封建欧洲之外的历史领域进行的严格的理论探讨，都必然会取代传统的一般性的比较（同欧洲的比较），实事求是地建立一种具体而准确的社会形态和国家体系的类型学。这种类型学尊重它们各自结构和发展的重大差异。"①因此，安德森不仅试图为欧洲地区和国家的历史发展道路建立一种社会形态的

---

① ［英］佩里·安德森：《绝对主义国家的系谱》，刘北成、龚晓庄译，567 页，上海，上海人民出版社，2001。

"类型学",而且试图为世界上不同地区和国家的历史发展规律建立起不同的社会形态的"类型学",只有这样才能展现出人类历史发展道路的多元进化规律。实质上,这一解释是对马克思的"五种社会形态学说"的内在承继和发展,既是对世界历史发展道路的进一步补充和完善,也是对人类历史发展规律的科学论证和解释。

马克思在 1859 年《政治经济学批判·序言》中提出了"五种社会形态学说",即"亚细亚的、古代的、封建的和现代资产阶级的生产方式可以看作是经济的社会形态演进的几个时代"[①]。随后,他在其书信中强调这一五种社会形态的历史演变规律主要局限于欧洲地区的国家,而不能随意扩展到世界上的其他地区和国家。马克思在《给〈祖国纪事〉杂志编辑部的信》(1877 年 10—11 月)中说道,在《资本论》中"关于原始积累的那一章中只不过想描述西欧的资本主义经济制度从封建主义经济制度内部产生出来的途径。……他(指米梅洛夫斯基)一定要把我关于资本主义起源的历史概述彻底变成一般发展道路的历史哲学理论,一切民族,不管他们所处的历史环境如何,都注定要走这条道路,——以便最后都达到在保证社会劳动生产力极高度发展的同时又保证人类最全面的发展这样一种经济形态,但是我要请他原谅,他这样做,会给我过多的荣誉,同时也会给我过多的侮辱。"[②]同时,他在 1881 年 2 月底 3 月初写的《给维·伊·查苏利奇的复信草稿(初稿)》中也指出:"可见,我明确地把这一运动(指资本主义产生)的'历史必然性'限于西欧各国。"[③]

---

① 《马克思恩格斯全集》第 13 卷,9 页,北京,人民出版社,1962。

② 《马克思恩格斯全集》第 19 卷,129—130 页,北京,人民出版社,1963。

③ 同上书,430 页。

　　就历史的研究方法而言，安德森在对欧洲社会发展和历史规律的探讨中遵循了马克思主义传统史学的研究对象和主题，形成了一种以国家为核心的自上而下的研究方法，与以汤普森为代表的英国历史学家以民众为主体的自下而上的历史研究方法形成了鲜明对照。正如他在《绝对主义国家的系谱》的前言中所明确指出的："今天，当'自下向上看的历史'（history from below）已经变成无论马克思主义还是非马克思主义学术界的一句口号，而且在我们对过去的理解中产生了重大成果之时，十分有必要重提历史唯物主义的一个基本原理……'自上向下看的历史'（history from above）——阶级统治的复杂机制的历史，其重要性不亚于'自下向上看的历史'；实际上，没有前者，后者最终只是片面的历史（即使是较重要的一面）。"[1]在安德森看来，国家史与民众史是马克思主义史学中极其重要的、不可分割的整体，国家史是有关统治阶级的历史，民众史是有关被统治阶级的历史，如果说民众史刻画的是有关无产阶级民众自身的历史，那么国家史所刻画的则是无产阶级的另一个肖像史，所呈现给我们的是对无产阶级的历史地位和历史境遇的更为深刻的理解和认识。因此，安德森把国家作为历史研究的自然边界，确立了以国家史为核心的马克思主义史学的研究理路。

　　关键的问题在于，安德森的这一史学研究方法具有一种"类型学"的思维范式。他不仅试图对欧洲不同地区和国家的社会形态的类型差异做出诠释和对比，而且试图对世界上其他地区和国家的社会形态的类型差

---

① ［英］佩里·安德森：《绝对主义国家的系谱》，刘北成、龚晓庄译，前言 5—6 页，上海，上海人民出版社，2001。

异做出诠释和对比,创立一种有关世界历史多元发展的"类型学"的解释范式。需要指出的是,这一"类型学"的思维范式包含一种"比较的类型学"的特征。这一"比较的类型学"通常包含两个层面,一是历史的比较,一是社会的比较,两者内在统一,缺一不可。正如他在评价英国社会学家迈克尔·曼恩(Michael Mann)的《社会权力的来源》一书所采用的方法时曾指出的:"这一系列的误失既不是文化上的,也不是我们所熟知的欧洲中心主义的,它们源于一种理论上的谬误,即认为社会学不可能同时是历史性的和比较性的。"①也就是说,安德森认为社会学与历史学之间不是彼此割裂,相互对立的,而是相互依存,彼此统一的。同时它们还具有比较性,因为只有比较的方法才能给人以合理的解释,而且比较分析不会仅仅突出某个地区,而把其他地区当做可有可无的附庸,由此才能形成对某一地区和某一国家的独特性的理解。安德森在《绝对主义国家的系谱》前言中明确提出要对欧洲的封建主义类型和绝对主义类型在东西欧地区之间的区别与联系做出同等的、互补性的解释:"在本书所研究的欧洲大陆的范围里,正如以前对封建主义的探讨一样,尽量对西欧和东欧进行同等的和互补的论述……但是从总体上看,研究兴趣的合理平衡尚未实现。另外,问题不仅在于需要对两个地区的论述加以平衡,更重要的是,应该对两个地区的区别作出比较解释,分析它们的差异,解释它们相互联系的原因。"②

---

① [英]佩里·安德森:《迈克尔·曼恩的权力社会学》,郭英剑、郝素玲等译,92—93 页,见《交锋地带》,北京,中国社会科学出版社,2008。

② [英]佩里·安德森:《绝对主义国家的系谱》,刘北成、龚晓庄译,前言 3 页,上海,上海人民出版社,2001。

总之，安德森创立了一种基于"类型学"唯物史观思想的社会形态理论。对此有些学者持赞成和认可的立场，有些学者则持批评和质疑的态度。

首先，有学者认为，这一"类型"的概念类似于韦伯的"理想类型"。不同的是，韦伯的"理想型"如科层制是一个描述超越时空的局部社会的概念工具，而安德森的"类型"概念是一个描述具体时空中的社会总体的概念工具。总之，韦伯的"理想型"①是一个抽象的、空洞的、纯粹的概念形式，而安德森的"类型"概念是一个具体的、实在的概念形式，也是一个整体的、总体的概念形式，对应于历史上具体的社会形态。例如，在对封建主义概念的使用中，安德森用它来表征欧洲中世纪封建社会的独特性，在其界定中，包含了农奴制、庄园制、附庸等级制和主权分裂制等所有重要的社会经济政治的特点，因而是一个具体的总体性的概念，指称具体的历史的现实。

其次，玛丽·福布鲁克(Mary Foulbrooke)和西达·斯考切波(Theda Skocpol)在《命定的路径：佩里·安德森的历史社会学》一文中指出，安德森的这一"比较的类型学"不仅对欧洲地区类型和国家类型做出了较

---

① "理想类型"(ideal type)，也译为"理想型"或"理念型"。它是马克思·韦伯提出的一种重要的社会科学的研究方法。在韦伯看来，理想类型是一个思维图像，它既不是历史现实(即其内容不是具体现实的完全再生)也不是"真正的"现实(即它不是从绝对意义上表现了现实的"本质")，其目的甚至不是作为现实的一部分可以在其中找到其作为一个辩证的位置的图式(即它不是一个真正的一般概念)，但是它必须被解释为一个纯限定概念，亦即为了强调经验现实中的某些有意义的部分而与所研究的现实进行比较所用的概念。因此，它是由许多现象所提供的某些特征和成分所组成的，但它不会与任何特定的现象完全重合，由于社会科学牵涉到复杂万分的人类行为，因而只能以这种理想方法来加以解释。

为完美的诠释，而且对世界上其他地区和国家的类型差异也做出了轮廓性的解释，是值得被肯定的。在他们看来，安德森面临两个比较解释的任务，一是需要解释欧洲东西部乃至不同国家之间具有内在联系同时又有所差异的历史，二是需要把欧洲历史与世界上其他地区和国家如日本、中国、土耳其和拜占庭等的历史加以对照和比较。[①] 对于第一个任务，安德森已在《从古代到封建主义的过渡》和《绝对主义国家的系谱》中通过对欧洲历史系谱的追溯和社会结构的分析做出了较为完美的解释。对于第二个任务，安德森在《绝对主义国家的系谱》中有关"日本的封建主义"和"亚细亚生产方式"两篇笔记中做出了轮廓性的解释，不仅说明了日本封建主义类型的独特性及其与欧洲封建主义类型的差异，而且说明了像土耳其、波斯、印度等伊斯兰地区与中国等亚洲地区之间的封建主义的类型差异。

再次，安泽斯基（Anzwski）在《历史与社会结构》一文中做出了更为肯定的评价，认为安德森的《绝对主义国家的系谱》一书是弗雷德里克·泰戈（Fredrik Tygo）所谓的"演化历史"的典范。在他看来，在历史研究的解释中，决定性的解释（deterministic explanation）是根本不可能的，概率式的解释（probabilistic explanation）与可能式的解释（possibilistic explanation）也难以办到。如果历史研究不想流于编年史的记录，同时又想保持对历史发展的解释作用，那么最稳妥的方法莫过于似成合理的

---

① 参见［美］玛丽·福布鲁克、西达·斯考切波：《命定的路径：佩里·安德森的历史社会学》，186 页，见［美］西达·斯考切波：《历史社会学的视野与方法》，上海，上海人民出版社，2007。

解释①（plausibilistic explanation）。实际上，安德森的这一解释就是一种似成合理的解释，是对历史经验与历史理论，历史结构与历史事实之间进行综合分析的结果，是有关历史因果关系的科学解释。相反，朗西曼（W. G. Runciman）提出了一些批评性的思考，认为安德森本来能够对英国绝对主义的失败和法国绝对主义的成功做出对比，同时强调俄国绝对主义和法国绝对主义之间的相似之处，但却没能做到。他悲叹道："比较并没有确立（安德森的）建构宏观社会学解释所围绕的构成原则……安德森的社会进化解释仍被紧紧限制在一个叙述的框架之中……"②对安德森来说，历史方法的本质在于，在不同类型的社会秩序之间找出差别，并确认每种类型的系统、功能和关系，却使其比较方法付出了极大的代价，没有注意那些重要因果关系之间的类比和差异。最后，这一比较学成为了一种"叙述的比较学"而非"解释的比较学"，没有对不同社会历史的差异做出完美的因果解释。

最后，这一"比较的类型学"存在一种结构主义和功能主义的解释。在西达·斯考切波看来，"安德森的世界观以它自己的方式表现出它仍然是明显的进化论"③。而且，它是一种更为精致的进化论，与"系枝功

---

① 所谓似成合理的解释，是对结构连锁的诠释：先确立不同时段的结构，标出两者之间的差异，然后分析前一结构向后一结构的转变，一方面糅合了对于历史经验的分析，另一方面把握了历史结构之间的因果解释。

② ［美］玛丽·福布鲁克和西达·斯考切波：《命定的路径：佩里·安德森的历史社会学》，212 页，见西达·斯考切波：《历史社会学的视野与方法》，上海，上海人民出版社，2007。

③ 同上书，204 页。

能主义进化论”①存在着惊人的相似。在安德森对欧洲封建主义和绝对主义两大历史问题的研究中，特别强调世界历史发展过程中的“主茎”，认为在世界的历史发展进程中，欧洲的发展模式是最为纯粹的，而在欧洲的历史发展过程中，西欧的发展模式又是最为纯粹的，而在西欧的历史发展历程中，法国模式又是最接近马克思有关欧洲生产方式演变的典范。更为重要的是，这一进化论的解释带有极强的结构主义和功能主义的色彩。在对封建主义和绝对主义类型的重新界定和表述中，安德森把分析的重点放在每一类型的本质和功能上，试图通过社会各部分对社会整体所发挥的功能和作用来解释不同的类型，这样，在内外环境的不断变化中，人们只需根据系统的结构性、功能性和关系性而无需参照作为社会主体的行动者的意图和倾向就可以做出解释。同时，在对社会类型的本质和功能的界定中，总是与阶级模式相联系，通过阶级属性来界定，把绝对主义国家看作维护贵族阶级统治的一种工具。这样，阶级就成了一种跨越时间和空间的永恒的客观存在的实体，而不是一种随着时空的不断变化的主观思想和意志的主体，没有真正把阶级的集体意志与宏观的历史解释联系起来，从而无法解释富含差异的多元化的历史。

总体上看，安德森的这一“类型学”唯物史观思想的社会形态理论融合了历史学和社会学理论，形成了一种独特的历史社会学的解释。历史

---

① 所谓系枝进化论，是塔尔科特·帕森斯和 S. N. 艾森斯塔德等理论家提出的一种新的进化理论，用分化、整合和适应的一般进化过程来说明世界上不同国家和地区的多样的演变路径。在内部因素和外部环境的刺激下，通过内部功能和动态平衡的维持，出现了多种多样的演进路径，其中某些路径是先进的，某些路径是落后的，从而在其中确定出一种优势的、进步的演化路径作为标准和典范，其他的可替代的路径只能与之进行对比。这种方法就被称作是“系枝”进化论。

学重构了过去社会的历史图像，社会学建构了现代社会的结构图像，它们往往通过以下三种途径密切结合：第一，把历史与现实相联系，从现实问题出发，通过与此相关的历史情境的处理和分析来解决现实问题；第二，用理论来解释历史，一方面让历史学为社会学提供一些新的分析材料，另一方面用社会学的理论和方法对留存下来的历史资料进行分析，这类似于社会史的研究；第三，用历史来修正理论，在对历史资料的搜集、统计和整理中，使社会学的理论和方法得到某种程度的修正和改进，这些结合的途径都在安德森的这一解释中得到了极好的贯彻。这样，布罗代尔所批评的历史学与社会学之间的交流作为一种"聋子之间的对话"就在一定程度上得到了有效弥补。同样，也如彼得·伯克（Peter Burke）所认为的，社会学和历史学两门学科是相互补充而非相互矛盾的。"社会学可定义为对单数的人类社会的研究，侧重于对其结构和发展的归纳；历史学则不妨定义为对复数的人类社会的研究，侧重于研究它们之间的差别和各个社会内部基于时间的变化。这两种研究方法有时被看成是相互矛盾的，但如果将它们看成是相互补充的，其实更可取。"①

因此，安德森"类型学"唯物史观思想的独特之处就在于其历史与理论并行不悖，经验与理性相得益彰。他从历史的细节处着眼，从历史的琐碎处深入，在简单的地方发现复杂，在同一的地方发现差异，在普遍的地方发现多样，在一般的地方发现特殊，从而使唯物史观获得了一种

---

① ［美］彼得·伯克：《历史学与社会理论》，姚朋等译，2 页，上海，上海人民出版社，2010。

更为有效的诠释力。正如 R. 波特(R. Porter)和 C. R. 惠特克(C. R. Whittaker)所评价的:"安德森的马克思主义确实把国家开创为一种新的历史研究对象,并同时使我们意识到,在我们拥有一种充分的类型学这样做之前必须走多远。"①也如伯尼斯·马丁(Bernice Martin)所认为的:"像马克思一样,安德森对历史的复杂性怀有一种真正的尊重。"②

更为重要的,安德森的"类型学"唯物史观思想存在一种革命的目的论,试图把资本主义的现实与社会主义的未来相关联,以历史来反观现实,以现实映射未来。对于他来说,如何实现对于资本主义的社会主义改造是当今马克思主义者所面临的一个最为严峻的理论和实践任务。在其宏大的历史工程中,安德森试图通过其书写四卷本的《欧洲通史》来描绘出当今资本主义的整个历史系谱,第一卷本主要是勾画出从古代到封建主义的历史,第二卷本主要是分析位于封建主义和资本主义之间的绝对主义国家的系谱,第三卷本主要是论述一系列重大的资产阶级革命,第四卷本主要是描述当代资本主义国家的结构。然而,不幸的是,他仅仅出版了前两卷本,后两卷本始终未能付诸笔端,而未出版的后两卷本也使前两卷本成了最有影响却最具缺陷的作品。正如保罗·布莱克里奇所指出的,这些著作的核心焦点不是学术的,而是政治的,安德森本来想勾画出一种初步的和全新的西方国家理论来实现一种革命的社会主义计划,然而,由于后两卷本的未完成却剥夺了前两卷本存在的理由和目

---

① Porter R. & Whittaker C. R., Review: States and Estates, *Social History*, Vol. 1, No. 3, 1976, p. 376.

② [美]彼得·伯克:《历史学与社会理论》,姚朋等译,2页,上海,上海人民出版社,2010。

的，尽管前两卷本触及了革命社会主义的战略问题，但依然没有清楚地阐明现代西方资本主义国家与 1917 年之后苏联国家之间的真正区别。因此，对于安德森而言，尽管这一对于资本主义的社会主义改造的理论工程已在某种程度上加以完成，但马克思主义理论与工人阶级运动之间相统一的实践工程却依然任重而道远。

阶级问题在马克思的唯物史观中占据着核心位置，"至今一切社会的历史都是阶级斗争的历史"①。然而，马克思并没有形成一个明确而系统的阶级理论，在对阶级术语的使用和界定中也存在诸多模糊和不一致之处。有时，他把阶级看作一个生产过程中具有特殊功能的社会群体，并划分了地主阶级、资本家阶级和工人阶级，分别对应于土地、资本和劳动三个生产要素。这些阶级之间的利益相互冲突、彼此矛盾，从而引发了阶级冲突和阶级斗争的历史。有时，他把阶级划分为剥削者和被剥削者，压迫者和被压迫者。有时，他使用一种阶级的广泛定义，认为罗马的

---

① 《马克思恩格斯选集》第 1 卷，400 页，北京，人民出版社，2012。

奴隶和平民、中世纪的农奴和雇工都属于同一个阶级，与自由民和贵族、领主和雇主相对。有时，他使用了一种阶级的狭隘定义，认为1850年的法国农民由于缺乏一种跨地区的一致认同的阶级意识而不构成一个阶级。可见，马克思在对历史上阶级的划分中也存在着多重标准，或者倾向于客观的生产过程，或者倾向于主观的意识因素。

正是马克思对于阶级问题的这一模糊界定和表述，成为引发了后来马克思主义者之间争论的导火索，他们或者保卫马克思的阶级理论，或者解构马克思的阶级理论。在解构马克思阶级理论的队伍中，如拉克劳（Ernesto Laclau）和墨菲（Murphy）等后马克思主义者坚决放弃了马克思的阶级理论，而代之以多元斗争的主体理论。在保卫马克思阶级理论的队伍中，英国新马克思主义在阶级问题的相关论域中做出了许多杰出的、创造性的工作，力图对阶级的形成和发展给予一种完美的诠释和理解。其中，作为英国结构主义学派的代表人物，安德森继承和发展了列宁等经典马克思主义者对于阶级的经典界定，坚持了阶级的客观决定论，同时强调了阶级的主观构成要素，试图在此基础之上形成一种基于"类型学"唯物史观的阶级主体理论。

一、阶级的结构性界定

安德森对于主体问题，尤其是阶级问题的探讨，并没有像英国历史学家汤普森那样写出一部令世人称赞的著作《英国工人阶级的形成》来阐发自己的观点，但他通过在《英国马克思主义的内部争论》中与汤普森有关主体问题争论的相关章节中进行了相对集中而明确的论述，最终得出了有关阶级的一种结构性界定。

(一)主体的历史决定论

在汤普森看来，历史不是一个无主体的过程，而是一个'无法掌控的人类实践'，其中，每一小时都是"一个形成的时刻，一个选择可能的时刻，一个前代人与后代人较量的时刻，一个对立(阶级)形成和斗争的时刻，或者是一个'欺骗'迹象的时刻"①。因此，历史就是主体的历史，既是个体主体不断进行活动的实践过程，也是阶级主体之间相互较量和彼此斗争的实践过程。同样，汤普森把历史的主体看作"永远困惑、永远复兴的代理人"，指出历史唯物主义的真正经验是"我们人类在自身历史存在中的主要矛盾，部分是主体，部分是客体，是我们自身无意识的决定论的有意识的代理人"②。在此，"代理人"就是指主体，认为人类既是主体，又是客体，从而在积极和消极的双重意义上来使用主体的概念，但更多时候，汤普森把主体看作自由的代理人，而非消极的代理人。"无论我们得出怎样的结论，在无尽衰弱的有关前定和谐和自由意志的争论中"，我们应该把我们设想为是"自由的"(阿尔都塞却不允许我们这样思考)。③ 因此，在汤普森有关主体概念的界定中，主体就变成

---

① Anderson P., *Arguments Within English Marxism*, London and New York：Verso, 1980, p. 17.

② Thompson E. P., *The Poverty of Theory：or an Orrery of Errors*, London：Merlin Press Ltd, 1995, p. 138.

③ 参见 Thompson E. P., *The Poverty of Theory：or an Orrery of Errors*, London：Merlin Press Ltd, 1995, p. 119.

了一种完全的自由的意志的存在者，而无须任何历史决定论的前提和条件。

更为重要的是，汤普森把阶级主体看作阶级意识或阶级意志的表达，从而使历史成了阶级意识或阶级意志相互冲突和斗争的产物。在他看来，"历史的'结果'不是通常所认为的无数相互冲突的个人意志总和的无意识产物，因为这些'个人意志'有其'特殊的生活条件'，一直受阶级方式的制约，如果历史结果被看作是对立阶级的利益和力量冲突的结果，那么，我们也许就会明白人类代理人如何产生一种无意识的结果"①。然而，作为社会主体的阶级是一种集体的存在，阶级意识也是一种集体的意识，如果我们进一步追溯阶级意识的话，就会回到个体意识的问题上。对于个体意识的作用问题，恩格斯提出了著名的平行四边形理论（parallelogram of forces），认为"历史是这样创造的，最终的结果总是从许多单个的意志的相互冲突中产生出来的，而其中每一个意志，又是由许多特殊的生活条件，才成为它所成为的那样，这样就有无数互相交错的力量，有无数个力的平行四边形，而由此就产生出一个总的结果，即历史事变"②。这里依然存在一个问题，即有意识的个体意志如何产生出无意识的历史结果？汤普森的回答是，如果我们用阶级意志取代个体意志的话，那么这一问题就会迎刃而解。

然而，在安德森看来，无论是个体意志还是集体意志，两者总是存在一种无限的回归和循环，个体的男男女女受阶级的制约，同时，阶级

---

① Thompson E. P., *The Poverty of Theory: or an Orrery of Errors*, London: Merlin Press Ltd, 1995, p. 204.

② 《马克思恩格斯全集》第 37 卷，461—462 页，北京，人民出版社，1971。

又是由个体的男男女女所构成的。即使汤普森用阶级意志取代了恩格斯所说的个体意志，但其观点依然是一种唯意志论的解释。这里，汤普森的历史主体的概念就犯了双重错误：第一，他把历史主体等同于主观意志或主观抱负的活动；第二，他忽视历史主体的客观基础和客观条件，忽视了必然王国中不可还原的物质匮乏的限制。因此，对于历史主体的问题，我们不应该仅仅从主观的意识层面来构建，而应该回到客观的所有制关系中来建构。从根本上说，正是这一阶级的客观位置才产生了阶级的主观意识和行为，此处无须进一步解释。如果把历史主体的概念局限于一种完全自由的意志论的层面上，就是一种基本无效的分析；如果把历史主体的概念限定在一种相对自由的决定论的层面上，就是一种科学有效的分析。

对于安德森而言，历史主体的概念应在历史决定论的层面上加以理解，但他并没有完全取消历史主体的积极性和能动性，而是充分肯定了历史主体的主动性和创造性。在他看来："即便在严格决定论的前提下，假如我们通过代理人意味着有意识、有目的的活动，那么这一代理人的概念也可以保留。"①他进一步区分了三种不同性质的主体的工程：首先是一般的个人工程，如计划的制订、婚姻的选择、技能的培训，家庭的供给，取名字等。这些工程对个人而言是极有目的的事情，但却被刻写在现存的社会关系之中；其次是一些集体的或公共的工程，如宗教运动、政治斗争、军事冲突、外交事务、商业探险和文化创造。无论它们

① Anderson P., *Arguments Within English Marxism*, London and New York：Verso，1980，p. 19.

多么崇高或悲壮，在很大程度上都局限于一种自发的范围，追求着某种局部的目的；再者是这样一些集体工程，如早期的政治殖民，宗教异端或文学乌托邦。严格来讲，这一工程的典型代表是法国革命和美国革命，它们始于一种自发的政治反抗，止于一种政治司法的重建。最后是一种完全不同的民众的工程，即现代意义上的工人阶级运动，也是历史唯物主义创始人称之为科学社会主义的运动，是一种试图变革现存社会关系的集体性工程，其最典型的标志是20世纪初俄国的十月革命。① 所有这些工程都是积极的主体性的工程，但社会主义工程与前面的个体或集体的工程性质完全不同，如果说前面的工程是在个人的或局部的层面上极有意义和目的的事业，那么社会主义工程就是在整个社会的层面上极有意义和目的的事业。

显而易见，汤普森的历史主体的概念是一种"自我决定论"之下的完全自由的主体，它在阶级意识和阶级意志的表达中呈现出一种完全的自由意志的面貌，形成了有关历史主体的主观决定论思想；而安德森的历史主体是一种"历史决定论"之下的积极的能动的主体，它在阶级的客观基础和客观条件的限定下呈现为一种相对的自由意志的身份，形成了有关历史主体的客观决定论思想。

(二)阶级的客观决定论

在《英国工人阶级的形成》中，汤普森对英国工人阶级给予了一种完

---

① 参见 Anderson P., *Arguments Within English Marxism*，London and New York：Verso，1980，pp. 19-20.

美的诠释和演绎，并在有关阶级传统、阶级文化和阶级意识的形成中再现了英国工人阶级的自我成长历程。然而，安德森却对这一诠释和演绎进行了尖锐批判，从“共同决定论”、阶级意识的主观标准和阶级形成的历史分期三个方面做出了全面的批判，得出了一种阶级的客观决定论的思想。

首先，安德森批判了汤普森的“共同决定论”思想。在《英国工人阶级的形成》一书的开篇之处，汤普森宣称：“工人阶级并不像太阳那样在预定的时间升起。它出现在它自身的形成中。”它“在被形成时，也自己形成了自己”。① 也就是说，工人阶级的形成既是消极的和被动的，同时也是主动的和积极的，或者换言之，工人阶级既是工业革命和资本主义制度的自发产物，也是阶级意识和阶级文化熏陶的自然结果。在安德森看来，这一宣称实际上暗含着一种“共同决定论”的思想，对于主体论（主观的自由性与积极性）和“条件论”（客观的决定性和必然性）进行了双重宣誓，然而，这一双重的宣誓却仅仅变成了一种口头的承诺而没有得到任何实际的验证。首先，汤普森缺少对工业革命以来资本主义的生产方式，无产阶级的形成、发展与变迁以及整个历史过程的考察。“在这一历史过程中，各种手工业组织、小私有者、农业劳动者、家庭工人和临时穷人被逐渐集中、分配和沦为资本的劳动条件，开始是对工资合同的正式依赖，最后是对机械生产方式一体化的真正依赖。在 1790 年到 1830 年，资本积累的参差不齐的时间节奏和断裂以及不均匀的空间分

---

① ［英］E. P. 汤普森：《英国工人阶级的形成》，钱乘旦等译，前言 1 页，南京，译林出版社，2001。

布与转换不可避免标志着这一初生的英国无产阶级的构成与特征。"①其次，他缺少对资本主义时代的资产阶级，包括商业资产阶级和官僚资产阶级等经济和政治事实的考察与分析。"事实上，一个残酷的经济事实是，伦敦在整个19世纪仍然是一个食利者，由宫廷和城市主导的商业和官僚资本——在某些方式上更接近于维也纳或马德里而非巴黎、柏林或圣彼得堡——它是英国政治上激进的工人阶级运动出现的主要障碍。"②再者，他缺少有关法国革命和美国革命对整个西方世界的意识形态影响的重要论述。"事实上，西方的整个意识形态世界都被这两次巨大的变革改变了……他们的重要影响，尤其是法国革命的影响，与民众对犯罪的态度相比，对于英国工人阶级的政治形成来说是极其巨大的。"③最后，他缺少对19世纪帝国主义和沙文主义等意识形态的重要说明。"在拿破仑时代，由国家所系统规划和安排的民族共同体的意识也许比之前世纪的任何时代都是一个更加重要的事实。"④可见，只有通过对工业革命以来资本主义的生产方式、无产阶级和资产阶级的构成、法国革命和美国革命的世界性影响以及帝国主义和沙文主义的直接论述，才可能在"主体论"和"条件论"的双重决定中来裁决英国工人阶级的集体自我决定的部分。但是，汤普森却把这种复杂的主客观共同决定的整个运动变成了"遭遇与反抗的简单的辩证法"，而这一辩证法又内在于阶级

---

① Anderson P., *Arguments Within English Marxism*, London and New York: Verso, 1980, pp. 33-34.

② Ibid., p. 35.

③ Ibid., p. 36.

④ Ibid., p. 37.

的主观构成之中。因此，在安德森看来，汤普森就把这一"主体论"和"条件论"的双重决定作用转变为一种主体的自我决定作用，而没有涉及阶级的客观决定作用，形成了一种主观意志论的模式，背离了马克思有关工人阶级的唯物主义的研究框架。

其次，安德森批判了汤普森有关阶级意识的主观标准。在《英国工人阶级的形成》中，汤普森在谈到阶级的形成时认为，阶级只有在明确意识到自身的阶级利益身份，并与其他阶级的利益身份相对立时，阶级才能真正形成。"当做为共同经验（继承的或共享的）结果的一些人感受并表述他们之间的利益身份，并与其他人的利益不同（或通常相反）时，阶级就产生了。"①同样，在《理论的贫困》中，汤普森也表达了这一思想，他试图在阶级经验和阶级意识的区分中来确证阶级意识对于阶级形成的重要性，并得出阶级意识是阶级形成的真正标准。"由于在决定性生产关系中的人们开始认识到他们的对立利益，并以阶级的方式开始斗争、思考和评价时，阶级就产生了。阶级经验在很大程度上是由人们所诞生的——或不自觉进入的生产关系所决定的。阶级意识是以文化的角度来处理经验的方式：体现在传统、价值体系、观念和制度形式中。假如经验是被决定的，阶级意识则不是……阶级被人们定义为好像他们经历了他们自己的历史，并且最终这就是唯一的定义。"②因此，汤普森把阶级意识看作阶级形成的唯一标志，并在考察 18 世纪的英国社会时得

---

① Thompson E. P., *The Making of the English Class*, London: Victor Gollancz, 1963, p. 9.

② Thompson E. P., *The Poverty of Theory: or an Orrery of Errors*, London: Merlin Press Ltd, 1995, p. 143.

出了"没有阶级的阶级斗争"的重要命题。

　　然而，安德森认为，如果把阶级意识看作阶级形成的主观标准，那么这一界定将存在着极大的矛盾和困难。第一，这一界定并不符合重要的历史事实或历史证据。因为在历史上，阶级不断出现，但阶级意识尚未出现，他们在共同的斗争中并没有意识到他们的对立利益。实际上，这一阶级的术语也只是 19 世纪才出现的一个新的词汇，例如古希腊罗马制度下的奴隶、中世纪等级制下的农民、日本明治维新时期的工人并没有以阶级的方式斗争和思考，但它们已然构成了一个阶级。也就是说，如果把阶级意识看作阶级形成的唯一标志，那么就无法将这一阶级的概念应用于阶级意识尚未被意识到的历史时期之中。因而，汤普森的"没有阶级的阶级斗争"的这一命题本身就包含了阶级、阶级斗争和阶级意识三者的自我矛盾和循环论证，因为阶级形成于阶级意识之中，阶级意识形成于阶级斗争之中。因而，在安德森看来，阶级还未形成时就存在阶级斗争的这一说法是荒唐的，至少不应该使用"阶级斗争"的词汇，而应该用其他更为恰当的词汇来代替。第二，如果把阶级意识当成阶级形成的唯一标准，那么必然会造成这一结果。通常情况下，两大对立阶级的阶级意识不是同时形成的，而是先后形成的，因此就会出现一只巴掌鼓掌的状况。第三，如果把阶级意识当做阶级形成的唯一解释，那么阶级意识的不断变化是否会对阶级形成产生影响？因为阶级意识的独立性并不能保证阶级意识的稳固性，当阶级意识发生变化，尤其是当阶级意识衰落时是否意味着阶级也在衰落？阶级意识的消失是否意味着阶级也在消失？毫无疑问，英国工人阶级在宪章运动之后，陷入了一个长期的历史的低迷期，这一变化首先体现为阶级意识的变化，这一阶级意识的变化是否会影响到阶级的客观存在呢？因此，在安德森看来，要想维护阶级概念的普遍适用性，就需要对它做出某种结构性的定义，把阶级与客观的生产资料和生产方式相联系，而非把阶级与主观的阶级意识相关联，从而能够在缺乏阶级意识的历史状况中来看待和认识阶级形成与发展的整个历史过程。

最后，安德森认为汤普森有关英国工人阶级形成的历史时期的定位是错误的。在汤普森看来，英国工人阶级真正形成于 19 世纪 30 年代，因为在这一时期它完成了一种新的工人阶级的身份意识，这不仅体现在当地的工人协会和全国的总工会中，而且体现在 1831—1832 年《权利法案》的改革中。他称赞道：“工人们不应该仅仅被看作是永恒消失的群体。55 年来，他们带着无比的坚毅培育出了自由之树。我们为了这些年的英雄文化而感谢他们。”①然而，安德森却反驳说英国工人阶级并没有形成真正的阶级的身份意识，即便在 19 世纪 30 年代形成了一种工人阶级的身份认同，但随后也被 19 世纪 80 年代的劳工主义的身份意识所改变了。他指出：“假如我们采用任何工人阶级的两种基本尺度——作为一种社会力量的客观构成与作为一种政治力量的主观构成——我们应该得出结论，英国无产阶级根本不是形成于 1832 年；假如它形成于 1832 年的话，那么它的第一个化身也被第二个化身奇特而系统地改变了。”②在他看来，如果说 19 世纪 40 年代早期可以被看作英国工人阶级

---

① Thompson E. P. , *The Making of the English Class* , London：Victor Gollancz，1963，p. 915.

② Anderson P. , *Arguments Within English Marxism* , London and New York：Verso，1980，p. 46.

的英雄时代，那么 19 世纪 40 年代到 80 年代则陷入了一种深层的停顿，而 19 世纪 80 年代之后又陷入了一种典型的劳工主义而非马克思主义的意识形态当中。

同样，《新左派评论》的其他成员也表达了与安德森相类似的观点。汤姆·奈恩（Tom Nairn）认为，1789 年法国大革命到 19 世纪 40 年代宪章运动的时期是英国工人阶级的早期的反叛期，而 19 世纪 40 年代之后它迅速变为了一个被驯服的阶级，与资产阶级的狭隘主义和功利主义相结合，形成了一个又一个适度的改良主义和合作主义。维克多·基尔南（Victor Kiernan）也宣称道，随着宪章运动的结束，新的工人阶级并没有重塑国民生活，而是封闭于劳工主义、自我同化和政治冷漠之中。加雷斯·斯坦门·琼斯（Gareth Stedman Jones）则把 19 世纪 80 年代之后的劳工主义的新模式称为"英国工人阶级的重塑"。[①]

可见，在安德森对汤普森的全面批判中，对共同决定论的批判可能是三种观点中最具说服力的一个。尽管汤普森明确宣称阶级形成是主客观环境的共同产物，但实际上他只强调了阶级形成的主观因素，而忽视了阶级形成的客观要素，因而在对阶级的界定中存在一种主观主义或唯意志论的基本框架，倾向于把阶级等同于阶级意志或阶级抱负，过度夸大阶级自身的历史功能和作用，最终得出某种带有欺骗性或夸张性的结论。

此外，汤普森有关阶级的这一主观主义或唯意志论的界定所存在的

[①] 参见 Anderson P. , *Arguments Within English Marxism*，London and New York：Verso，1980，pp. 44-45.

另外一个问题是，他忽视了阶级的客观结构和客观过程，因为阶级意识是阶级形成的一个绝对标准，似乎没有阶级意识就不存在阶级，从而忽视了阶级形成的客观因素和条件。尤为重要的是，汤普森在阶级的界定中采用了历史唯物主义的生产关系的基本概念，但只是把它看作阶级形成的一个假设的前提，而没有充分探讨生产关系的基本特征，也没有使用生产关系的基本特征来定义阶级形成的历史过程。或者说，生产关系仅仅是汤普森所假定的一个历史前提，即生产关系将人们划分为不同的阶级状况，阶级状况导致人们在阶级利益的冲突和对抗，由此形成了阶级斗争的条件。当人们经历或应对他们的阶级状况时，阶级经验乃至阶级意识就从阶级斗争中产生出来，从而形成真正的阶级。在这种意义上讲，阶级斗争先于阶级，而生产关系先于阶级斗争。因此，生产关系也仅仅存在于汤普森的理论假设之中，而没有成为其历史探讨的一个真正对象。

由此，安德森放弃了汤普森对于阶级的主观主义界定，而肯定了柯亨对阶级的客观主义界定，即"一个人的阶级仅仅只是由其所有关系网中的客观位置所构建的……其意识、文化和政治并不进入对其阶级位置的界定中。事实上，这些排除是为了保护马克思主义理论的实质特征，即阶级立场极大地限制了意识、文化和政治"①。在安德森看来，C. A. 柯亨对于资本主义经济中无产阶级的结构位置，以及对阶级产生的全部可能的生产关系的说明是极为清晰而巧妙的，它确立了阶级与生产方式之间的客观关系而独立于阶级的主观意识和文化，这里无须进一步解

---

① C. A. Cohen，Karl Marx's theory of History-A Defence，Oxford，1979，p. 73.

释。最终，安德森走上了历史唯物主义的传统框架和观点，得出了有关阶级的结构主义同时也是对唯物主义的界定，他认为最根本的客观结构是主导的生产方式，而在主导的生产方式中，最基本的是生产关系，即人们在生产过程中所处的结构、地位、作用和结果将是阶级划分的主要依据和标准。

然而，关键的问题是，这一由生产方式所构成的结构性定义能否真正说明阶级的形成过程？因为生产关系不等同于阶级关系，前者是一个经济学范畴，后者是一个社会学范畴，如果单纯通过生产方式或生产关系来定义阶级，仅仅只能说明阶级的客观位置，如果与历史相关联的话，至多也只能说明阶级的客观形成，而无法说明阶级的主观形成。当我们从阶级的客观形成转向阶级的主观形成时，一种结构性的定义就无法说明阶级的自我形成过程。因为阶级不是一堆茫然的、被动的原材料，而是一群有意识的、有目的的存在主体，他们的形成远无法仅通过客观过程加以理解。"任何模式都无法告诉我们在过程的某一'阶段'，什么才是'真正的'阶级形成，……在这个过程中，男男女女带着他们继承的文化和期望，'在社会关系的总和'中经历着各自的生产关系，体验着他们依然被社会规定的状况，并以文化的方式来处理这些经验。"①因此，生产方式对于阶级的主观构建或阶级的自我形成而言就存在明显的差距，即使我们通过演绎推理从阶级地位的地形图上完美地解决阶级的定位分布问题，阶级如何自我形成的问题却依然存在。

————————————

① Thompson E. P., Eighteenth-century English Society: Class Struggle Without Class? *Social History*，Vol. 3，No. 2，1978，p. 150.

对于这一阶级的自我形成，汤普森的这一主观主义的界定可能就是必要的和不可缺少的。在他看来，"阶级不是机器的这部分或那部分，而是机器一旦发动所运行的方式——不是这一利益或那一利益，而是不同利益间的冲突——运动本身，热情和喧嚷。阶级是一种社会的和文化的构成（通常会找到制度的表达），它无法被抽象或孤立地加以界定，只能按照与其他阶级的关系加以界定；并且最终，这一界定只能以时间为媒介——即行为和反应、变化和冲突。当我们谈论阶级时，我们正在思考一种被松散界定的一群人，他们享有同样的利益聚合、社会经验、传统和价值体系，他们倾向于作为阶级而行动，倾向于以阶级的方式在与其他群体人们相关的行为和意识中来界定自己。但阶级本身不是一种事物，而是一种发生。"①因此，在汤普森对于阶级的界定中，阶级不是铁板一块的凝固化的集体，而是由独立的个体所结成的松散的集团或群体，同时，阶级不仅是一种结构化的存在，而且是一种动态化的过程，阶级不仅是经济利益的体现者，而且是社会与文化关系的承载者。在他看来，"阶级是经济的，同时也是'文化'的结构；要在理论上强调一个方面对另一个方面具有优先的地位是不可能的"②，"工人阶级的形成不仅是经济史上，而且是政治史和文化史上的事实。它不是工厂制的自发产物，也不应当想象有某种外部力量（即'工业革命'）作用于一种'新人类'。工业革命过程中变动的生产关系和劳动条件并非施加在这种原料

---

① Thompson E. P.，*Thompson E. P.*，*The Poverty of Theory & Other Essays*，London：*Merlin Press Ltd*，1978，p. 357.
② ［英］E. P. 汤普森：《民俗学、人类学与社会史》，蔡少卿译，203 页，载《再现过去：社会史的理论视野》，杭州，浙江人民出版社，1988。

上，而是施加在生而自由的英国人身上"①。这样，汤普森就在对阶级的主观意识、主观文化和主观行为的宣称中走向了对于阶级自我形成的解释，在某种程度上纠正了安德森有关阶级的客观主义界定的缺陷和不足。正如加拿大学者艾伦·梅克森斯·伍德(Ellen Meiksins Wood)所指出的，汤普森的阶级概念的优势在于，它能够在缺乏阶级意识的历史状况下识别并说明阶级的形成和发展过程，如阶级斗争；而那些对阶级采取结构性定义的马克思主义者，在缺乏清晰可见的阶级的自我意识时，则无法有效说明阶级的形成及影响，而且，对于那些宣称阶级概念不过是在毫无历史证据的情况下从外部强加的一种意识形态的理论构想的观点，也无法做出有效回应。②

因此，对于马克思主义者而言，阶级理论所应承担的任务不仅要识别出阶级的结构定位，而且也要解释阶级的自我形成。马克思曾在《路易·波拿巴的雾月十八》一文中提到了阶级意识对于阶级形成的影响和作用："小农人数众多，他们的生活条件相同，但是彼此间并没有发生多式多样的关系。他们的生产方式不是使他们互相交往，而是使他们互相隔离。……既然数百万家庭的经济条件使他们的生活方式、利益和教育程度与其他阶级的生活方式、利益和教育程度各不相同并相互敌对，所以他们就形成一个阶级。由于各个小农彼此间只存在地域的联系，由于他们利益的同一性并不使他们彼此间形成任何的共同关系，形成任何

---

① ［英］E. P. 汤普森：《英国工人阶级的形成》，钱乘旦等译，211 页，南京，译林出版社，2001。

② 参见［加］艾伦·梅克森斯·伍德主编：《民主反对资本主义——重建历史唯物主义》，吕微洲、刘海霞等译，79 页，重庆，重庆出版社，2007。

的全国性的联系，形成任何一种政治组织，所以他们就没有形成一个阶级。"①这样，马克思的论述就为阶级理论留下了诸多的理论任务，例如如何看待自在阶级和自为阶级？如何使自在阶级转变为自为阶级？实际上，无论是安德森对于阶级形成的客观主义界定，还是汤普森对于阶级形成的主观主义界定，他们都只是涉及了阶级形成的一个方面，如果能够把两个方面加以结合，将会看到有关阶级的客观形成和主观形成的全面图景。

二、阶级的主观性反思

阶级意识是阶级理论的重要内容。安德森不仅对阶级做出了一种客观化和结构性的界定，而且对阶级的主观层面，尤其是主观意识形态进行了深层思考，他在英国阶级结构总体演变的历史中考证了英国工人阶级的历史轨迹和社会构成，对英国工人阶级的主体意识和主体文化给予了一种否定性的诊断和结论。

(一)工人阶级的合作性

安德森认为，就英国阶级结构的基本构成而言，可将其划分为霸权阶级与合作阶级两大阶级。在他看来，霸权阶级总是试图把自己的形象

---

① [英]戴维·麦克莱伦：《马克思思想导论》，郑一明、陈喜贵译，191页，北京，中国人民大学出版社，2008。

和目的强加于整个社会，而合作阶级总是在社会的整体之内寻求自己的形象和目的；同样，霸权阶级总是按照自身的形象来改变整个社会，而合作阶级总是在特定的社会秩序之内维持和改善自己的位置。可见，对于合作阶级而言，霸权阶级对其施加了一种潜移默化的影响，一种深层的文化和意识形态的影响，使他们赞同并认可了这一制度。他说道："一个社会集团对另一个社会集团的主导，不单单是通过武力或财富，而且通过一种社会权威，其最终的认可和表述是一种深刻的文化霸权。"①在英国，这一霸权阶级是贵族阶级和资产阶级的一种特有融合，其中，贵族阶级居主导地位，资产阶级居从属地位，合作阶级是工人阶级，由此产生了一种霸权的意识形态和合作的意识形态。

就霸权阶级的意识形态而言，英国主导的意识形态是以传统主义和经验主义为特征的，前者来自贵族阶级，后者来自资产阶级，当传统主义把现在和历史相连时，而经验主义把现在和未来相连，所有这一切就使英国陷入了一种全面的凝固的保守主义，并带有一种宗教主义色彩。面对贵族阶级的传统主义和保守主义的意识形态，尽管资产阶级产生了自身的经验主义的意识形态，但其性质是功利主义和实用主义的，始终没能创造出一种霸权主义的文化和价值体系。而随后产生的自由主义，也只是一种功利主义的衍生和凝结，仅仅激发了某种零星的、偶然的和有局限的社会主义的热情。

就工人阶级的意识形态而言，英国工人阶级形成了"一种不变的合

---

① Anderson P., Origins of the Present Crisis, *New Left Review*, Vol. 1, No. 23, 1964, p. 39.

作的阶级意识和毫无霸权的意识形态"①。对此，安德森分析了两大历史性的构成要素：一是英国独立知识分子的缺乏。自16世纪以来，英国就缺乏一种真正的独立的知识世界，正如诺埃尔·安南（Noel Annan）所清晰刻画的："这就是贵族制，它是安全的、已创建的，与英国社会其他部分相类似，习惯于负责的和明智的言论，并且怀疑偶像破坏论的思想。"②更为重要的是，英国资产阶级的知识分子没有留下任何值得借鉴的革命遗产，"革命的意识形态遗产几乎为零…从政治上来说，清教徒主义就是一种无用的热情"③。在晚期维多利亚时代，他们对资本主义进行了浪漫主义的批评，但没能与工人阶级力量相结合；费边主义者与工人阶级力量相结合产生了社会主义运动，但却受到了功利主义和实用主义思想的严重侵蚀。二是社会主义意识形态的缺乏。当19世纪前半叶英国工人阶级运动形成和上升时，社会主义的意识形态是完全缺乏的；当19世纪后半叶英国工人阶级运动处于低潮和衰退时，社会主义的意识形态却日趋成熟，因而，马克思主义或社会主义的意识形态与工人阶级的意识形态总是处于相互分离和彼此割裂的关系之中。同样，作为工人阶级的最具优势的居主导地位的政党组织，英国工党的主导思想也仅仅只是费边主义、马克思主义、形式主义、自由主义和激进主义等相混合的产物。因为工党这一名称实质上暗示了一个非常重要的事实，

---

① Anderson P., Origins of the Present Crisis, *New Left Review*, Vol. 1, No. 23, 1964, p. 41.

② Anderson P., Components of the National Culture, *New Left Review*, Vol. 1, No. 50, 1968, p. 15.

③ Anderson P., Origins of the Present Crisis, *New Left Review*, Vol. 1, No. 23, 1964, p. 30.

它既不是社会主义或共产主义党派，也不是社会民主主义党派，而是工人阶级的党派，它所代表的不是一个普遍的利益，而是一个有限的利益，不是一个理想的社会，而是一个现存的社会。可见，无论是资产阶级知识分子，还是工人阶级知识分子，始终没能创造出一种革命的和霸权的意识形态，而是形成了一种合作的和改良的意识形态。

在安德森看来，英国工人阶级的这一合作的和改良的意识形态就与法国工人阶级的激进的和革命的意识形态形成了鲜明对比。"法国革命的普遍原则是被法国工人阶级用来反对首次宣称这些原则的资产阶级；他们创立了一种革命的意识形态直接反对革命的开创者。在英国，一个懒散的资产阶级产生了一个从属的无产阶级。它没有传递任何解放的冲动、革命的价值和普遍的语言。相反，它却传递了一种致命的功利主义的萌芽……"①实际上，法国工人阶级的意识形态直接源自于法国资产阶级的意识形态，而英国工人阶级的意志形态直接附属于英国资产阶级的意识形态，前者是革命主义和激进主义的，后者是功利主义和实用主义的，从而导致了两种完全不同的结局：在法国，革命的资产阶级创造出了革命的无产阶级；在英国，合作的资产阶级创造出了合作的无产阶级。因而，"据称，很大程度上，在本世纪一直扎根于工人阶级运动的独特而连贯的意识形态直接附属于上世纪独特的、连贯的和不成功的资产阶级意识形态"②。这一资产阶级的意识形态的狭隘性不仅为资产阶级设定了某种内在的局限，使它没能战胜贵族阶级而成为社会的霸权阶

---

① Anderson P. , Origins of the Present Crisis, *New Left Review*, Vol. 1, No. 23, 1964, p. 43.

② Ibid. , p. 44.

级；同样，这一意识形态也对之后的英国工人阶级产生了深远影响，使它没能战胜资产阶级而成为社会的霸权阶级。因而，安德森所继承的理论遗产就不是一种激进的革命的意识形态，而是一种合作的改良的意识形态。

最终，英国工人阶级形成了一种典型的劳工主义的意识形态。这一意识形态表明，英国工人阶级在它自身的历史实践中创造出了一种特有的思想文化，它始终把自己看作一种自然的身份，拥有一种固定的位置和生活方式，总是通过自身的力量来形成和发展自己，并在自己的世界中创造出属于自己的文化。因而，这一劳工主义的意识形态使得英国工人阶级不专注于革命主义和激进主义的意识形态而专注于合作主义和改良主义的意识形态，劳工主义试图通过点点滴滴的经济合作和政治改良而非通过大刀阔斧式的经济和政治变革来实现社会主义，从而妨碍了革命马克思主义或霸权社会主义的出现。

对于这一劳工主义文化，安德森持一种否定和批判的态度，认为"英国工人阶级文化的迟钝性和特殊性限制了它的政治范围，并妨碍了霸权社会主义的出现"①。也就是说，这一劳工主义文化与马克思主义文化之间存在着本质的区别，根本无法产生出任何革命的马克思主义或社会主义的思想文化。同样，作为《新左派评论》成员的汤姆·奈恩也认为，英国工人阶级由于自身的局限性和合作性，需要一种无阶级的革命理论。英国工人阶级"被迫形成了一种存在和意识的合作模式。阶级不

---

① Anderson P., Origins of the Present Crisis, *New Left Review*, Vol. 1, No. 23, 1964, p. 44.

是在社会中而是在它自身中创造出了自己的价值、组织和生活方式，这显然有别于其周围的整个文明，……英国工人阶级由于免受无阶级理论的影响，由于其全部的历史经验，它需要无阶级的理论，现在依旧如此"①。因此，安德森得出结论，英国工人阶级形成了一种典型的劳工主义的意识形态，其性质是一种合作主义和改良主义而非革命主义和激进主义，从而与真正革命的马克思主义和社会主义的意识形态失之交臂，最终没能促进英国的革命社会主义实践的形成和发展。

(二)马克思主义文化的迷失

在对英国工人阶级的历史学考证和社会学分析中，安德森对英国工人阶级的意识和文化给予了一种否定性的判断和结论，更为重要的是，他宣称了英国马克思主义和社会主义文化的缺失。在他看来，作为最古老的资本主义英国之所以没有出现革命的运动，就在于没有革命的理论，之所以没有革命的理论，就在于没有革命的文化。就英国文化而言，它是极端传统和保守的，既没有产生出任何革命的意识形态，也没有产生任何真正的马克思主义和社会主义文化。

在 1966 年《社会主义和伪经验主义》一文中，安德森说道："实际上，英国享有一种'脆弱的'和'肤浅的'马克思主义传统。它在 20 世纪没有产生出任何一位重要的马克思主义思想家，而且，在本世纪也不存在一种马克思主义文化……一种真正的、自主的马克思主义的前提条件

---

① 　Nairn T.，The English Working Class，*New Left Review*，Vol. 1，No. 24，1964，pp. 52，57.

并不存在。"①在 1968 年《国民文化的构成》一书中，他同样指出："英国也许可被看作是欧洲国家中——唯一一个——既没产生经典的社会学，也没产生任何本土的马克思主义的国家。"②时隔十二年，他在《英国马克思主义的内部争论》中又指出："我们不是倾向于深入研究本国的历史来寻找一种更加进步的或可替代的传统，与英国的文化经验主义和政治宪政主义弹冠相庆。对我们而言，一个核心事实是，英国是 20 世纪主要欧洲国家中唯一一个没有产生任何民众的社会主义运动或重要的革命党派的社会，这一事业总是用来避免或做最低估计的。"③由此，安德森得出结论，由于英国马克思主义或社会主义文化的缺乏，英国工人阶级无法自己解放自己，或者说工人阶级需要一种马克思主义理论的外部灌输，才能产生出真正的社会主义的意识和行为。

然而，这样一种论断在许多马克思主义者看来却是令人惊讶的。难道英国的工人阶级真像安德森所描述的那样萎靡和消沉吗？难道他们自身没有值得称道的品质吗？艾萨克·多伊彻（Isaac Deutscher）把安德森最初表述这一思想的《当代危机的起源》看作一篇"民族虚无主义"的作品，认为他为了克服老一代新左派的策略缺陷而毫无根据地取消了英国马克思主义和社会主义的遗产。作为一名《国际社会主义》的成员，詹姆斯·欣顿（James Hinton）也对这一立场给予了尖锐批判，认为安德森和

---

① Anderson P. , Socialism and Pseudo-Empiricism, *New Left Review*, Vol. 1, No. 35，1966，p. 26.

② Anderson P. , Components of the National Culture, *New Left Review*, Vol. 1, No. 50，1968，p. 11.

③ Anderson P. , *Arguments Within English Marxism*, London and New York：Verso，1980，pp. 148-149.

奈恩在对政治和意识形态要素的首要宣称中，不仅拒绝了那些或多或少的工人阶级团结的社会经济运动，而且忽视了 19 世纪 90 年代社会主义复兴内部霸权阶级意识的增长，并且几乎完全没有提到 1910—1926 年的革命运动。这是左派着手评价他们自身遗产的奇怪方式。①

更多的指责来自英国老一代新左派的马克思主义学者。尤其值得一提的是，汤普森在《英国工人阶级的形成》《英国的特殊性》和《理论的贫困》等著作和文章中对英国工人阶级的意识和文化给予了一种截然相反的论断，分析了英国工人阶级意识构成的三大要素：一是传统的清教徒主义的激进革命思想；二是下层民众的反抗斗争意识；三是生而自由的英国人与生俱来的权利意识。在汤普森看来，首先，英国工人阶级享有一种传统的自由、权利等革命的思想和意识形态。"在（19 世纪）30 年代成熟起来的工人阶级意识形态（从此以后它虽经许多次转变却经久不衰）特别重视出版、言论、集会和个人自由等权利。'生而自由的英国人'传统当然更加古老。"②其次，这一革命传统不仅仅是一种典型的劳工主义文化，而且受到了马克思主义文化的熏陶和塑造。"长期以来——或者说 100 年来，一直存在着马克思主义与这些形式的交往。它采取了多种形式。作为一种吸引和排斥模式，马克思主义和反马克思主义都渗透到了我们的文化之中。同样也渗透到了我们的劳工运动中，这比我们作者

---

① 参见 Blackledge P., *Perry Anderson*, *Marxism and the New Left*, London: The Merlin Press Ltd., 2004, p. 40.

② ［英］E. P. 汤普森：《英国工人阶级的形成》，钱乘旦等译，862 页，南京，译林出版社，2001。

所设想的更为广泛。"①最后，这一英国的传统文化在人性、民主、自然权利等方面仍具有自身的积极意义和价值。"尽管我们无法忘记帝国主义这一突出阴影，但英国仍是一个相对人性的社会；某些仍远离社会主义世界的民主价值得到了巩固；在工资问题和更广泛的要求上，工人的讨价权力是巨大的。"②因此，汤普森得出结论，英国工人阶级能够通过自身合法的经济和政治斗争，形成一种马克思主义或社会主义的思想文化，通过革命的行为赢得革命的胜利，最终自己解放自己。

三、理性马克思主义文化的内在缺陷

在对英国工人阶级的客观结构地位和主观经验意识的详细考察和论证之后，安德森找到了英国社会主义理论的停泊处。在他看来，英国是欧洲国家中唯一一个既没有产生任何经典的社会学，也没有产生任何本土的马克思主义的国家。也就是说，英国并不存在一种真正的革命的马克思主义的思想文化，或者说，英国的马克思主义的文化传统是极其薄弱的，它总是带有某种鲜明的改良主义与合作主义的经验色彩，根本无法承担起武装英国工人阶级的理论和实践任务，并对革命社会主义的意识和行为构成了一种深层的阻碍和极具毁灭的力量。据此，安德森所开出的良方是引入欧洲大陆理性主义的马克思主义文化以弥补本国经验主

---

① Thompson E. P., The Peculiarities of the English, *The Socialist Register*, Vol. 2, 1965, p. 348.

② Ibid., p. 347.

义的马克思主义文化的缺憾，创造一种革命的社会主义文化，并激发起英国工人阶级的革命意识和行为。然而，这一理性主义的马克思主义文化的构建并没有带来安德森所期盼的结果。后来，他也冷静地承认了早期努力的失败，认为"由于创作于反叛的时代，在极端的精神下，对所选目标进行了激烈的抨击，这一总体拒斥的代价是对本国的简单或误解，批判的夸大同时伴随着理疗的过度自信———一种理论的必胜信念并无助于所倡导的激进替代"①。这在某种程度上表明，安德森的革命主义的理论策略与革命主义的激进行为之间存在某种内在的固有缺陷和局限。

因此，这里需要解答的问题是，为什么安德森对于英国工人阶级的思想或意识形态的构建要基于欧洲大陆的理性主义的马克思主义文化？这一理性主义的马克思主义文化构建的结果如何？更确切来说，欧洲大陆的马克思主义文化在塑造英国工人阶级的革命意识和革命行为方面究竟能够发挥多大作用？正如历史所证实的，这一理论的马克思主义文化的引入并没有带来英国工人阶级运动的良好记录。尽管英国从 1974 年到 1976 年爆发了由煤矿工人所引发的全国大罢工，但最终以失败收场，之后也基本上没有产生大规模的群众性运动。可以说，理性主义的马克思主义文化在推动英国工人阶级的运动方面的作用来说是微乎其微的。正如英国的右翼学者罗杰·斯克鲁顿（Roger Scruton）所质疑的："如果一种健康的文化仅仅只能由一种'总体理论自身'加以担保的话，那么，

---

① Anderson P., A Culture in Contraflow-I. *New Left Review*, Vol. 1, No. 180, 1990, p. 41.

密涅瓦的猫头鹰已在黎明中翱翔了。"①当然，这其中包含"西方马克思主义"理论自身的内在原因。正如安德森在对"西方马克思主义"的总体评价中所指出的，尽管它创造了一种毫不妥协的批判理论，但却缺乏一种切实可行的革命策略，即便对于欧洲工人阶级的革命意识和行为的指导也是极为有限的，更何况把这一理论应用于对英国工人阶级的革命意识和行为的有效指导。

如果对英国工人阶级的革命意识和行为的根本原因做进一步追溯的话，那么，它不仅是这一欧洲大陆的理性主义的马克思主义文化或"西方马克思主义"理论自身的原因，而且也是英国工人阶级自身的存在与意识的矛盾和问题本身。

首先，就英国工人阶级自身而言，第一，其社会结构已经从金字塔型变成了橄榄型，不仅有蓝领，还出现了白领，而且后者的数量已远远超过了前者的数量，工人阶级的自我身份认同不再完全一致，呈现出一种多元的主体身份；第二，资本主义的文化或意识形态统治对工人阶级施加了某种无形的、潜移默化的影响，使他们心甘情愿地接受资产阶级的统治；第三，从工人阶级的意识层面来看，尽管他们在资本主义的民主体制内感受到了诸多的矛盾和苦难，但他们并不愿意采取直接行动的革命手段推翻资本主义，而更愿意以和平的手段达到对资本主义的改造，因为革命可能更多地代表流血和牺牲，如果通过和平的手段，将是两全其美之策。

---

① Lin Chun, *The British New Left*, Edinburgh: Edinburgh University Press, 1993, p. 90.

同样，对于英国工人阶级的主观意识的内在矛盾，英国社会学家迈克尔·曼恩（Michael Mann）做出了详细的划分和明确的说明。他在《西方工人阶级中的意识和行为》（*Consciousness and Acting Among Western Working Class*）一文中指出，工人阶级的意识存在四种形式，一是简单的有关阶级身份的意识；二是更高的有关阶级对立的意识；三是由阶级关系所决定的有关社会总体的意识；四是有关革命的意识。但在他看来，在现代工人阶级的这四种意识之间存在一种截然的对立和矛盾，"那些最异化和最绝望的人们是最不相信他们有能力改变现状的人们；而那些对权力最自信和对目的最明确的人们则是最不愿意看到和走向绝望补救的人们"①。也就是说，那些最具阶级身份和阶级对立的人们是最没有总体意识和革命意识的人们，也是最无力改变现状的人们，而那些最具总体意识和革命意识的人们则是最缺乏阶级身份和阶级对立的意识的，也是最不愿改变现状的人们。从历史上来看，尽管在资本主义现代化的早期阶段，存在着无产阶级与资产阶级之间的革命甚至暴力的斗争传统，但在一个现代资本主义的强大霸权之下，即便存在着资本与劳动之间的矛盾对立，存在着工人阶级向集体身份和集体组织的转变，也未必会出现无产阶级与资产阶级之间的革命斗争行为。因此，曼恩最终得出结论，在目前工人阶级意识相对薄弱的情况下，我们就不能以某种庸俗化的改造世界的要求来衡量工人阶级，这样必然会削弱反资本主义的部分力量，而是应该竭尽全力集聚所有反资本主义的力量，最终实现

---

①　Anderson P., A Culture in Contraflow-I. *New Left Review*, Vol. 1, No. 180, 1990, p. 58.

对于资本主义的社会主义改造。

其次，就其策略角度而言，安德森为我们提供的策略仅仅只是政治的，既非经济的，也非文化的，这样就低估了经济和文化的政治尺度。对于经济斗争，基尔南(Kiernan)表述道，在当今发达的资本主义社会中，阶级斗争首先是经济利益的诉求而非政治利益的获取，是"'有关先令或美元的争吵，它完全远离了幻象或理念'，工人的要求更多的是集中于工资调整，而非任何政治问题"①。对于文化斗争，艾瑞克·霍布斯鲍姆(Eric Hobsbawm)认为，工人阶级首先应该聚焦于文化领导权的认可，而非政治领导权的夺取："葛兰西把其关注聚焦于领导权的斗争而非作为核心革命策略的压迫是正确的，在这些国家中，统治的关键在于大众的服从(和分裂)地位。因而，领导权的问题不是革命者如何掌握权力，而是他们如何被接受为指导者和领导者。"②

最后，就其组织问题而言，以安德森为代表的年轻一代新左派与以汤普森为代表的英国老一代新左派之间存在一种普遍的倾向，即他们都拒绝构建一种独立的党派或组织。1956年之后，英国老一代新左派在对斯大林主义的拒绝中不仅滑向了对列宁主义的拒绝，也滑向了对构建任何一种独立的社会主义党派或组织的拒绝。汤普森认为，新左派不会主动提供一种可替代的党派或组织，社会主义知识分子的工作最好不是通过联合任何党派或组织来完成。两年之后，他希望在英国新左派知识分子与工人阶级之间建立联系，把革命的马克思主义的思想传播给工人

---

① Lin Chun, *The British New Left*, Edinburgh: Edinburgh University Press, 1993, p. 112.

② Ibid. , p. 113.

阶级或无产阶级大众。在他看来，"我们的读者和《大学与左派评论》的读者能够从分散的讨论走向政治的组织……我们现在必须应用这一思想，把它传递给更年轻一代的和传统的工人运动。尤其是我们必须在新左派和产业工人阶级之间建立更多的联系"①。直到 1960 年，汤普森则认为把工党转变为社会主义进步的代理人是可能的，因为"工党正在停止提供一种管理现存社会的可替代方式，并开始寻找一种可替代的社会"②。然而，这一和平的改良计划却在 1961 年工党的斯卡伯勒会议上以失败告终。实际上，英国老一代的新左派始终都没有提出任何构建独立的党派或组织的思想。

　　同样，这一组织问题也体现在安德森有关社会主义策略的构想蓝图中。在 1965 年《社会主义策略问题》中，他提出必须要创建一种社会主义的霸权党派，认为这一霸权党派是这样一种组织，它能够在政治社会和市民社会的整个制度范围内为社会主义而斗争，其行动的弧线不仅包括赤裸裸的国家制度，同时也包括市民社会的复杂景观。这一党派既不会束缚于任何一个统治阶级，也不会局限于任何一个被统治阶级或工人阶级。更为重要的是，这一霸权党派必须创造出一种社会主义的知识界，培育出一种社会主义的文化和意识形态，其主要任务就是使"社会主义成为每一个知识团体中积极的和有活力的存在"，在社会中发挥一种关键的和核心的影响和作用。因为按照葛兰西的思想，知识分子是意识形态的生产者，是意识形态形成中最具决定性的尺度。但在安德森看

---

①　Blackledge P., *Perry Anderson*, *Marxism and the New Left*, London：The Merlin Press Ltd.，2004，p. 12.

②　Ibid.，p. 13.

来，英国并不存在真正的独立的知识界，他们是"小气、无效和庸俗的"，因此，英国工党要想成为一个霸权党派，必须拥有一个真正独立的知识界，必须成为一个社会主义的霸权党派。与现存的工党对于宪政议会的崇拜不同，这一党派将与市民社会的生产生活经验息息相关，它将是一个真正的民众主义的党派，一个极富想象的马克思主义的党派，一个极富活力的社会主义的党派。然而，工党始终没有成为这样的霸权党派，因为它始终代表的是工人阶级的狭隘利益，维护的是工人阶级的狭隘意识，因而工党作为霸权党派的代理人就是不充分的和失败的。

同样需要指出的是，安德森也没有把这一对于英国工人阶级或无产阶级进行马克思主义和社会主义的宣传教育作用，赋予英国共产党这一具体的党派和组织。如果就英国共产党而言，这一接受了马克思主义思想教育的党派能否对英国社会的其他部分，诸如工会、工党，尤其是工人阶级产生重要的影响和作用呢？如果说英国工人阶级受到了这一党派及其社会主义和共产主义思想的影响，那么，英国的文化景观中是否会包含马克思主义或社会主义的文化要素，抑或说英国文化生活是否会受到马克思主义或社会主义文化的影响？然而，在安德森的理性认知中，英国共产党的历史作用是被极大忽视的，甚至是被完全漠视的，他既没有说明英国共产党在英国文化生活中的重要作用，也没有理解英国马克思主义或社会主义文化在英国主导文化中所占据的一小块飞地。

因此，安德森既没有在英国工党之外构建出一种霸权的社会主义党派或组织，更没有借助于英国共产党创建出一种独立的社会主义党派或组织。他在具体的党派或组织的构建方面没有提出任何具体可行

的策略建议，甚至在《英国马克思主义的内部争论》中也没有任何地方
提到过这些问题。最终，安德森只是把这一社会主义策略的思想置于
一种更加坚实的马克思主义的理论基础之上，置于新左派知识分子对
于马克思主义和社会主义的宣传教育之上。在他看来，英国的社会主
义者既不应该联合工党，也不应该联合任何革命组织，它应该等待大
众来发言。

　　总之，对于社会主义运动是否需要构建一种独立的党派或组织的问
题，安德森基本上持否定或批判的态度。或许正是这一党派或组织的缺
乏，安德森的革命社会主义的思想策略就失去了最重要、最现实的武器
依托，从而始终停留于理想的王国而没有走向现实的王国。正如卢卡奇
所认为的，组织是理论与实践之间的中介，任何一种思想或理论都必须
直接产生出一种组织的武器。对此，布莱克里奇（Blackledge）评价道：
"事实上，由于与党派构建行为的分离，安德森的思想从未从抽象走向
具体。"①

小　结

　　在对社会主体尤其是阶级主体的研究中，安德森一方面采用了经典
马克思主义的思想资源，诸如马克思、恩格斯和列宁对于阶级的客观性

---

① Blackledge P., *Perry Anderson*, *Marxism and the New Left*, London: The Merlin Press Ltd., 2004, p. 103.

界定，另一方面采用了西方马克思主义的理论资源，诸如卢卡奇、葛兰西等人有关阶级意识和阶级文化等对于阶级的主观性界定。他在对英国社会阶级结构以及英国工人阶级的具体的历史学和社会学的分析和考察之上，以历史唯物主义为基本原则，以具体问题具体分析为基本方法，形成了一种基于"类型学"唯物史观思想的阶级主体理论。

首先，历史唯物主义是安德森"类型学"唯物史观思想中有关阶级主体理论研究所遵循的核心原则和方法。事实上，历史唯物主义是其创始人马克思研究阶级和阶级斗争问题所首创的基本方法。他在 1852 年 3 月 5 日《致魏德迈的信》中明确提到，发现现代社会中有阶级存在或发现各阶级间的斗争并不是他的功劳，而是资产阶级学者的贡献，"我所加上的新内容就是证明了下列几点：（1）阶级的存在仅仅同生产发展的一定历史阶段相联系；（2）阶级斗争必然导致无产阶级专政；（3）这个专政不过是达到消灭一切阶级和进入无产阶级社会的过渡……"①也就是说，这一历史唯物主义的研究方法，把阶级与阶级斗争的问题与特定的历史阶段或特定的资本主义社会相联系，既看到了资本主义灭亡和社会主义胜利的必然性，也看到了阶级斗争和阶级消亡的必然性，由此形成了一种基于必然性规律之上的有关阶级主体的科学解释。

在对阶级范畴的界定和使用中，安德森遵循了恩格斯和列宁等经典马克思主义者的历史唯物主义视域，把阶级置于生产方式和生产关系的社会结构中来看待，形成了有关阶级主体的唯物主义和客观主义的研究视角。恩格斯曾指出，阶级和阶级斗争产生的真正基础和重要动力是生

---

① 《马克思恩格斯全集》第 28 卷，509 页，北京，人民出版社，1971。

产方式和交换方式。"一切重要历史事件的终极原因和伟大动力是社会的经济发展，是生产方式和交换方式的改变，是由此产生的社会之划分为不同阶级，是这些阶级彼此之间的斗争。"①同样，列宁也指出，阶级的范畴应该从生产方式或生产关系的角度来界定。"所谓阶级，就是这样一些大的集团，这些集团在历史上一定的社会生产体系中所处的地位不同，同生产资料的关系不同，在社会劳动组织中所起的作用不同，因而取得归自己支配的那份社会财富的方式和多寡也不同。所谓阶级，就是这样一些集团，由于它们在一定的社会经济结构中所处的地位不同，其中一个集团能够占有另一集团的劳动。"②

更为重要的是，马克思本人在对阶级以及阶级形成的解释中，不仅强调了阶级形成的客观因素和客观条件，同时关注了阶级形成的主观要素和主观意识。他在《路易·波拿巴的雾月十八》一文中谈到 19 世纪的法国农民时曾说过："数百万家庭的经济生活条件使他们的生活方式、利益和教育程度与其他阶级的生活方式、利益和教育程度各不相同并相互敌对，他们是一个阶级。而各个小农彼此间只存在地域的联系，他们利益的统一性并不使他们彼此间形成共同关系，形成全国性的联系，形成政治组织，他们是一个阶级。"③很显然，马克思认为阶级形成至少应具备以下几个要素：（1）"经济条件"是阶级形成的客观要素，也是其决定性的因素，但不是唯一的因素；（2）"生活方式""教育程度""共同关系"和"政治组织"等是阶级形成的主观要素，而这些要素并不具有独立

① 《马克思恩格斯全集》第 22 卷，346 页，北京，人民出版社，1963。
② 《列宁选集》第 4 卷，11 页，北京，人民出版社，2012。
③ 《马克思恩格斯文集》第 2 卷，566 页，北京，人民出版社，2009。

的地位，经济条件仍是其背后的决定因素；（3）与之"相互敌对"的另一个阶级的存在是阶级形成的一个必备要素；（4）阶级的数量和规模以及组织的问题也是不容忽视的一个重要因素。在以上这些阶级形成的要素中，经济要素是所有要素中最具决定性的要素，也是最关键和最根本的要素，是历史唯物主义原则在阶级形成问题上的根本体现，与此同时，阶级形成的其他三个要素也必不可少，主观要素和主观意识也是阶级形成中的必备条件，它们决定着阶级的自我形成和最终形成。在此基础上，马克思划分了阶级形成的两大阶段，第一个阶段是自在阶级的形成过程，第二个阶段是自为阶级的形成过程。在此，阶级的客观基础和客观条件形成了自在阶级，阶级的主观条件和主观意识形成了自为阶级。前者是一个具有自我意识的客观存在的阶级，而后者是一个具有社会主义意识的主观存在的阶级。那么，这一具有自我意识的客观存在的阶级如何转变为具有社会主义意识的主观存在的阶级？这一具有自我意识的客观存在的阶级是否需要社会主义思想的教育和引导？如果需要，那么这种外部的理论灌输如何能够赢得工人阶级内部的自觉认同？这种外部的理论灌输与内部的自觉认同之间存在着怎样的差距？所有这些问题就成为英国新马克思主义者的核心而重要的论题。

在对自在阶级和自为阶级的理解中，汤普森更侧重于对自为阶级的理解，强调了阶级主体自身之内经验、思想和文化等主观因素和条件，而安德森更倾向于对自在阶级的理解，凸显了阶级主体之外的经济、社会、历史和政治等客观因素和条件。同样，这一富含差异的理解体现在有关历史主体的不同作用中。汤普森对马克思的《路易·波拿巴的雾月十八》中的著名段落进行了部分修改，赋予了人类主体以极大的自主性和创造性，认为"人创造了他们自己的历史：他们部分是代理人，部分是牺牲品；动力因素将他们与动物区分开来，动力因素是人类人性的一部分"①。相反，安德森仍然坚持了马克思对于人类主体的经典论述，认为主体不能随心所欲地创造历史，只能在特定的社会历史条件下创造历史。"人们自己创造自己的历史，但是他们并不是随心所欲地创造，并不是在他们自己选定的条件下创造，而是在直接碰到的、既定的、从过去继承下来的条件下创造。"②对于主体的意识来讲，汤普森认为社会主体的意识不是通过上层建筑的意识形态来调节的，而是通过个体自身的思想和意识来调节的；而安德森则认为，个体的思想和意识不是完全通过自身的经验而形成的，而是通过其背后复杂的上层建筑来调节的，从而部分地或间接地理解了意识形态背后的世界的真正本质和特征。显然，在对历史主体以及主体意识的解释中，汤普森更多地持有一种人本主义和经验主义的基本立场，而安德森更多地持有一种科学主义和理性主义的基本立场。

在此基础上，安德森一方面探讨了阶级形成的客观条件和位置结构，另一方面探寻了阶级形成的主观要素和主观意识，试图在客观因素与主观要素、客观条件与主观意识的相互作用和相互影响中形成有关阶级主体的历史唯物主义的科学解释。其中，这一解释中蕴含着一种极为深层的结构主义的马克思主义解释，因为他把阶级置于生产方式或生产关系的结构位置中来看待，认为阶级主体是生产方式或生产关系的承担

---

① Thompson E. P., Socialist Humanism, *The New Reasoner*, No. 1, 1957, p. 122.
② 《马克思恩格斯选集》第 1 卷，669 页，北京，人民出版社，2012。

者和占据者。然而，值得注意的是，这一结构主义的马克思主义解释并没有背离历史唯物主义的基本原则，而是与历史唯物主义的解释框架相一致，依旧遵循了某种客观主义和唯物主义的经典视角。同时，这一结构主义的马克思主义解释实质上体现了一种整体论的研究范式，试图在主观主义与客观主义、唯物主义和唯心主义的辩证关系中来界定和解释阶级以及阶级的历史与现实的形成与发展，以此形成有关阶级主体的辩证图景。

其次，在有关阶级意识与阶级文化的解释中，安德森借鉴了西方马克思主义的理论，重点对英国工人阶级的思想文化和意识形态进行了考察分析，对英国工人阶级自身的劳工主义文化与社会主义文化进行了对比说明，得出了对于英国工人阶级文化以及马克思主义和社会主义文化的否定判断和结论，由此形成了有关英国工人阶级无法自我解放的结论。

首先就阶级意识而言，安德森参照了卢卡奇的《历史与阶级意识》有关阶级意识的论述，这在《当代危机的起源》第二部分中的“历史与阶级意识：霸权”的标题中可以明确看到。在此，安德森采用了卢卡奇中有关阶级意识与阶级斗争的理论框架，认为阶级意识在阶级革命的行为中起着至关重要的作用。正如卢卡奇自己所认为的：“当向‘自由王国’过渡的时刻客观上到来的时候，这一点就更明显地表现为，真正意义上的盲目力量将盲目地、用不断增长的、看来是不可抗拒的力量冲向死亡，而只有无产阶级的自觉意志才能使人类免遭灾祸。换言之，当最后的经济危机击中资本主义时，革命的命运（以及与此相关联的是人类的命运）

要取决于无产阶级在意识形态上的成熟程度，即取决于它的阶级意识。"[1]如果说卢卡奇在匈牙利无产阶级的革命运动中意识到无产阶级意志的软弱性和不坚定性，那么安德森则在英国工人阶级的革命运动中认识到无产阶级意识的合作性和改良性，就这一点而言，两者是完全一致的。然而不同的是，在卢卡奇看来，尽管无产阶级受到了资本主义"物化"意识的全面限制和束缚，但它能够借助资本主义危机的爆发自动获得一种革命的阶级意识和行为，从而自己解放自己；而在安德森看来，英国无产阶级由于自身的合作主义和改良主义意识的全面限制和束缚，它无法获得一种革命的社会主义意识和行为，最终自己无法解放自己。

其次就阶级文化而言，安德森参照了葛兰西的"霸权"概念和范畴。在对"霸权"术语的使用中，安德森区分了霸权阶级与合作阶级，形成了对英国社会阶级结构的一种总体理解和认识。就霸权阶级而言，它形成了一种剥削和压迫的统治秩序，实施了一种无所不包的统治制度，既是一种政治的统治，也是一种文化的统治；就合作阶级而言，它被束缚于这一统治阶级所创造的政治制度和文化制度之内，不仅从政治上承认了资本主义社会的客观存在，而且从文化上自觉认同了资本主义社会的意识形态。实质上，在安德森的这一霸权阶级和合作阶级的概念中蕴含了传统马克思主义有关统治阶级和被统治阶级的基本划分，承认了统治阶级对于被统治阶级的政治剥削和压迫，就这一点而是与传统马克思主义相一致的。然而，这一霸权阶级与合作阶级的概念又不同于传统马克思

---

① ［匈］卢卡奇：《历史与阶级意识》，杜章智等译，131—132 页，商务印书馆，2009。

主义的政治统治思想，因为它更多地强调了统治阶级对于被统治阶级的文化和意识形态的统治功能。在此意义上，安德森进一步强调了葛兰西的"文化霸权"理论，在阶级的政治统治的基础上凸显了阶级的文化统治，在阶级的文化统治的基础上突出了议会民主制的意识形态的核心功能和作用，以此来说明西方资本主义国家与俄国独裁制国家之间的显著区别。由此，安德森在一种更广泛的文化的视域之下重建了阶级权力的理论，既是政治性的，也是文化性的，既是强制性的，也是说服性的，因此形成了一种文化政治学的解释模式。

然而，需要指出的是，对于这一霸权概念，汤普森表达了不同的意见和看法。在他看来，安德森在对"霸权"概念的使用中存在一种"偷梁换柱"，即把名词性的霸权概念转变为形容词性的霸权概念，从而形成了有关"霸权阶级"的理论认知。实际上，这一霸权概念是指一种阶级的霸权，而非霸权的阶级，它只与国家权力或阶级权力相关，因而能够说明俄国独裁制与西欧霸权制之间的区别。更为重要的是，这一霸权阶级的概念暗含了一种统治制度，把统治制度仅仅看作统治阶级的表现，而非统治阶级与被统治阶级之间彼此斗争和相互调和的结果。"我无法接受西欧某些结构主义者或马克思主义圈中的这一流行观点，即霸权对被统治阶级实施了一种无所不包的统治——或是除知识分子以外的所有人——直达他们经验的门口，从一出生就在其心灵中植入了服从的范畴，这是他们无力摆脱，他们的经验也无法纠正的。"①因此，在汤普森

---

① Thompson E. P. , Eighteenth-century English Society: Class Struggle Without Class? *Social History*，Vol. 3，No. 2，1978，p. 164.

看来，霸权并不意味着一个阶级占统治地位，另一个阶级处于服从地位，它不是一种囊括一切的秩序，而是一种极为有限的秩序，在它之外存在着一种自主的、活生生的民众文化，这一霸权文化与民众文化之间形成了一种天然的对抗关系。

对于这一批评，安德森也做了回应，认为这一"霸权阶级"并非是自己的独创，而是葛兰西自己所采用的。最初，葛兰西在有关启蒙运动的论述中明确使用了这一霸权阶级的概念："逐渐地，一种新的精英出现了，他们不仅对'合作的'改良感兴趣，而且倾向于把资产阶级设想为民众力量中的霸权阶级。"①同样，葛兰西在有关雅各宾派的论述中也使用了霸权阶级的概念："雅各宾分子不仅组织了一个资产阶级的政府，使资产阶级成为了主导阶级，而且他们做得更多，他们创造了资产阶级的国家，并使资产阶级成为了民族中的霸权阶级和领导阶级。"②显然，这一霸权概念成为安德森考察英国工人阶级文化的一个理论预设，使他陷入了一种深层的霸权主义的文化和意识形态之中，而没有看到英国工人阶级文化自身的自主性和积极性，乃至得出英国工人阶级无法自我解放的最终结论。

最后，在阶级解放的策略问题上，安德森坚持了马克思有关无产阶级解放的科学社会主义理论，把资本的逻辑与斗争的逻辑相统一，试图在资本逻辑的基础上去探寻工人阶级或无产阶级的解放理论。在马克思本人看来，资本的逻辑与斗争的逻辑相一致，资本的逻辑必然导致资本

---

① Anderson P., Socialism and Pseudo-Empiricism, *New Left Review*, Vol. 1, No. 35, 1966, p. 27.

② Ibid., p. 27.

主义的内在矛盾的爆发，同样，斗争的逻辑也必然导致资本主义社会中两大阶级的分化和对立，最终导致资本主义的必然灭亡和社会主义的必然胜利。因此，马克思有关无产阶级的解放理论建立在资本与斗争的双重逻辑之上，既是资本主义自身结构不断衰落的一个必然结果，也是无产阶级主体积极斗争的一个必然结果，由此形成了一种基于实证分析的科学社会主义理论，而非某些知识分子的天才设想的空想社会主义理论。在此基础上，安德森一方面秉承了经典马克思主义有关阶级的客观性和必然性的逻辑路线，另一方面延续了"西方马克思主义"有关阶级的主观性和偶然性的理论路向，通过对英国工人阶级的客观结构和客观条件以及主观意识和主观文化的考察，得出了英国工人阶级无法自我解放的结论，由此提出一种"替代主义"的策略和方案。

如果从源头上加以追溯的话，这一"替代主义"的策略和方案肇始于马克思本人有关共产党人与无产阶级之间关系问题的思考。他在《共产党宣言》中明确指出："在实践方面，共产党人是各国工人政党中最坚决、始终起推动作用的部分；在理论方面，他们胜过其余无产阶级群众的地方在于他们了解无产阶级运动的条件、进程和一般结果。"①在此意义上，共产党人对于无产阶级的作用体现在理论和实践两个层面，并首先从理论上教育和武装无产阶级，使无产阶级认识到自身的处境、地位、条件、作用和目的，同时认识到社会主义运动的最初目标乃至共产主义运动的最终目标，最终在实践上用革命的手段实现对于资本主义的社会主义的推翻和取代。随后，列宁进一步完善了这一无产阶级先锋队

---

① 《马克思恩格斯选集》第1卷，413页，北京，人民出版社，2012。

的理论，认为共产党作为无产阶级的先锋队，是一种有组织的、有纪律的群体，应对工人阶级或无产阶级实施一种政治的教育和启蒙，使其产生出革命的马克思主义或社会主义的意识形态。在他看来，"阶级政治意识只能从外面灌输给工人，即只能从经济斗争外面，从工人同厂主的关系范围外面灌输给工人。"①

同样，德国政治理论家卡尔·考茨基(Karl Kautsky)也曾强调，社会民主党的主要任务就是对工人阶级或无产阶级进行社会主义意识的宣传和教育："社会主义意识是一种从外面灌输到无产阶级的阶级斗争中去的东西，而不是一种从这个斗争中自发地产生出来的东西。……社会民主党的任务就是把认清无产阶级的地位及其任务的这种意识灌输到无产阶级中去。"②然而，在这一替代主义的策略和方案中，真正把知识分子与无产阶级有机联系在一起的是"西方马克思主义"的代表人物葛兰西。在他看来，工人阶级单靠自身的力量只能形成工团主义的思想和意识，而无法形成社会主义的思想和意识，或者换言之，工人阶级的社会主义的思想和意识只能通过知识分子的外部理论宣传和教育才能形成。在他看来，"工团主义并不是实现革命的手段，无助于无产阶级革命的发展，不是正在进行的革命的体现；工团主义不是革命的，革命的工团主义只有作为这两个术语的和谐结合才是可能的"③。由此，葛兰西创建了"有机知识分子"的概念，把无产阶级的革命意识觉醒的重担和责任落到了知识分子身上，认为他们必须把自己置于社会关系的总体中来加

---

① 《列宁选集》第 1 卷，363 页，北京，人民出版社，2012。
② 同上书，326 页。
③ [意]葛兰西：《葛兰西文选(1916—1935)》，83 页，北京，人民出版社，1992。

以界定，必须通过自己的理论和实践的创造性活动来改变这种社会关系，必须与所体现的工人阶级或无产阶级集团达成有机的统一，才能把大众的革命意志聚集起来，最终走上社会主义或共产主义的崇高目标。

此外，还存在一种工联主义或工团主义的策略和方案，认为工人阶级可以依靠自身的经济、政治和文化斗争获得自身的解放。这就是以索列尔（Georges Sorel）为代表的工团主义或工联主义的思想，他们反对党派组织者或知识分子的领导作用，而是强调了工人阶级自身的能动性和创造性。卢卡奇在有关阶级意识的探讨中就强调了无产阶级的自我解放问题。就其本质而言，在这一策略和方案中，党派组织或知识分子与工人阶级或无产阶级之间似乎存在着某种隐性的对立。知识分子具有某种乌托邦倾向，总是将现实的实践活动简化为概念化的公式，而工人阶级或无产阶级总是倾向于自身力量的解放，倾向于实践的行动者，他们总是维护着自身的根本利益，追寻着自身的狭隘文化，追求着自身的有限目的，因而两者无法有机结合在一起。

可见，安德森的这一"替代主义"的策略与方案源自于马克思、列宁、考茨基和葛兰西的"替代主义"的策略与方案，几种理论一脉相承，都强调工人阶级无法自己解放自己，只有通过知识分子或政党组织等外部的理论灌输，才能实现工人阶级的意识觉醒，从而获得工人阶级的真正解放。但不同之处在于，马克思、列宁、考茨基和葛兰西所讲的理论灌输是由共产党等党派组织或知识分子集团所实施的社会主义的理论宣传和教育；而安德森所讲的这一理论灌输是由自由的、独立的知识分子所引导的，他所希望的不是任何党派或组织的构建和建立，也不是任何知识分子精英集团的介入，而是知识分子与工人阶级之间的直接统一，最终实现工人阶级的自发觉醒和自觉革命。

实质上，这一有关英国工人阶级能否自我解放的问题成为了当代英国新马克思主义学者所探讨的一个历久而弥新的重要论题。他们主要从工人阶级的思想意识和文化传统等上层建筑层面展开了争论与交锋，把工人阶级自我解放的问题转变为对工人阶级文化的反思与考察，进而转变为有关大众文化与社会主义文化之间关系的探讨。大众文化是一种怎样的文化？社会主义文化又是一种怎样的文化？大众文化与社会主义文化之间存在着怎样的差距与关联？大众文化如何走向社会主义文化？对此，英国新马克思主义者形成三种不同的理论认识模式：一种是汤普森所坚持的工人阶级的自我解放论，他把大众文化看作根本的革命性的文化，是实现社会主义的一种必然途径，这就在某种程度上把大众文化与社会主义文化相混淆，而无法看到两者之间的根本差异；一种是安德森所倡导的知识分子的替代论，他在大众文化与社会主义文化之间划出了一条把两者截然区分的分界线，认为只有自由独立的知识分子才能够帮助大众转向社会主义，这样就把知识分子作为社会主义的主体力量转变为遮蔽了大众自身的主体力量；第三种是雷蒙·威廉斯所倡导的"共同文化"，这一理论把大众文化看作不完备或不完全的形式，看作一定历史环境下的阶级斗争的真实表达，从而引导工人阶级走向社会主义方向。

在《对 1945 年以来英国马克思主义的释义》一文中，威廉斯（R. Williams）在谈到英国马克思主义者在 20 世纪 50 年代所面临的选择时，他一方面看到了资本主义社会结构对于民众的强大影响：

由于我将过程看作是压力下的选择，而且知道这种压力来自哪里，因此我无法转向其他可得到的立场：把民众与少数有文化的人相比，蔑视他们、轻视他们的无可救药的腐败的国家、轻视他们的粗俗和轻信，这些也是一种非马克思主义的文化批评的主要成分，而且它们通过适当转换一下词汇而完整地幸存下来，它变成了一种形式主义的马克思主义，使得包括全体工人阶级在内的所有民众都只成为腐败的意识形态结构的承载者。[①]

另一方面，他也承认了民众资源的有效性和能动性：

跟着现存的资源；学习并教导新的资源；体验矛盾和压力下的选择；以便有机会理解它们并用其他方式引导它们，而不是谴责或取消它们；如果这些是民粹主义，那么英国左翼包括大多数马克思主义者最好还是与它并驾齐驱。[②]

因此，威廉斯所倡导的"共同文化"试图在大众文化与社会主义文化之间架起一座互通的桥梁。在他看来，在资本主义的结构性压力之下，大众文化可以走向社会主义文化，同样，英国工人阶级也可以从自在阶级转变为自为阶级，从改良的和合作的代理人转向激进的和革命的代理人，最终走向社会主义历史变革的代理人。

---

① Williams R. , Notes on Marxism in Britain since 1945, *New Left Review*, Vol. 1, No. 100, 1976, p. 87.

② Ibid. , p. 87.

　　然而，问题的实质在于，威廉斯的"共同文化"概念取消了马克思的矛盾（contradiction）和冲突（conflict）的概念，消解了大众文化与精英文化之间的根本对立和差别；而汤普森的工人阶级自我解放论和安德森的知识分子的替代论则坚持了马克思的冲突和矛盾的概念，坚持了精英文化与大众文化之间的根本冲突和对立。实际上，这一阶级矛盾和冲突的概念构成了马克思的历史唯物主义思想中最核心和最重要的特征，如果把这一阶级矛盾和冲突的概念取消之后，革命的社会主义思想就失去了存在的重要根基。安德森在《国民文化的构成》一文中也明确表述道："马克思的思想不仅是通过这一具体的总体性的概念加以界定的，它同样是以矛盾的概念这一互补核心为特征的。"①因此，在安德森看来，马克思的总体思想与矛盾思想相辅相成，辩证统一。正是在马克思的阶级矛盾和阶级冲突的思想基础之上，安德森形成了一种"革命的政治学"，并试图通过对国家的推翻和取代来实现资本主义的真正变革和社会主义的真正实现。

---

①　Anderson P.，Components of the National Culture，*New Left Review*，Vol. 1，No. 50，1968，p. 9.

第四章 | 社会权力的类型学

　　对于安德森而言，政治是其整个学术著作和学术研究的一个核心聚焦点，无论是历史学的研究，还是社会学的研究，政治都是其首要的关注对象。在《当代危机的起源》中，他把当代英国资本主义的危机与统治阶级的历史相联系；在《当代西方马克思主义》中，他把西方马克思主义的出现与一战后欧洲工人阶级运动的背景相关联；在《后现代性的起源》中，他把后现代主义的兴起与 20 世纪 60 年代的激进政治相联系；在《从古代到封建主义的过渡》和《绝对主义国家的系谱》中，他把封建主义和绝对主义的历史阐述与资本主义国家的当代结构相结合；在《资产阶级革命的概念》和《社会主义策略问题》的文章中，他明确聚焦于有关政治革命和政治策略的问题。

就具体问题而言，安德森指出，当今马克思主义和世界社会主义所面临的重要理论问题在于，资产阶级民主结构的基本性质是什么？民族国家的职能和未来是什么？帝国主义的真正性质是什么？没有工人民主的工人国家的历史含义是什么？采用什么策略能够推翻如此不同于沙皇俄国的资本主义民主制度？国际主义怎样才能成为一种真正的实践，而不仅仅是一种虔诚的理想？怎样才能在前殖民地国家中避免以前历次革命的命运？资本主义民主之后的社会主义民主制度的结构和形式是什么样的？① 所有这些问题所关涉的都是有关马克思主义政治的重大理论问题，这一系列理论问题成为了安德森政治研究的核心问题。

在其政治学的研究中，安德森对权力，尤其是国家权力的问题给予了集中的关注和重视。在对东西欧社会的权力结构，尤其是西方资产阶级的权力结构模式的详细说明中，他试图提供一种基于"类型学"唯物史观思想的阶级权力理论。

一、社会权力的"类型"存在

对于当代资本主义国家的权力结构，安德森试图给出自己的理解和诠释，但由于他没有写出任何专门性的著作，本来计划书写的有关资产阶级革命和当代资产阶级国家结构的后两卷本也始终未能付诸笔端，这

---

① 参见［英］佩里·安德森：《西方马克思主义探讨》，高铦等译，150 页，北京，人民出版社，1981。

就为理解其权力思想留下了极大的遗憾。然而,安德森早在《当代危机的起源》一文中就提出了一种基于"类型学"唯物史观思想的权力阐释模式,从而为我们思考权力问题提供了一种富有启发的参照框架。

安德森认为,在传统马克思主义有关社会权力的解释中,往往把权力仅仅看作经济基础的一种外在表现和形式,不免带有某种经济还原论的色彩。在他看来,从长远来看,权力最终来自对生产资料的占有和支配,或者说权力最终由经济所决定;从短期来看,权力可能或者由经济主导(如洪都拉斯),或者由政治主导(如中国),或者由军事主导(如德国),或者由意识形态主导(如西方国家),或者由法律主导(如未来社会主义)。那么,究竟应该如何来理解权力?权力本身是多中心的,它存在于经济、政治、文化、军事等诸层面和要素之中,这些层面和要素之间相互关联和作用而形成了一种整体的权力结构模式。同时,由于不同地区和国家的具体历史构成和社会构成的差异,因而形成了一种有关权力结构的"具体的类型学"。他指出:"相反,需要的不是对权力最终来自社会所有权模式的这一陈旧观点的重申,迫切需要的是对当今不同权力形态的一种具体的类型学(a concrete typology)。"①

在这一类型学的模式之下,安德森详细分析了英国的权力结构。在他看来,由于英国特殊曲折的历史轨迹和独居一隅的地理位置,使它形成了一种独特的"三角地形学"(triangular topography)的权力结构模式。简单来说,在英国,经济是异常强大的,军事或政治是相对不重要的,

---

① Anderson P., Origins of the Present Crisis, *New Left Review*, Vol. 1, No. 23, 1964, p. 47.

文化和意识形态是极其重要的。

从历史来看，军事或政治的相对不重要性是英国农业资本主义发展的一个必然结果；经济的异常强大是工业资本主义发展的一种必然产物；文化和意识形态的极端重要性源自英国古老的贵族阶级的权力模式。从现实来看，英国议会民主制是这一权力结构模式的具体体现。在欧洲国家中，这一议会制是独一无二的，它拥有一种不成文的宪法。这一宪法使英国社会承担了无法想象的危险，但它从未经历这一危险。自17世纪以来，英国贵族阶级始终维持着一种霸权地位，资产阶级和无产阶级对它的威胁和压力就被调解和消融于这一制度框架之中。

这就是英国独特的议会民主制。从根本上来说，它是一种幻象，掩盖了英国社会真实的权力结构，"在英国，民主制就是霸权的赎金"①。实际上，贵族阶级的霸权仍是今天社会和平和政治民主的现实。当然，这一霸权秩序不是完全没有弹性的，它允许在右翼（保守党）和左翼（工党）之间进行转换和调节，但也仅限于此。尽管议会民主制允许选举权的扩大，但也仅仅是整合对立阶级的一种有效机器，正是这一议会民主制的机器使工人阶级和无产阶级无法设想一个完全不同的世界，一个真正民主的社会主义世界。"代议制国家的一般形式——资产阶级民主制——本身就是西方资本主义的首要意识形态关键。其存在剥夺了工人阶级的作为一种不同类型的国家、交往方式和其他文化控制机制的社会

---

① Anderson P., Origins of the Present Crisis, New Left Review, Vol. 1, No. 23, 1964, p. 49.

主义理想，因而解决了这一核心的意识形态作用。"①

然而，在对英国资本主义民主制度的分析中，英国其他马克思主义学者却给出了一种完全相反的解释。雷蒙·威廉斯称赞这一集体的民主制度是十分杰出的创造性的成就："它（工人阶级）所产生的文化是一种集体的民主制度，无论是在工会、合作运动还是政治党派中……如果在背景中加以考虑的话，它可能被看作是一种十分杰出的创造性的成就。"②同样，汤普森也认为这一社会主义世界的民主制度得到了有效巩固："尽管我们无法忘记帝国主义这一突出阴影，但英国仍是一个相对人性的社会；某些仍远离社会主义世界的民主价值得到了巩固；在工资问题和更广泛的要求上，工人的讨价权力是巨大的。"③

可见，在对一般权力结构模式和英国权力结构类型的分析中，安德森把历史与社会看作权力解释的两种尺度和标准。从历史上来看，权力是具体的、特殊的；从社会上来看，权力是结构的、整体的。在所有的资本主义意识形态机制中，议会民主制是其意识形态的核心，或者说，在资本主义的文化霸权中，政治社会中的议会民主制发挥了一种关键的和核心的作用；而市民社会中诸如广播、电视、报纸、学校、教堂、政党的文化控制机制和工厂、制造厂等经济管理体制仅仅发挥了一种补充的或次要的作用。这样，安德森在这一总体的社会权力的话语模式之内

---

① Anderson P., The Antinomies of Antonio Gramsci, *New Left Review*, Vol. 1, No. 100, 1976, p. 28.

② Anderson P., Origins of the Present Crisis, *New Left Review*, Vol. 1, No. 23, 1964, p. 44.

③ Thompson E. P., The Peculiarities of the English, *The Socialist Register*, vol. 2, 1965, p. 347.

突出了政治文化的特有内涵和意义。在他看来，资本主义民主对生活于
其中的工人阶级施加了一种潜移默化的影响，使他们认为对资本主义国
家实施了一种自我管理，从而偏离了对资本主义社会中劳动剥削和财富
异化的关注，更偏离了对社会主义民主的关注。然而，资本主义民主是
一种极为有限的民主，他所希望实现的是一种性质上完全不同的社会主
义民主。[①]

二、西欧社会权力的文化领导权

在对西欧社会权力类型的研究中，安德森转向了葛兰西有关领导权
（hegemony）的理论思潮，在对其领导权思想的分析和说明中走向了对
西欧资本主义国家权力结构类型的特殊解读，同时形成了有关东西欧资
本主义国家的不同权力结构类型的对比解读。

（一）领导权概念的历史演变

在西方马克思主义学者当中，葛兰西是唯一一位对当代资本主义国
家权力结构类型和社会主义策略模式进行了独特分析的学者；而在英国
新左派知识分子当中，安德森是唯一一位对葛兰西的领导权理论进行了
深入批判的学者。在他看来，葛兰西的"领导权"术语是对社会主义理论

---

①　参见李瑞艳：《基于民族性的社会主义诉求——安德森从英国民族性特征对发达
国家走向社会主义的哲学思考》，载《当代国外马克思主义评论》，2012(10)。

最为重要的贡献之一。正如他在《葛兰西的自相矛盾》的开篇之处所表达的:"当今,在古典时代之后,没有一个马克思主义思想家像安东尼·葛兰西那样受到西方社会如此普遍的尊敬,也没有一个术语像他所使用的领导权那样被如此自由而多样地引用。在 60 年代早期,葛兰西的荣誉在意大利之外还是地区的和边缘化的,10 年之后,这一荣誉就成为了世界性的。"①实质上,葛兰西的领导权思想成了安德森思考西方资本主义国家权力结构和社会主义策略模式的一个理论出发点。

实际上,这一"领导权"的概念并非葛兰西的独创,它最初是被俄国的社会主义者用来解释无产阶级在反专制独裁的封建国家的阶级联盟中的政治主导地位和作用。这在以列宁为代表的布尔什维克与孟什维克有关社会主义民主革命的争论中尤为突出。列宁在《社会民主党在民主革命中的两种策略》(1905 年 7 月)一书中正式提出了"领导权"的思想,认为无产阶级不仅要争取在资产阶级革命中的领导地位,而且要争取在无产阶级革命中的领导地位,以实现无产阶级的政治统治。"马克思主义教导无产者不要避开资产阶级革命,不要对资产阶级革命漠不关心,不要把革命中的领导权交给资产阶级,相反地,要尽最大的努力参加革命,最坚决地为彻底的无产阶级民主主义、为把革命进行到底而奋斗"。②

然而,在孟什维克成员看来,1905 年以来俄国沙皇制已经完成了从封建主义向资本主义国家的过渡,资产阶级革命已经完成,因此孟什

---

① Anderson P., The Antinomies of Antonio Gramsci, *New Left Review*, Vol. 1, No. 100,1976,p. 5.

② 《列宁选集》第 1 卷,558 页,北京,人民出版社,2012。

维克成员宣布放弃无产阶级的领导权。对于这一情况，列宁给予了强有力的回应，并在一系列重要文章中重申了俄国无产阶级夺取政治领导权的必要性和紧迫性，同时强调了无产阶级的领导权思想和意识的核心性和重要性。他指出："因为资产阶级民主的任务尚未完成，一个革命的危机仍不可避免，无产阶级的任务是极为明确的。作为当代社会唯一的革命阶级，它必须成为全面民主革命中全民斗争的领导者，必须成为所有工人阶级和被剥削人民反抗压迫者和剥削者斗争中的领导者。无产阶级只有意识到并实施了领导权思想时，才是革命的。"①更为重要的是，列宁把领导权思想看作划分阶级的一个重要依据和标准，只有当无产阶级意识到并夺取领导权时，无产阶级才会成为一个真正的阶级，一个从具有自我意识的自在阶级转变为一个真正的具有社会主义意识的自为阶级，一个从合作的和改良的阶级转变为一个激进的和革命的阶级。他说道："从马克思主义的立场出发，只要宣布放弃或没有认识到领导权的思想，那么阶级就不成为一个阶级，或者还不是一个阶级，而是一个行会或各种行会的总和……正是对领导权思想的意识及其在阶级自身活动中对领导权的实施才把整个行会转变为阶级。"②由此可见，在列宁的思想中，这一领导权思想主要是指一种政治的领导权，无论是在资产阶级的革命运动中，还是在社会主义的革命运动中，无产阶级都应该实施一种政治上的领导权，一种政治上的领导和统治地位。

---

① Anderson p., The Antinomies of Antonio Gramsci, *New Left Review*, Vol. 1, No. 100, pp. 16-17.

② Anderson P., The Antinomies of Antonio Gramsci, *New Left Review*, Vol. 1, No. 100，1976，p. 17.

实际上，列宁的这一领导权理论对葛兰西的领导权思想产生了重要影响。正如葛兰西自己所评价的："伊里奇（列宁）所完成的领导权的理论化和实现是伟大的'形而上学'的事件。"①但在安德森看来，葛兰西的这一领导权思想不是来自对列宁的领导权理论的继承，而是来自共产国际的相关讨论。因为十月革命之前，布尔什维克和孟什维克之间有关领导权的讨论在革命之后成了一份秘密的档案，尽管葛兰西1922—1923年在俄国生活了一年，并学习了俄语，但他无法完全掌握列宁等人的相关文本。同时，作为第四国际的实际参与者，葛兰西非常了解那个时代共产国际有关领导权的讨论。在第三国际的前两次大会上，共产国际首次把列宁的这一领导权术语转变为一个国际范围内讨论的普遍现象，不仅俄国的无产阶级，而且世界上所有国家的无产阶级都要实施一种革命的领导权，通过革命主义而非合作主义的手段以实现社会主义的革命任务。"无产阶级之所以是革命的阶级，就在于它们没有把自己局限于狭隘的合作主义的框架，而是在社会生活的每个领域中作为整个工人阶级和被剥削人口的指南而行动……如果无产阶级在资产阶级的社会之内把自己局限于特殊的合作利益，并努力改善其状况——有时是极令人满意的，但也无法免除自己的世界历史任务，即把人类从资本主义和战争的束缚中解放出来。"②更值得一提的是，在第四次大会上，这一领导权的术语不再局限于无产阶级对资产阶级的政治领导，而是首次扩展为资产

①　［意］安东尼奥•葛兰西：《狱中札记》，葆煦译，41页，北京，人民出版社，1993。

②　Anderson P.，The Antinomies of Antonio Gramsci，*New Left Review*，Vol. 1，No. 100，1976，p. 18.

阶级对无产阶级的政治统治。"资产阶级总是试图把政治与经济相分离，因为它十分清楚，假如它能够成功地使无产阶级保持在合作的框架之内，那么就不会有任何严重的危机会威胁到它的领导权。"[①]可见，这一共产国际的讨论对葛兰西的领导权思想产生了更为直接的和重要的影响。

这里，有关葛兰西的领导权思想的来源问题可能还有待进一步的历史考证。但关键的问题在于，葛兰西在何种意义上使用了领导权的概念？其领导权理论的真正内涵是什么？在安德森看来，尽管这一领导权的概念在葛兰西之前的作家中也可以找到，但作为一个全新的理论单元却是葛兰西自己的独创和发明。因为他首次把这一领导权的概念从俄国在反封建的资产阶级革命中无产阶级对资产阶级的政治领导，转变为在发达的资本主义社会中资产阶级对无产阶级的统治机制，这就是全新的和决定性的步骤。[②]

(二)领导权理论的自相矛盾

1926 年葛兰西在《南方笔记》中首次提出了"领导权"问题，并提出了无产阶级的领导权，认为意大利的无产阶级不仅要在反资本主义国家的阶级联盟中成为领导的和统治的阶级，而且要在以无产阶级为基础的社会主义国家实施一种无产阶级的领导和统治。在他看来，"都灵的共

---

① 参见 Anderson P., The Antinomies of Antonio Gramsci, *New Left Review*, Vol. 1, No. 100, 1976, p. 17.

② Anderson P., The Antinomies of Antonio Gramsci, *New Left Review*, Vol. 1, No. 100, 1976, p. 17.

产党人具体地提出了'无产阶级领导权'的问题：也就是无产阶级专政和工人国家的社会基础问题。在无产阶级能够成功地创造一个阶级联盟体系——这一联盟允许无产阶级动员劳工人口中的大多数反对资本主义及资产阶级国家的范围内，它能够成为领导的和统治的阶级。在意大利，在这种现实存在的真正阶级关系中，这在一定程度上意味着它能够成功赢得广大农民群众的赞同。"[1]

随后，1929年葛兰西在《狱中札记》一书中对领导权理论进行了具体而详细的论述。他把马基雅维利的《君主论》一书当做自己理论的出发点，认为在所有的历史时代中，政治统治都包含两种方式：一种是由武力和暴力所实施的统治；一种是由同意和领导权所实施的统治，前者对应一种专制独裁的模式，后者对应一种领导权的模式。葛兰西经常把"统治"（domination）与"领导权"（hegemony）相对，有时，也把"统治"与"指导"（direction）相对。他写道："一个社会集团的优越性包含两种形式：'统治'与'理智和道德的指导'。一个社会集团对倾向于'消灭'或屈服的敌对集团是统治性的，对姻亲或联盟集团是指导性的。"[2]这里的关键问题在于，"统治"与"领导权"两种方式的作用被置于何处？尤为重要的是，"领导权"的作用被置于何处？在安德森看来，葛兰西在《狱中札记》中对领导权位置的说明存在一种不断的漂移和变化，他总是在"市民社会"与"国家"（政治社会）、"统治"与"领导权"、"压迫"与"指导"（同

---

[1]　Gramsci A. , *Selection from political Writings*（1921—1926），London：Lawrence and Wishart, 1978, p. 443.

[2]　Anderson P. , The Antinomies of Antonio Gramsci, *New Left Review*，Vol. 1, No. 100，1976, p. 21.

意）这一二元对立的术语中进行论述，而这些术语又在《狱中札记》的神秘拼接中呈现出一种持续的迁移和变形，从而使领导权的位置也经历了一种不可避免的变化和转移。

由此，安德森认为，葛兰西提供了有关领导权位置的三种不同的答案，第一种答案是领导权适用于市民社会，统治适用于国家，这是其最核心、也最重要的答案。"此刻，我们可以确定两种主要的上层建筑层面——一个可称作'市民社会'，它通常被看作'私人的'机构的集合，另一个可称作'政治社会'或国家。这两个层面一方面相应于统治集团在社会中实施的'领导权'作用，另一方面相应于国家或'司法'政府所实施的'直接统治'或命令的作用。"[1]在此，市民社会实施了一种文化领导权，国家实施了一种政治统治权。第二种答案是葛兰西把领导权置于市民社会和国家的双重结构中，认为国家也实施了一种文化和意识形态的领导。第三种答案是葛兰西把领导权和统治置于国家的唯一场域中，认为国家是完全控制和支配着领导权的机器。

在这三种答案中，安德森发现并指出了葛兰西领导权理论中所隐含的三大矛盾。在第一种解决中，葛兰西在《狱中札记》的核心文本中表述道：

在东方，国家就是一切，市民社会是初生的和凝结的。在西方，国家和市民社会有一个适当的关系，当国家不稳定时，市民社会的坚固结

---

① Anderson P. ，The Antinomies of Antonio Gramsci，*New Left Review*，Vol. 1，No. 100，1976，pp. 21-22.

构就显露出来了。国家仅仅是一条外部的壕沟，在它后面耸立着一个强有力的堡垒和土木工程系统……①

在此，葛兰西提出了东西方国家权力结构的不同模式，尤其强调了西方国家权力结构的特殊性。在他看来，在东方，国家优越于市民社会；在西方，市民社会优越于国家。也就是说，在西方，国家的政治统治是相对不重要的，而市民社会的文化统治是更为根本的。正是这一资产阶级的文化优势从根本上确保了资产阶级的政治统治，这就是西方发达资本主义社会中资产阶级权力结构模式的特殊之处。

安德森指出，葛兰西的这一解决仅仅把政治统治职能局限于国家，而把文化或意识形态的领导作用局限于市民社会，这样就忽视了市民社会的政治统治的职能，极易导致一种左派的社会民主主义的幻象。它相应于一种广泛传播的社会民主理想，即西方国家并不像沙皇俄国那样是一种政治统治和压迫的暴力机器，民众可以通过定期的民主选举制度对资本主义国家实施一种自我管理，并最终走向社会主义。然而事实表明，这一民主选举制度并没有创造出一个专注于资本没收和实现社会主义的政府。那么，这一悖论的理由究竟在哪里呢？它存在于无产阶级的首要的意识形态服从中。有学者认为，这一意识形态权力的核心位置应在市民社会，在诸如广播、电视、电影、出版、学校、教堂、报纸、政党等资本主义的交往方式的控制机制中去寻找；也有学者认为，它应该

---

① Anderson P., The Antinomies of Antonio Gramsci, *New Left Review*，Vol. 1, No. 100，1976，p. 10.

在生产方式或生产关系，在工人阶级对资本主义社会中商品拜物教和工厂管理制度中去寻找。在安德森看来，这些观点包含了大量错误的幻象，对无产阶级的首要的意识形态的服从，既不应该从资本主义的文化制度层面去寻找，也不应该从资本主义的经济制度层面去寻找，而应该在资本主义的政治制度层面去寻找，因为正是这一代议民主制的国家机器使无产阶级产生了最根本的认同和服从，使他们无法设想一个不同资本主义民主的社会主义民主的国家。

然而，事实恰恰相反：

代议制国家的一般形式——资产阶级民主——本身就是西方资本主义首要的意识形态关键。其特殊存在剥夺了工人阶级作为一种不同类型的国家、交往方式和其他文化控制机制的社会主义理想，因而解决了核心的意识形态作用……议会制，作为每四年一届或五年一届的人民意志的统治表述，反映了国家回归人民的虚假的统一，好像它是他们自己的政府。"公民"之间的经济分化就由剥削者和被剥削者之间的法律平等所掩盖。他们在议会制工作中是完全脱离和不参与的。这一分离就持续再现给人民一种自由的最终化身，民主制是历史的终点。[①]

安德森认为，葛兰西这一解决的错误在于，没有明确区分出资产阶级权力在市民社会和国家中的意识形态作用，并把这一意识形态的作用

---

① Anderson P. , The Antinomies of Antonio Gramsci, *New Left Review*, Vol. 1, No. 100, 1976, p. 28.

仅仅局限于市民社会中，从而把代议民主制的国家机器中立化。在安德森看来，西方议会制国家的公民法律的总和，在资本主义的多元意识形态机制中处于一种核心的地位，而市民社会的文化控制机制和市场经济的管理控制机制，在资本主义的意识形态机制中仅仅处于一种次要的补充地位。

在第二种解决中，葛兰西宣称资产阶级的领导权是在市民社会与政治社会的相互平衡中来实施的，或者说领导权既位于市民社会中，也位于国家中。对此，安德森指出："这一权力在同意和强制作用的分配上总是存在一种结构的不对称。意识形态被市民社会和国家所共享；暴力仅仅适用于国家。换言之，国家两次都未能进入两者之间的任何等式中。"①这样，葛兰西就把国家的政治统治作用转化为意识形态的领导作用，在凸显国家的文化或意识形态的职能的同时也弱化了国家的政治统治职能，更无法意识到市民社会的政治统治职能。

安德森认为，这一解决表明葛兰西对于第一种解决的担忧，葛兰西同时强烈意识到西方资本主义国家的核心的意识形态作用，但对于国家意识形态作用的评价却是选择性的，不是集中于议会制的民主机器，而是集中于教育和法律制度。在葛兰西看来，"每个国家都是道德的，其主要作用之一是使绝大多数人提升到一个既定的文化和道德水平，这一水平或标准相应于生产力的发展要求，因而也相应于统治阶级的利益。作为一种具有积极教育功能的学校和作为一种消极压制功能的法庭都是

---

① Anderson P., The Antinomies of Antonio Gramsci, *New Left Review*, Vol. 1, No. 100，1976，p. 32.

最重要的国家活动。但实际上，大量其他所谓私人的机构和活动都倾向于这一相同的目的，它构成了统治阶级的政治和文化领导权的机器"①。同样，对于警察和法律这样一些国家的专门机器，葛兰西也倾向于把它们消融于一种更广泛的和更模糊的社会现象。因此，在安德森看来，这一国家的意识形态作用就仅仅体现为对于民众的更一般的道德思想和科学文化水平的提升上，无论是具有积极教育功能的学校，还是具有消极压制功能的法庭，都只是一种更广泛的社会意义上的教育机器，而非一种更狭隘的阶级意义上的统治工具。

在第三种解决中，葛兰西认为国家包括了市民社会与政治社会，从而把市民社会淹没于国家之中，这导致了一种极左主义的问题。他多次表述道："国家不应仅仅被理解为一种政府机器，同时也是领导权或市民社会的'私人机器'。……实际上，市民社会和国家是同一个东西。……市民社会也是'国家'的一部分，事实上就是国家本身"②。在此，葛兰西就把领导权和统治完全置于国家的唯一场域之中，强化了国家的政治统治职能，削弱了市民社会的文化领导作用，从而无法意识到市民社会的积极的和自主的作用，也无法描绘出西方资本主义国家的独特之处。

在安德森看来，所有这些论述和解决都是有问题的，因为在市民社会与国家、同意与强制的分配之外，还存在一个更为深层的问题，即在资产阶级的权力结构中同意与强制之间的相互关系是什么。在第一种解

---

① Anderson P. ，The Antinomies of Antonio Gramsci，*New Left Review*，Vol. 1，No. 100，1976，pp. 32-34.

② Ibid. ，pp. 33-34.

决中，西方资产阶级的权力本质上采取了一种文化领导权的方式，它基本上依赖于工人阶级的同意与认可，这是一种典型的改良主义的信条；在第二种解决中，西方资产阶级的权力是在同意和强制的相互作用中实施的，毫无疑问，这是对第一种解决的改进，但两者之间的联合或增加并无助于两者之间关系的说明；在第三种解决中，西方资产阶级的权力结构模式与东方的权力结构模式相一致，从而无法说明西方资产阶级社会权力结构的独特性，这是一种典型的革命主义信条。因此，对于社会主义者来说，第一种论述和第三种论述是最具毁灭性的，第二种论述是更为根本的。

由此，安德森得出结论，西方资本主义国家的权力结构模式是在市民社会与国家的二元结构中共同实施的，同样，政治统治的作用和文化领导的作用也存在于市民社会和国家的双重场域之中。也就是说，市民社会与国家两者相互依存，互为统一，他们都具有双重的作用和功能，既实施了文化和意识形态的领导职能，也实施了阶级统治的政治职能。更为重要的是，相比文化或意识形态的领导作用，国家和市民社会的政治统治职能是更为根本的和本质的，因为前者仅仅是确保了民众的基本认同，但后者则确保了资本主义国家的真正统一。

三、东西欧社会权力的存在样态

在安德森看来，权力是一种整体性的社会存在，它存在于经济、政治、文化、军事等各层面和要素中，但由于世界上不同地区和国家的具体历史构成和社会构成的差异，不同的权力各自存在着不同类型的结构模式。就安德森的学术视野而言，他所关注的是世界性的，但其焦点是欧洲的权力结构模式，他不仅试图对西方资本主义国家的权力结构模式及其本质给予一种清晰的勾勒，而且力图对东西方社会权力结构的类型差异做出某种轮廓性的解释。

（一）西欧社会权力结构的本质特征

按照葛兰西的观点，西方资本主义国家被看作"国家"与"市民社会"的总和。通常情况下，资产阶级是通过市民社会的文化或意识形态来进行统治的，就其所依托的国家机器而言，大众并不是在法庭、监狱、军队、警察等"强制性的国家机器"中被迫地接受统治，而是在家庭、学校、教会、党派、法律、文化、工会等"意识形态的机器"中自愿地接受和认同资产阶级统治。这一统治对于大众来说更加难以抵抗，因为它以一种潜移默化的形式从内心深处来塑造人们，使人们不知不觉地认同了这种统治的合理性和合法性。因此，在西方资本主义国家的民主制度中，文化统治比政治统治发挥着一种更为根本的作用。

然而，在安德森看来，葛兰西的这一理论并没有真正说明西方资本主义国家统治的真正本质。因为在俄国，这一领导权的术语所探讨的是无产阶级与农民阶级两个非对抗阶级之间的关系，因而采取了领导权或同意的形式；而在葛兰西的使用中，这一术语所探讨的是资产阶级与无产阶级两个敌对阶级之间的关系，因而必然包含强制和同意两种形式。尽管葛兰西在第二种解决中也确实意识到了同意和强制两种形式的联合存在，但依旧存在一种结构的不对称，其实，无论是第一种解决还是第二种解决，都高估了文化统治的作用，而低估甚至忽视了政治统治的核心作用。

对此，安德森提供了他自己有关西方资本主义国家权力结构模式的独特解释和说明。他一方面采用了葛兰西有关军事斗争和政治斗争之间关系的分析，认为军事是最为根本的(fundamental)，而政治是主导的(preponderant)；另一方面采用了阿尔都塞有关"决定(determination)"和"主导"(domination)之间的概念区分，认为政治是决定性的，文化是主导性的。在他看来，西方资产阶级的权力结构包含两种模式，一种是由暴力所实施的强制或压迫的阶级统治方式，另一种是由自愿所实施的同意或领导权的统治方式，前者相应于政治统治，后者相应于文化统治。其中，文化统治居主导性或突出性的地位，政治统治居根本的或决定性的地位。他明确表述道："如果要否认当代资产阶级权力体制中文化的'优势'或主导作用，就会废除西方议会制和俄国绝对制之间的显著差异，并把西方议会制还原为一种神话……与此同时，如果要忘记当代资本主义权力结构之内最终暴力的'根本的'或决定性的作用就会回到改良主义，即选举的大多数能够通过议会制和平实现社会主义。"①

这就是安德森对西方资本主义国家中文化统治和政治统治关系的说明。他一方面凸显了文化统治的职能，尤其是高度肯定了西方民主制的杰出成就，认为"西欧社会的构成与东欧完全不同，更不要说亚洲。他们高度发达的经济以及复杂深厚的历史已经完全创造出了一个只属于他

① Anderson P. , The Antinomies of Antonio Gramsci, *New Left Review*, Vol. 1, No. 100，1976，p. 42.

自己的社会文化世界。这个世界伟大的政治成就就是民主制"①。同时，这一民主制的成就体现在诸如定期选举、公民自由、集会权力等一些具体的制度当中，所有这些就使民众产生了一种意识形态的幻象，认为他们对国家实施了一种直接的、自我的管理，好像这一资本主义的国家不是资产阶级的国家，而是无产阶级的国家，是民众利益和大众权利的国家。另一方面，他强调了西方资本主义国家的政治统治职能，认为这一政治统治构成了西方工人阶级运动的最终障碍。但在经典马克思主义的思想中，马克思和列宁并没有做过系统的分析和研究，因为马克思生前没有见过这种民主国家的真正实现，而列宁所面对的是沙皇俄国那样的专制主义国家；在西方马克思主义思想中，葛兰西使用了"领导权"概念专门分析了西方民主制国家，但更多地强调了文化统治的重要性，而忽视了政治统治的核心性。"在西方，资本通过这种多层的默契结构对劳工所施加的灵活而强有力的领导权，代表了一种比社会主义运动在俄国所遭遇到的远远难以克服的障碍。"②因此，在安德森看来，资本主义代议制民主机器背后所渗透的不仅是阶级之间的文化统治，更是阶级之间的政治统治，这才是更为根本的和深层的核心要素。

更为重要的是，安德森有关西方资本主义国家中文化统治和政治统治之间关系的思考所关涉的另外一个问题就是有关社会主义权力的问题。在葛兰西看来，"一个社会集团对它试图用武力'废除'或压制的敌

---

① Anderson P.，Problems of Socialist Strategy，*Towards Socialism*，by Perry Anderson and Robin Blackburn（eds.），London：Collins，1966，p. 230.

② ［英］佩里·安德森：《西方马克思主义探讨》，高铦等译，102 页，北京，人民出版社，1981。

对集团是主导性的,而对其姻亲或联盟集团是指导性的。一个社会集团在夺取政府权力之前能够而且必须成为指导性的(这就是夺取权力自身的一个主要条件);之后,当它实施和维持权力时,它变成了主导性的并且继续是指导性的"①。按照通常的解释,西方无产阶级首先需要掌握市民社会的文化领导权,然后才能夺取国家的政治领导权。正如科拉柯夫斯基所认为的:"无论如何,在葛兰西的学说中,这是一个重要的论点,即工人们只有在获得'文化领导权'之后,才能获得政治上的权力。"②但在安德森看来,这一论断遭到了极大的误解。因为这段话表明,文化领导权的实施只适用于联盟阶级,政治领导权的实施则适用于敌对阶级,或者换言之,文化领导权的夺取只能发生在政治领导权的夺取之后。因此,正确的革命步骤应是首先赢得联盟阶级对社会主义制度的文化领导权,其次是用革命甚至暴力的手段夺取资产阶级的政治领导权。这一观点就与经典马克思主义的思想相一致,认为在资本主义社会中,无产阶级不可能成为文化上的统治阶级,由于其所处的结构位置,它被剥夺了某些重要的文化生产方式,如教育、传统和闲暇,甚至在无产阶级夺取政治权力的社会主义革命之后,文化上居主导地位的阶级在某些方面或在一定时期内仍将是资产阶级而非无产阶级。

然而,除文化统治和政治统治之外,还存在一种经济统治,也是安德森试图想要说明但却没有真正说明的一个方面。在葛兰西对有关西方

---

① Anderson P., The Antinomies of Antonio Gramsci, *New Left Review*, Vol. 1, No. 100, 1976, p. 45.

② 俞吾金、陈学明编:《国外马克思主义哲学流派新编》(西方马克思主义卷),124页,上海,复旦大学出版社,2002。

资本主义国家权力结构的说明中，安德森指出："显然，被剥削阶级在资本主义中所遭受的直接经济限制的整个范围无法被归为压迫或同意——武力或文化说服的任何一种政治范畴。同样，无论国家与市民社会之间的这一正式二分法作为初始工具多么必要，都无法产生出对资本主义社会结构不同制度之间复杂关系的具体知识。"①在安德森看来，这一有关市民社会与国家之间二元关系根本无法解释西方资本主义社会权力的复杂存在与结构，因为在市民社会与国家之外还存在一种更为根本的经济权力，这也是安德森所要指出的葛兰西说明中的真正内在缺陷。安德森认为，正是资本主义的生产关系分配给所有的男男女女不同的社会阶级，并通过他们在生产方式中的结构位置来加以界定，这一阶级的划分便成为法律自由和公民平等的潜在事实。

同样值得注意的是，在与罗尔斯、哈贝马斯等人的争论和交锋中，安德森指出了资本主义社会中资产阶级对于无产阶级的经济剥削的事实，但这一事实却被排除在他们所设想的各种公平、正义等原则和程序的政治或哲学议程之外。对于哈贝马斯的协商制度而言，安德森指出资本与劳动之间的不平等就是其平等的法律制度背后的真正事实。"不管资本与劳动之间的力量对比实际上有多么不平等——让我们声明，这种说法在《在事实与规范之间》一书中几乎完全找不到——资本和劳动之间的讨价还价的过程所产生的法律结果仍然会是'公正的'，倘若它们获得的相互交谈的机会是平等的话。随着这根魔杖的挥动，不平等竟然又变

---

① Anderson P. , The Antinomies of Antonio Gramsci, *New Left Review*, Vol. 1, No. 100，1976，pp. 25-26.

成某种类似平等的东西。"①同样，对于罗尔斯(John Bordley Rawls)所设想的正义理论而言，安德森也指出这一正义理论的背后所渗透的是深层的社会的不正义和经济的不平等。"如果现代国家像罗尔斯所描述的那样，身处在民主信念和传统之中，那么在公民自由和平等的实现上怎么可能出现僵局？……如果罗尔斯追求后半句的逻辑，而不是迷惑人的前半句的逻辑，不是去迎合国家，而是更多地关注僵局，那么他肯定会写出一部更好的著作。他这部主要著作所需要的续篇，其标题应为《非正义论》。"②因此，在安德森有关西方资本主义国家社会权力的视野中，资产阶级对于无产阶级的经济剥削是政治权力和文化权力所竭力掩盖的一个基本事实，也是资产阶级权力结构的一个不言自明的前提和基础。

因此，安德森试图提出有关西方资本主义国家社会权力结构的总体模式，包括经济权力、文化权力和政治权力三个层面。其中，经济权力，也就是生产方式或生产关系的统治模式，在资本主义社会中居基础性的地位和作用；文化权力，也就是文化或意识形态的统治模式，在资本主义国家中居主导性的地位和作用；政治权力，也就是强制的或暴力的统治模式，在资本主义社会中居决定性的地位和作用。它们既相互区别，又彼此统一，由此形成了一个复杂的权力结构模式，也是一种整体的和总体的权力结构模式。同时，在这一总体的社会权力结构模式中，安德森尤其凸显了西方资本主义社会的文化权力，认为这是西方资本主

---

① [英]佩里·安德森：《规范事实：尤尔根·哈贝马斯》，152 页，见《思想的谱系：西方思潮左与右》，袁银传、曹荣湘等译，北京，社会科学文献出版社，2010。

② [英]佩里·安德森：《设计共识：约翰·罗尔斯》，143 页，见《思想的谱系：西方思潮左与右》，袁银传、曹荣湘等译，北京，社会科学文献出版社，2010。

义社会中最独特的统治方式，也是西方资本主义国家与东欧资本主义国家的真正区别所在。更为重要的是，安德森强调了西方资本主义国家的政治权力，这是西方无产阶级革命所面临的最主要障碍之一，也是西方社会主义革命所需要克服的最重要难关之一。

基于以上对西方资产阶级权力结构模式的认识，安德森为西方资本主义国家的无产阶级运动提供了一种革命的社会主义的策略，认为西方资本主义国家要想走向社会主义必须通过政治层面的激进变革，推翻资本主义的国家机器，构建社会主义的国家机器，才能实现对于资本主义的社会主义的全面变革。同样，对于社会主义权力而言，只有当资本主义的权力结构在性质上完全转变为社会主义的权力结构时，权力才可能在经济、政治和文化等层面和要素中回归到无产阶级或人民大众的手中，而非掌握在统治阶级或特权阶级的手中。这样的革命才是完全的和彻底的革命，这样的社会也才是无产阶级的社会，这样的权力才是真正大众的权力。因此，安德森所提供的策略是一种"革命的政治学"，所期待的社会主义是一种"民众领导权"的理想社会。

(二)东西欧社会权力结构的类型差异

安德森不仅对西方资本主义国家的权力结构模式做出了重要说明，而且试图对东方资本主义国家与西方资本主义国家之间的类型差异做出重点诠释。这是一个与西方资本主义国家本质相关的更为宏大的问题，同样需要回到葛兰西的《狱中札记》的核心文本去解决。在这一核心文本中，葛兰西做了初步的回答。在他看来，在东方，国家优越于市民社会；而在西方，市民社会优越于国家，也就是说，在东方，国家的政治统治发挥着更为决定性的作用；在西方，市民社会的文化领导权发挥着更为根本性的作用。

在安德森看来，尽管葛兰西试图理解俄国与西方国家之间社会权力结构的类型差异，但他从未能够对东西方社会权力结构之间的类型差异做出一种充分的马克思主义的解释。因为，"这一简单的地理对比包含着一种不受质疑的东西方之间的同时代性。然而，如果转向社会结构，它暗含了某种不是理所当然的东西；东西方之间存在一种直接的历史对比"①。尽管葛兰西强烈意识到了西方资本主义国家这一新奇结构，但从未意识到俄国的绝对主义是一种性质完全不同的封建国家机器；相反，列宁认识到了俄国的绝对主义是封建主义的国家机器，但始终没有认识到西方议会制与东方独裁制之间的真正区别。在《社会主义策略问题》(1976)中，安德森就已明确指出东西欧国家之间的结构差异，前者是沙皇专制的封建主义国家，后者是议会民主制的资本主义国家。随后，他在《西方马克思主义探讨》中也明确指出了这一区别，认为西欧国家是一种代议制资产阶级的民主政府，东欧国家尤其是沙皇俄国，是一种专制主义的独裁政府。这一区别就使得东西方之间的社会权力结构的类型差异获得了一种真正的区别，这种区别不仅仅是地理上的，而且也是历史上的。

那么，东西方之间的社会权力结构类型究竟存在着怎样的差异呢？安德森提供了一种富有启发的思考。他认为，如果东西方之间的社会权

---

① Anderson P., The Antinomies of Antonio Gramsci, *New Left Review*, Vol. 1, No. 100, 1976, p. 50.

力结构的类型差异仅仅包含一种地理的或空间的差异，那么这一对比就是一个谬论；如果两者间的差异包含了历史的或时间的差异，那么这一对比就是正确的。因此，对欧洲封建主义的不均衡发展历史的理解就成了解决东西方社会结构这一理论难题的必要前提。正如安德森在《从古代到封建主义的过渡》和《绝对主义国家的系谱》两卷本史学著作中所部分完成的。他在封建主义之后界定了绝对主义的历史时期，使我们能够大致清楚地看到俄国独裁制与西方民主制之间真正的类型的差异。不过，这仅仅只是一种初步的思考和启发，因为计划书写的但并未付诸笔端的有关资产阶级革命和资产阶级国家的后两卷本，就为东西方社会权力结构的类型差异的真正说明留下了极大的缺憾。

小　结

"权力"一词是政治学中的习惯用语和常用语。在西方，权力是一个常常被物化的概念。人们很容易设想一个社会里某个人、某个团体或某个机构，如统治者或政治精英拥有一种权力，而其他人没有这种权力。马克斯·韦伯曾说过，权力意味着在一种社会关系里无须顾忌他人的意愿，总能贯彻自己意志的任何机会，而无论这种机会建立在什么样的基础之上。[1] 美国政治学家哈罗德·拉斯韦尔（Harold Lasswell）也曾以惯

---

[1]　参见［德］马克斯·韦伯：《社会学基本概念》，杭聪译，106 页，北京，北京出版社，2010。

有的尖锐风格断言，获得最多权力的人是精英；其余是大众。历史学家也常常这样设想。

然而，安德森所讲的"权力"不是一般意义上的一个人对另一个人或一个集团对另一个集团的影响力和控制力，而是在特殊意义上的一个阶级对另一个阶级的影响力和控制力，或者确切来说是指剥削阶级对于被剥削阶级、统治阶级对于被统治阶级的影响力和控制力，是包括经济、政治、文化和军事等在内的全面的和整体的社会权力，这实质上源自马克思和列宁等经典作家所讲的以国家形式存在的阶级权力。因此，安德森试图在历史唯物主义有关阶级和阶级斗争的传统视域内对世界上不同地区和国家的阶级权力结构进行"类型学"的诠释和对比，由此形成一种基于"类型学"唯物史观思想的阶级权力理论。

首先，就历史唯物主义的理论系谱而言，安德森在有关西方资本主义国家资产阶级权力结构类型的说明中，不仅采用了马克思本人有关市民社会与国家关系的相关论述，而且采用了西方马克思主义者葛兰西有关市民社会和国家关系的思考，以及阿尔都塞有关"强制性的国家机器"和"意识形态的国家机器"的基本划分，由此得出了他有关西方资本主义国家的资产阶级权力结构类型的解读和诠释。

一方面，安德森凸显了西方资本主义国家中文化权力的主导地位和作用。在他看来，马克思在对市民社会的解读中，曾把它归属于经济需求和经济活动的领域："这种物质生活关系的总体，黑格尔学 18 世纪的英国人和法国人的榜样，称之为'市民社会'，而对市民社会的解剖则应求之于政治经济学。"①而在葛兰西对市民社会的解读中，市民社会不再归属于经济基础的领域，而是位于上层建筑的领域，确切来说是位于文化上层建筑的领域之中，"在经济结构与具有法律和强制的国家之间耸立着市民社会"②。

安德森认为，葛兰西的这一解读就与马克思晚期的思想存在相同之处。诚然，青年马克思用市民社会的概念来指称经济需求和经济活动的领域，但在以《资本论》为代表的晚期著作中，这一术语的最初意义已随着生产力和生产关系等概念的出现而消失了，并代之以另外一种意义，它不再等同于个体的经济利益和经济行为，而是对资本主义社会结构中所有非国家制度的一种使用。正如马克思在《路易·波拿巴的雾月十八》一文中对于波拿巴主义的分析正是围绕着这一用法："国家管制、控制、指挥和监护着市民社会——从它那些最重大的生活表现起，直到最微小的生活表现止，从它的最一般的生存形式起，直到个人的生活止。"③在此，市民社会的概念是指一种国家机器之外由国家来管理、控制和支配的机器，如果说国家的概念是专指一种政治机器的话，那么市民社会的概念不是指称一种经济机器，而且指称一种文化机器。

在此意义上，安德森采用了葛兰西的领导权，尤其是文化领导权的理论来说明西方资产阶级权力结构的独特性和新奇性，认为这一市民社会的术语实质上表征了西方资本主义国家的一种全新的文化统治机制。

---

① 《马克思恩格斯选集》第 2 卷，2 页，北京，人民出版社，2012。

② Anderson P., The Antinomies of Antonio Gramsci, *New Left Review*, Vol. 1, No. 100, 1976, p. 35.

③ 《马克思恩格斯全集》第 11 卷，172 页，北京，人民出版社，1995。

也就是说，资产阶级对无产阶级采取了一种文化领导权的特殊统治方式，使他们从思想和意识形态机制上认可和赞同了这一资产阶级的民主制度，并认为这是一种由大众来管理、组织和监督的最民主的社会制度，从而无法设想一种性质上完全不同的社会主义的民主制度的理想形式。与此同时，安德森认为葛兰西在对文化领导权的说明中几乎没有意识到资产阶级民主制机器在意识形态中的核心地位和作用，同时倾向于高估文化领导权的作用，而低估甚至忽视了政治领导权的作用，更没有能够意识到资产阶级国家政治统治的最终决定作用，从而没有能够说明资产阶级权力结构的真正的本质特征和核心内容。

另一方面，安德森强调了西方资本主义国家中政治权力的最终决定地位和作用。对此，作为西方结构主义的马克思主义学派的代表人物，阿尔都塞在有关"意识形态的国家机器"和"强制性的国家机器"的说明中就强调了西方资产阶级权力结构中的国家机器的绝对性和超越性，超越了法律的公私之分，超越了市民社会的文化或意识形态的统治作用。他明确区分了两种国家机器，一种是"意识形态的国家机器"，一种是"强制性的国家机器"，认为两种机器各有区别，不能混为一谈。首先，强制性的国家机器只有一个，而意识形态的国家机器却有许多；其次，强制性的国家机器完全属于公共领域，而绝大部分的意识形态国家机器则属于私人领域，如教会、政党、工会、家庭、学校、报纸等完全是私人的。再次，阿尔都塞把这些属于市民社会的意识形态的机器称作国家机器。他说道："作为一个清醒的马克思主义者，葛兰西早已用一句话堵住了这种反对意见，公私之分是资产阶级法律内部的区分，在资产阶级法律行使'权威'的（从属）领域是有效的。而国家领域避开了这种区别，因为国家'高于法律'；国家是统治阶级的国家，既不是公共的，也不是私人的；相反，国家是公共与私人之间一切区分的前提。从意识形态国家机器出发，我们也可以这样说。它们在'公共'机构还是'私人'机构中得到实现，这并不重要，问题在于它们如何发挥功能。私人机构完全可以作为意识形态国家机器'发挥功能'。"①对此，安德森并没有表示赞同，他认为阿尔都塞过多地强调了国家的政治或暴力统治的作用，而贬低了市民社会的文化或意识形态的统治作用，甚至把这一文化或意识形态的统治作用归属于或消融于国家机器的统治作用之下，从而丧失了市民社会自身的独立性和自主性，由此走向了对于国家机器的另一个极端说明。

同样，安德森肯定了拉尔夫·密里本德对于阿尔都塞这一说明的批评。密里本德指出："对我而言，表明这些相关制度实际上只是国家制度的一部分似乎并不符合事实，并且在这方面倾向于掩盖政治制度与意识形态制度之间的差异，而后者实际上是国家权力垄断制度的一部分。在权力垄断制度中，意识形态制度确实享有一种极大的自主性；因而能够更好地掩盖它们确实从属于资本主义社会权力机制的程度。这一说明它们的方式不是宣称它们是国家制度的一部分，而是表明它们如何在国家之外实施它们的意识形态作用；这是我试图去做的。"②这不仅是密里本德试图要做的，也是安德森试图要做的。在对西方资产阶级权力制度

---

①　［法］阿尔都塞：《哲学与政治——阿尔都塞读本》，陈越译，282 页，长春，吉林人民出版社，2011。

②　Miliband R.，The Capitalist State：Reply to Nicos Poulantzas，*New Left Review*，Vol. 1，No. 59，1970，p. 59.

的分析中，他们既强调了政治或阶级权力的核心性和重要性，强调了文化或意识形态权力的自主性和积极性，尽管这是一种相对意义而非绝对意义的自主性和积极性。

其次，在历史唯物主义的理论系谱之外，安德森还借鉴和对比了当代社会学者有关权力问题的相关论述，一是英国社会学家迈克尔·曼恩有关社会权力的思想，一是英国社会学家 W. G. 朗西曼(W. G. Runciman)有关"社会形态类型"的权力思想，由此形成了一种有关社会权力的历史社会学的科学解释。这一解释既蕴含着一种历史学的纵向维度，也蕴含着一种社会学的横向维度。

在社会权力的解释中，英国当代社会学家迈克尔·曼恩在《社会权力的来源》一书中进行了一种历史的解读，认为社会史就是一部权力史，权力关系的历史和理论与人类社会本身的历史和理论在事实上就是一回事。具体而言，曼恩从类型、功能和来源三个层面做出了划分，在此基础上形成了一种有关社会权力的宏观解释。从类型上来看，他遵循着帕森斯(Talcott Parsons)区分了两种权力类型，即集体性的权力和个体性的权力，前者是指某一集体相对于另一集体或自然界的权力，后者是指某个个体对另一个个体的权力。从功能上来看，他将社会权力分为广泛性的权力、深入性的权力、威权性的权力和散漫性的权力四种。广泛性的权力是把分布在辽阔领土上的人民组织起来从事最低限度稳定合作的能力；深入性的权力是紧密的组织和指挥，即高水平地动员或使参加者承担义务的能力；威权性的权力是由集团或制度以意志力造成的由明确的命令和有意识的服从组织而形成的；散漫性的权力是指一种以本能的、无意识的和分散的方式分布于整个人口中，不是命令或服从，而是一种理解和认可的权力。从来源上来看，他遵循的是韦伯提出的权力的四种来源，即经济的、意识形态的、政治的和军事的领域来源。因此，在对历史上不同时代的不同文明进行阐述时，曼恩将上述六种权力划分与四种权力来源分别进行排列组合而形成了具有说服力的解释，认为社会实质上就是由在空间中相互交叉和彼此重叠的权力所组成的权力关系网络。曼恩这一有关社会权力的独特研究方式也被其同事约翰·霍尔（John Hall）称为"组织唯物主义"。在安德森看来，它之所以被称之为"组织唯物主义"，就在于曼恩对于不同类型权力的组织。同时，这一"组织唯物主义"对于唯物主义和唯心主义的二分法的有效解决，不是因为他在哲学上找到了替代品，而是因为他成功地论述了包括宗教、税收、军事、土地、阶级和外交在内的各个层面，所有这些层面就在这一单一的核心的权力分析中结合起来，从而创立了一种有关社会权力的历史学。①

同样，朗西曼提出了一种有关社会权力的更为复杂和更为精致的"社会形态类型学"的权力理论。在《社会理论专论》（Treatise）第二卷本中，他提出了一种更为有序和更为系统的社会权力的分类法则，借鉴韦伯有关社会权力的三位一体的认知，指出经济的、意识形态的和政治的三种形式，由此形成了生产方式、劝服和压迫的三种支配方式，它们之间相互联系，缺一不可。在此基础上，进一步区分了八种经济权力、八种意识形态权力和七种压迫权力，并由这些权力之间的特殊组合形成了

① 参见[英]佩里·安德森：《迈克尔·曼恩的权力社会学》，郭英剑、郝素玲等译，92—93页，见《交锋地带》，北京，中国社会科学出版社，2008。

特殊的"权力分配模式",从而形成了 450 种特定的社会形态。在安德森看来,朗西曼在有关社会权力的"林奈式"的分类中,得出了一种实际的社会形态的历史进化论。"人类社会及其构成作用和各种制度的进化贯穿于不断进行着的权力斗争的始终,这一权力斗争的结果由社会结构的相互依存的三维中各种惯例的竞争选择所决定的。社会进化和自然进化在复杂性上都呈现一种不断增加的趋势。"①人类历史如同生命历史一样,没有什么模式、目的和意义,而权力而非生存成为了其成功的进化法则。同时,这一"社会形态类型学"的权力理论包含一种比较的方法,包含了欧洲、亚洲、非洲和美洲在内的丰富谱系。

安德森认为,无论是迈克尔·曼恩的解释,还是朗西曼(Steven Runciman)的说明,都简单地、理想化地把社会看作权力的产物,认为社会是由众多的相互交织的权力而组成的权力网络关系。对此,他严厉地批评道:"社会不只是权力之类的东西。集体生活中的三大领域阻碍了这种对社会天真的、简化的认识。这三个领域是人的生产、商品的生产和意义的生产。人口体系、经济体系和文化体系绝非单纯的人类参与者间权力关系的翻版,因为这些领域总产生和自然界的交换关系,这些交换关系充斥着或已超越了这三个领域。"②更关键的问题在于,安德森指出,第一,在他们有关社会权力的解释中,不同层面的权力之间既不存在任何因果的首要性,也不存在任何层次的等级性,它们都均匀地、并列地分布于这一权力关系网络中。第二,在他们有关社会权力关系所

———————

① [英]佩里·安德森:《W. G. 朗西曼的新进化论》,郭英剑、郝素玲等译,174页,见《交锋地带》,北京,中国社会科学出版社,2008。

② 同上书。

构成的社会形态的转变中，也不存在任何基本的动力学和规律性。在历史上的任何时期，一种社会形态向另一种社会形态的转变也仅仅是偶然的，突发的，没有任何的必然性和规律性。第三，在他们有关权力的动力和来源的解释中，他们所核心关注的不是经济权力，而是意识形态权力或其他权力。正如迈克尔·曼恩将意识形态作为一个单独的权力来源加以考察，并意识到"垄断规范"是通向权力之路那样，朗西曼也"在这种处理中，把意识形态的生活还原为安全工作，不是社会化，而是顺从，经济生活尽管表面上参照了生产方式，但仅仅相当于交换和剥削机制，正如在马克思主义中把生产力归入生产关系。"①在此意义上，迈克尔·曼恩和朗西曼就走向了对于文化或意识形态权力的考察，而没有关涉更为根本的经济权力本身。

由此可见，安德森的社会权力思想源自于马克思本人所创立的历史唯物主义的思想体系，形成了一种独特的"类型学"唯物史观的权力阐释模式。

就理论层面而言，安德森的社会权力思想坚持了一种总体化的思想，认为任何一种社会形态的权力模式都存在一种结构化和整体化的权力形态，其中每个层面和要素都是一种结构化和有序化的等级关系，而非一种平行的或并列的相互关系，这种等级关系也必然意味着一种优先化和首要化的顺序，一种谁优先于谁以及谁决定于谁的秩序，由此形成一种有关社会权力模式的因果解释原则。与此同时，安德森不仅强调了

---

① Anderson P., A Culture in Contraflow-I. *New Left Review*, Vol. 1, No. 180, 1990, p. 66.

社会权力的整体化和结构化的存在样态，而且强调了社会权力的分散性和独立性的存在形式，包括经济的、文化的、政治的以及军事的权力都构成了其社会权力思想的核心内容。对于任何一种社会形态而言，社会权力都是由经济、政治、文化和军事等层面相互关联和作用构成的一种整体化的权力模式，也是由它们之间的等级层次和秩序所构成的一种结构化的权力模式。更为重要的是，这一社会权力模式坚持了不同权力之间的结构等级和因果关系，强调了经济权力的基础性地位和作用，文化权力的主导性地位和作用以及政治权力的决定性地位和作用，从而遵循了历史唯物主义有关生产力决定生产关系、社会存在决定社会意识的基本思想。

就方法层面而言，安德森的社会权力思想存在两种尺度和标准，一种是历史学的，一种是社会学的，抑或说，一种是纵向的维度，一种是横向的维度，从而形成了历史与社会内在关联、相互统一的作用机制。然而，在迈克尔·曼恩有关社会权力的论述中，只有历史没有对比；而在朗西曼有关社会权力的论述中，则只有对比，没有历史。因此，当迈克尔·曼恩谈到自己所采用的方法为"历史社会学而非比较社会学"方法时，安德森批评道："这一系列的失误既不是文化上的，也不是我们所熟知的欧洲中心主义的，它们源于一种理论上的谬误，即认为社会学不可能同时是历史性的和比较性的。"① 在此基础上，安德森的社会权力思想包含一种"比较的类型学"解释范式，这一比较是一种双重的比较，既

———————

① ［英］佩里·安德森：《迈克尔·曼恩的权力社会学》，郭英剑、郝素玲等译，91、100、101 页，见《交锋地带》，北京，中国社会科学出版社，2008。

是历史的比较，也是社会的比较，既是纵向的比较，也是横向的比较，两者相互依存，缺一不可。

综上所述，安德森的"类型学"唯物史观思想的权力阐释模式不仅体现了一种本质主义和整体主义的思维方式，而且蕴含了一种深层的结构主义和功能主义的思想意识，使本质、功能和作用成为了其权力阐释思想的核心话语。然而，安德森不是一位极端的结构主义者，而是一位温和的结构主义者，他总是试图在历史主义与结构主义，经验主义与理性主义的双重维度中来形成对于世界上不同地区和不同国家的社会权力的"类型学"解释。这一解释就不是纯粹理智的创造物，而是具体的历史现实的产物。因而，这一"类型学"也不是一种"思辨的类型学"，而是一种"具体的类型学"，并试图在具体的历史与社会中回到经典历史唯物主义的阐释路径。①

然而，安德森这一"类型学"唯物史观的权力阐释模式也存在诸多的缺陷和不足。

首先，安德森试图构建的是一种宏观的社会权力学，尤其解决的是国家的统治权在谁手里，由谁支配的问题，侧重分析的是一种宏大的、整体的和中心化的权力存在，而完全忽视了权力的微观存在。正如后现代主义的权力哲学家米歇尔·福柯则试图构建一种微观权力学，认为权力是一种分散的、异质的和非中心化的存在，或者换言之，权力是无处不在，无时不在，无孔不入的，它能够渗透到社会的任何层面和个体的

---

① 参见乔瑞金、李瑞艳：《对安德森"类型学"权力思想的几点思考》，载《中国人民大学学报》，2012(6)。

任何行为之中。在此意义上，安德森对于这一社会权力的说明就是片面的，不完全的，并没有说明社会权力的多元而复杂的存在形式和存在样态。

其次，安德森过度关注了宏观的社会权力，尤其是阶级权力的问题，而忽视了那些与阶级权力无关的历史与社会现象。对此，汤普森批评安德森存在一种对"权力的不健康迷恋"，把所有的历史与社会现象都归属于阶级权力的问题，把工人阶级的解放也归属于工人阶级权力的获得。"对于权力的关注，对于政治分析的关注，这是适当的。但并非所有的人类现象都能同化为权力或阶级的范畴；然而，在马克思主义者中似乎存在某种倾向，即所有的人类现象能够而且应该同化为权力或阶级的范畴……这一目标——工人阶级的权力——总是存在于那里，预先存在于某个地方，并且历史——尤其是工人阶级的历史——在朝向这一目标的实现中而获得完全评价。"①

具体来说，汤普森对安德森做出了三点批判：首先，历史学家应该关注与普通民众的生活息息相关的问题，而非阶级权力的问题。在汤普森看来，历史学家更应该关心普通民众的生活品质，苦难与幸福，童工制度、离婚制度和邮寄制度等，因为尽管这些具体的实践活动与权力模式几乎毫不相关，但它们却对人们的实际生活产生了重要影响。其次，历史学家应该关注那些与阶级权力背景无关的社会问题。比如，资本主义工业化过程中形成的工作制度，无论它是否受到斯大林主义意识形态

---

① 参见 Thompson E. P., The Peculiarities of the English, *The Socialist Register*, Vol. 2, 1965, p. 358.

的影响，但都与民众的生活密切相关；再比如，发达资本主义社会的工业规模，不仅限制了个体的创造性，而且使个体远离了社会权力。最后，历史学家应该关注经验的领地和作用以及经验的价值和意义，以形成对于权力的有效反对。然而，传统的马克思主义者以及英国的结构主义学者，无论是在理智的术语中，还是在阶级的还原论或客观化的思维方式中，只是致力于阶级或阶级权力的问题，把文化现象还原为阶级的范畴，甚至取消了英国的经验文化传统。实际上，这一权力模式的真正错误之处，不在于是否坚持了社会存在和社会意识之间的辩证法，而在于这一辩证法只能通过社会阶级加以调节和获得意义。因此，为了反对这一阶级或阶级权力的模式，汤普森重申 1956 年以来"社会主义的人本主义"的呼声。[①] 就其实质而言，汤普森在对阶级或阶级权力的批判中，带有显著的经验主义和人本主义的思维模式，与安德森在对阶级或阶级权力的辩护中所存在的理性主义和科学主义的思维范式形成了鲜明对比。

最后需要指出的是，安德森的"类型学"唯物史观的社会权力的解释模式包含一个明确的目的论，对于西方资本主义国家社会权力进行解释的根本目的在于西方无产阶级的统治权力的夺取，由此提出了一种"革命的政治学"。在他看来，"自由就在于把国家由一个站在社会之上的机关变成完全服从这个社会的机关；而且今天也是如此，各种国家形式比较自由或比较不自由，也取决于这些国家形式把'国家的自由'限制到什

[①] 　参见 Thompson E. P. , The Peculiarities of the English, *The Socialist Register*, Vol. 2, 1965, pp. 358-359.

么程度。一个世纪之后,彻底废除国家依然是革命的社会主义者的目标之一。"①这一革命社会主义的策略就是全面的、彻底的,社会主义的实现就建立在对资产阶级权力的全面推翻和取代之上,也建立在无产阶级社会权力的全面夺取和实现上。然而,这一策略对于当今资本主义社会中无产阶级的革命实践却没有产生足够的影响力。当然,理论只能预测,只有未来的实践才能够证实。总体而言,安德森关于当代资本主义和未来社会主义权力思想的"类型学"唯物史观的深层解读和诠释,值得我们认真思考和研究。

---

① [英]佩里·安德森:《绝对主义国家的系谱》,刘北成、龚晓庄译,前言6页,上海,上海人民出版社,2001。

第五章 ｜ 社会理想的类型学

　　作为当代英国新左派的马克思主义知识分子，安德森所设想的未来的理想社会形态是社会主义。实现对于资本主义的社会主义改造是其社会主义理想的最终落脚点，社会主义策略是实现社会主义理想的政治前提。安德森在《英国马克思主义的内部争论》(1980年)一书中明确指出："我们始终对社会主义策略问题更感兴趣。由于这一点，我们最终走向了对于资产阶级国家结构和它在社会主义革命中断裂的不同观点。"①在对社会主义策略问题的思考中，安德森基于对东西欧国家权力，尤其是西方资产阶级国家权力结

① Anderson P. , *Arguments Within English Marxism* , London and New York: Verso, 1980, p. 186.

构的科学分析，为西方无产阶级的社会主义策略模式奠定了扎实的理论基础。由此，他为西方发达资本主义国家中的无产阶级或工人阶级提供了一种革命社会主义的策略，认为这一策略就意味着对资本主义社会的全面推翻和取代，也意味着社会主义社会的全面转变和创建。

　　总体上，安德森继承了经典马克思主义有关革命社会主义的论述，试图通过对社会主义策略问题的全面论述以形成和完善马克思本人所忽视的马克思主义的政治理论，为无产阶级的革命社会主义思想提供一种科学的和理论的策略分析。"基本上说，马克思在身后留下了分析资本主义生产方式的严谨而成熟的经济理论，这在《资本论》中已经得到了阐述；但是马克思却没有留下有关资产阶级国家结构的同等的政治理论，或有关工人阶级政党为推翻资产阶级国家而进行革命社会主义斗争的战略、战术的政治理论。"①在此，安德森一方面坚持了列宁的经典工程，认为西方无产阶级只有推翻资本主义的国家机器才能实现社会主义；另一方面他借鉴了葛兰西有关领导权的理论，认为东西欧国家之间存在着显著不同的社会权力结构，试图为东西欧无产阶级提供一种"类型学"差异的社会主义策略模式。在此基础上，安德森形成了一种基于"类型学"唯物史观思想的科学社会主义理论。

---

　　① ［英］佩里·安德森：《西方马克思主义探讨》，高铦等译，11页，北京，人民出版社，1981。

一、社会主义的策略模式

在安德森看来，无论是经典马克思主义，还是西方马克思主义，都普遍缺乏一种实现社会主义的策略思想。当然，这并不意味着经典马克思主义或西方马克思主义学者当中没有人提出过有关社会主义策略的思想，只是说他们没有形成一种全面系统的有关欧洲资本主义不同地区和国家的社会主义的政治理论。在经典马克思主义学者中，列宁不仅创建了一种系统的阶级斗争理论，而且组织了一场社会主义的革命，并创建了一个无产阶级专政的国家；同样，在西方马克思主义学者中，葛兰西提出了有关西方无产阶级的社会主义策略模式，"葛兰西在这方面是唯一的例外，这象征着他的伟大，使他不同于西方马克思主义传统中的所有其他人物。这是很自然的，因为只有在他身上体现了理论和实践的革命统一……"①然而，令人遗憾的是，列宁的革命主义策略模式仅仅局限于东欧甚至俄国的版图之内，它无法被西欧的任何资本主义国家复制；同样，葛兰西的改良主义策略模式也没有为西方的无产阶级提供一种完美的解决。因此，安德森从经典马克思主义和西方马克思主义所止步和忽视的地方开始了他有关社会主义策略模式的研究。

在 1965 年《社会主义策略问题》一文中，安德森区分了东西欧两种不同的社会主义策略模式：一种是列宁主义，一种是社会民主主义，并在此基础上试图为西欧勾勒出一种霸权的社会主义的策略纲领；在 1976 年《葛兰西的自相矛盾》一文中，他对葛兰西所提出的"阵地战"策

---

① ［英］佩里·安德森：《西方马克思主义探讨》，高铦等译，61 页，北京，人民出版社，1981。

略做出了有力的回应和批判,提出了"阵地战"与"运动战"相结合的社会主义策略模式;在1980年《英国马克思主义的内部争论》一书中,他提出了这一革命的社会主义策略应与一种道德的现实主义方案相结合,才能使革命左派摆脱当前的困境,走向革命的社会主义前景。

(一)两种策略模式的不可行性

安德森认为,英国左派普遍缺乏任何社会主义策略的思想和视角,其政治学的基础不是基于对资本主义历史过程的科学研究,而是基于对资本主义社会的道德批判,这可以看作英国左派1961年以来不断衰落的一个关键因素。实际上,这不仅是英国左派的一种独特现象,而且也是欧洲左派的一种共同现象,他们从未成功地阐述过任何可行的社会主义的策略方案。正如他尖锐批评的:"发达国家的左派普遍缺乏现实的战略思想——既不能阐明超越资本主义民主过渡到社会主义民主的具体可行的前景。继西方马克思主义之后的马克思主义同其先辈共有的东西是'战略的贫困',而不是'理论的贫困'。"①

安德森在《走向社会主义》(1965年)论文集的《社会主义策略问题》一文中,对于列宁主义和社会民主主义这两种社会主义的策略模式进行了详细探讨,认为它们分别对应东欧和西欧两种不同的地区和国家。在东欧,列宁主义的策略模式就是一种完美的适应和体现,在西欧,社会民主主义的策略模式就是一种不完美的适应和体现。可以说,20世纪

---

① [英]佩里·安德森:《当代西方马克思主义》,余文烈译,50页,北京,东方出版社,1989。

以来，列宁主义和社会民主主义这两种策略模式支配了整个欧洲社会主义运动的历史。

在十月革命前夕，列宁强调只能用革命的甚至是暴力的方式来实现对于资本主义国家机器的推翻和取代，以获得无产阶级的解放和自由。他写道："如果没有一场暴力革命，无产阶级国家对于资产阶级国家的取代就是不可能的……阶级斗争的学说……不可避免导致了对无产阶级的政治作用和无产阶级专政的认知……如果没有暴力革命，没有对统治阶级所创建的国家权力机器的摧毁，被压迫阶级的解放就是不可能的……"①然而，六年之后，韦伯做出了相反的宣称，认为社会主义无需通过激进的革命的手段去实现，而只能通过逐步的改良的方式去实现，或者说只能通过议会主义的民主制度去实现，也就是通过获得绝大多数人的一致同意和认可来实现。他写道："让我坚持我们的反对者所习惯忽视的，以及他们似乎从理智上无法理解的，即我们改革计划的不可避免的渐进性……对于工党而言，很简单，社会主义扎根于民主制度；它必然促使我们认识到朝向我们目标的每一步都依赖于至少获得大多数人的同意和支持。因此，即使我们的目的是立即使一切革命化，我们也必须在这一时代，在某种程度上和在某种方式中做出每一项具体的变革……一旦我们面对这样一个必要性，首先把我们的原则放到法案而通过委员会逐条实现时；然后把我们的原则放到适当的机器而使它们在王国和其他地方付诸实施——这就是工党对社会主义所做的——这一渐

---

① Anderson P., Problems of Socialist Strategy, *Towards Socialism*, by Perry Anderson and Robin Blackburn (eds.), London: Collins, 1966, pp. 223-224.

进的不可避免性应该受到赞赏。"①

因此，对于列宁而言，通向社会主义的道路是短暂的、彻底的，无产阶级只有通过武装斗争夺取和摧毁资产阶级国家，才能创造出一种崭新的无产阶级专政国家；对于韦伯而言，通向社会主义的道路是长期的、逐步的和曲折的，工人阶级只有依照议会制的宪法框架，赢得民众的选举，占据议会中的多数席位，才能和平地走向社会主义。

这两种策略模式成了东西欧政治地理分界的典型代表，它们分别对应于两个世界和两种历史。在俄国和南斯拉夫，列宁主义的形象由于俄国十月革命的成功而成为了现实，并在其他东欧国家中得到了部分实现。可以说，社会主义在欧洲几乎一半以上的广阔区域内获得了最初的实现，经济上实行了一种集体所有制，政治上实施了一种无产阶级专政。然而，这一列宁主义的革命模式却在西欧遭到了抵制和拒绝。在他们看来，这些东欧国家不是社会主义社会，而是社会主义的对立面，是一种独裁主义和专制主义，因而采取了一种社会民主主义的改良模式。在安德森看来，如果说社会主义作为一种超越了必然和异化的自由王国，那么它还远远没有在俄国或其他东欧国家中实现。在此意义上，拒绝把东欧国家看作社会主义就是正确的和必要的；但如果把它们看作历史上不民主和不合法的形式而完全拒绝它，就是错误的和不必要的。尽管苏联在斯大林主义时期所发生的集体化和大清洗等是一种历史的罪行，但它依然是人类在 20 世纪初创建社会主义的部分尝试和努力，而

---

① Anderson P., Problems of Socialist Strategy, *Towards Socialism*, by Perry Anderson and Robin Blackburn (eds.), London: Collins, 1966, p. 224.

作为自由主义的资本主义国家同样在 20 世纪犯下了令人无法饶恕的两次世界大战的罪行和错误。

因此，安德森对东西欧的两种策略模式给予了完全不同的评价，对列宁主义模式采取了肯定和赞成的态度，对社会民主主义模式却采取了否定和批判的态度。对于前者，安德森指出："列宁主义几乎完美地适应了那个时代和地区的具体条件。其核心策略在于对现存国家权力的夺取和摧毁。确切来说，在这一由匮乏所支配，国家所整合的落后的和未充分发展的社会中，这一策略就具有自身的意义。"①也就是说，列宁主义的策略模式之所以采取了对当时现存的封建国家权力的摧毁和夺取，在于其自身所处的具体的历史和社会条件。"苏联共产主义的真正历史基础既不是专制主义，也不是集体主义，而是匮乏。"②首先是物质的匮乏。在 1931 年，这一巨大的衰败的和落后的国家没有足够的生产生活资料来满足全部的人口，没有生产出足够多的面包，也没有生产出足够多的鞋子，物质的生活资料越来越少，价格却越来越贵；其次是人的匮乏，仅仅 1/4 的人能够阅读和书写，1/500 的人接受过高等教育，1/200 的人受过技术训练，1/40 的人拥有工厂的工作经验；再次是价值的匮乏，没有任何持久的政治制度，没有任何民主的文化传统，没有任何广泛传播的社会理想，也没有任何民族的身份意识；最后是时间的匮乏，在国内的敌对势力和外国入侵的持续威胁下，这一俄国的工业化进程就

---

① Anderson P., Problems of Socialist Strategy, *Towards Socialism*, by Perry Anderson and Robin Blackburn (eds.), London: Collins, 1966, pp. 227-228.

② Ibid., p. 226.

在不到西欧工业化发展的一半时间中开启。① 因此，这一必然性的王国就不存在任何基本的物质基础、工业设施、共同文化、政治传统和民族身份，此时，国家就成了唯一的社会现实，而不存在任何自由的、民主的和平等的市民社会结构。

相对而言，安德森认为这一西欧的社会民主主义的策略模式并没有像列宁主义的策略模式那样极好地适应自己所处的历史时代和地理位置，其历史记录是相当贫乏的。20 世纪初以来，几乎所有西欧国家中都出现了大量的社会民主党的组织。而且，作为最大的工人阶级党派，社会民主党的选举优势稳步增长，它们组建了自己的政府并实施了一些相应的社会改革措施。然而，在社会民主党存在的 60 年来，西欧还不存在一个真正的社会主义社会，也不存在一种真正的社会民主制度，即使在最富裕和最民主的瑞典，也仅仅是宣称比 40 年或 50 年前更接近于社会主义。与此同时，有关 20 世纪 60 年代资本主义社会的福利制度改革也不是社会民主主义的改革成果，而是资产阶级经济学凯恩斯主义理论的实践成果。因此，这一社会民主主义的策略模式是极为有限的，它在资本主义社会的压力之下被迫放弃和稀释了其最初的社会民主制的目标和原则。表面上看，它是一种恰当的适应，但实际上，它只是一种错误的适应，只是把议会民主制当做资本主义权力的核心，而没有看到资本主义的多中心的权力制度，包括经济的、政治的、文化的和军事的。“这一社会民主主义的关键错误就是一种策略的错误——一种对发达资

---

① 参见 Anderson P. , Problems of Socialist Strategy, *Towards Socialism*, by Perry Anderson and Robin Blackburn (eds.), London：Collins，1966，p. 226.

本主义社会权力本质和实现方式的根本的和基本的误解。"①由此，安德森得出结论，这一社会民主主义道路的终点不是社会主义的实践，而是社会民主制的自杀。

从某种意义上来说，这两种策略模式几乎在每个方面都是截然对立的：暴力与法律、纪律与民主、积极与消极；从另外一种意义上来说，这两种策略模式之间存在着一种根本的相似，它们都把其核心策略置于国家之上，而使市民社会外在于整个轨迹之外。但差别在于，前者是一种完全的适应，后者是一种错误的适应。因为在东欧，国家是社会行为和变革的唯一航向，市民社会没有任何独立于国家的结构化的存在，某种形式的列宁主义就是必要的和适当的；而在西欧，在消除了匮乏的情况下，市民社会完全居于国家之上，这一基于议会民主制的变革就是错误的和不适当的。

事实上，发达资本主义国家的权力结构不是单独或优先位于议会民主制中的，它存在于一些具体的和多样的微观的社会制度之中，如家庭、学校、工厂、政府、报纸、电影、银行、实验室、军队、宗派等。同时，这些微观结构反过来又构成了更为宏观的社会制度，如经济、科技、教育、官僚和军队等。无论是微观的社会制度，还是宏观的社会制度，它们都具有自己独立的外观和特性，而议会民主制度仅仅是其中之一。因而，这一社会民主主义的策略模式并没有认清资本主义制度的现实，没有看到"社会学上的他治"，只是被这一议会民主制度所催眠，试

---

① Anderson P., Problems of Socialist Strategy, *Towards Socialism*, by Perry Anderson and Robin Blackburn (eds.), London: Collins, 1966, p. 235.

图通过资本主义制度框架内的选举竞争或民众的一致同意来获得权力。尽管这一社会民主党的政府是可能的，但这一社会民主党所承诺的社会主义的根本变革是不可能的。客观上讲，这一社会民主主义的策略模式被西方资本主义国家中霸权阶级的权力结构所中立化了；主观上讲，这一社会民主主义的策略模式本身仅仅局限在它所设定的短期目标之内而丧失了长远的目标，仅仅为了获得权力而牺牲了最初的原则，仅仅陷入了选举主义的怪圈而没有任何社会主义的举措。因此，这一社会民主主义的策略模式就是一种极不完全的或极为有限的策略，而非一种真正的社会主义的策略模式。

因此，安德森基于对东西欧不同地区和国家的权力结构的解读，得出了对列宁主义和社会民主主义的策略模式的不同评价，认为列宁主义正确完美地适应了俄国及其东欧地区和国家的社会历史状况；而社会民主主义则错误地适应了西欧地区和国家的社会历史条件。因为列宁主义把作为政治统治的国家看作实现社会主义的核心手段就是正确的，而社会民主主义把作为议会民主制的国家看成实现社会主义的核心机制就是错误的，通过民主选举制的游戏也无法实现社会主义。正是在此基础之上，安德森试图为西方资本主义国家中的无产阶级找到一种正确而有效的革命社会主义的策略模式。

（二）革命社会主义的策略

对于西欧无产阶级的社会主义策略模式而言，安德森通过对经典马克思主义者列宁的"运动战"，俄国社会主义者托洛茨基的"不断革命论"以及西方马克思主义葛兰西的"阵地战"等理论之间的对比和梳理以及对这些理论的交叉和融合，最终提出了他自己的革命社会主义的策略思想。

在安德森看来，葛兰西是西方马克思主义学者当中体现了经典马克思主义的理论与实践相统一的唯一一位思想家，也是第一个从当代资产阶级的权力结构来追溯西方资本主义国家的独特性和新奇性的唯一一位政治家，还是第一个为资本主义民主制的无产阶级寻找具体的社会主义策略的唯一一位革命家。

在《狱中札记》中，葛兰西对比了列宁的"运动战"和托洛茨基的"不断革命论"，认为"托洛茨基的著名的不断革命理论是对一个国家中一般经济—政治—文化条件的政治反映，其国民生活的结构是初始的和松散的，无法成为'战壕'或'堡垒'。在这种情况下，人们可以说托洛茨基显然是'西方的'，但实际上是世界主义的——也就是说，表面上是西方的或欧洲的。另一方面，列宁是彻底民族的和欧洲的……似乎对我而言，列宁解释了一种改变是必然的，从胜利应用于 1917 年东方的运动战到西方唯一可能的阵地战……然而，列宁并没有时间去扩展他的公式——尽管他能够从理论上加以扩展，但基本的任务是国家的；它要求对地形的勘测和市民社会因素所代表的战壕和堡垒因素的认知等等"①。可见，葛兰西对列宁的"运动战"思想表示了极大的认可和赞成，而对托洛茨基的"不断革命论"思想却表示了某种反对和批评。在他看来，托洛茨基在《结果与展望》一书中有关俄国革命发展的描述是"呆滞的和抽象的"，在

---

① Anderson P.，The Antinomies of Antonio Gramsci，*New Left Review*，Vol. 1，No. 100，1976，pp. 9-10.

1924 年以后对东西欧不同地区和国家的社会主义阵线所采取的修正看法也是“毫无意义的官样文章”。总体上，葛兰西把托洛茨基看作“一个从正面进攻只能导致失败时期的政治理论家”①。相反，葛兰西基本赞同列宁的革命社会主义的策略思想，尤其是“运动战”的策略模式，认为列宁有关人民民主专政的社会主义实践是对领导权思想的继承和发展。

在此基础上，葛兰西基于西方资本主义国家自身特殊的霸权结构，也基于资本主义国家自身特殊的社会主义战略，为西方无产阶级提供了一种“阵地战”的策略模式。与“运动战”的策略不同，这一“阵地战”的策略不是无产阶级与资产阶级两大阵营之间的短期的和彻底的革命，而是长期的和持久的革命，既要攻破资本主义国家的一个又一个堡垒，也要攻破市民社会的一个又一个战壕，才能最终走向资本主义的灭亡和社会主义的胜利。因此，“这一革命策略变成了两大阵营在固定位置之间的一种持久的、不变的阵地战，其中，每一方都试图从文化上和政治上侵蚀对方。‘这一包围就是相互的、集中的、困难的，要求额外的耐心和创造’”②。

然而，安德森指出，葛兰西的社会主义策略模式的真正问题在于，他是否把这一“阵地战”的策略仅仅作为“运动战”的一个必要准备？或者说，他是否把“阵地战”与“运动战”的两种策略加以整合？在葛兰西的某些文本中，似乎存在着这样的反思和说明，但往往是间接的、模糊的和

---

① ［英］戴维·麦克莱伦：《马克思以后的马克思主义》，李智译，260 页，北京，中国人民大学出版社，2004。

② Anderson P., The Antinomies of Antonio Gramsci, *New Left Review*, Vol. 1, No. 100，1976，p. 69.

转瞬即逝的，但在其核心的文本中，他走向了一种"阵地战"的改良主义的策略模式。在他看来，在西方资本主义社会中，国家仅仅是一个"外部的轮廓"，市民社会则是其背后"强有力的堡垒和土木工程系统"，换言之，市民社会不仅确保了资本主义国家的秩序和稳定，而且构成了社会主义运动的终极障碍。最终，这一"阵地战"的策略模式就超越了西方资本主义国家的整个社会结构而具有了一种政治的至高无上性，"在政治中，阵地战就是领导权，领导权就是通过永恒的有组织的同意来实施统治"①。对此，安德森认为，"葛兰西从未放弃经典马克思主义有关最终夺取国家权力的必要性的这一基本信条，但其有关西方的策略公式也没有整合它们"②。也就是说，葛兰西从未把"阵地战"和"运动战"的两种策略加以有效整合，把"阵地战"看作一种最终的和决定性的作用。而把"运动战"仅仅看作一种次要的和辅助性的作用。因此，葛兰西的这一社会主义策略模式并没有为西方无产阶级的社会主义实践提供一种真正的有效的解决。正如林春在《英国新左派》一书中所认为的："葛兰西是西方马克思主义传统中体现了理论和实践之间革命统一的唯一一人，但其策略公式并没有整合经典马克思主义对于暴力推翻资本主义这一最终的目标，最终陷入了改良主义，因而无法为西方工人阶级的未来提供一种政治的解决。"③

---

① Anderson P. , The Antinomies of Antonio Gramsci, *New Left Review*, Vol. 1, No. 100, 1976, p. 70.

② Ibid. , p. 69.

③ Lin Chun, *The British New Left*, Edinburgh: Edinburgh University Press, 1993, p. 112.

与此同时，安德森具体分析了列宁的"运动战"和托洛茨基的"不断革命论"，认为这一革命的社会主义策略模式也无法为西方无产阶级的社会主义运动提供一种有效的解决。列宁一方面区分了资产阶级革命与无产阶级革命两个阶段；另一方面区分了无产阶级专政与无产阶级民主两个方面，提出了从"运动战"向"统一战线"的转变。在 1917 年 3 月的《远方来信》中，他首次提出了从资产阶级革命过渡到无产阶级革命的可能性；在《四月提纲》中，他又明确提出从革命的第一个阶段过渡到革命的第二个阶段。第一个阶段是资产阶级的革命阶段，由于无产阶级的觉悟性和组织性的缺乏，政权落入了资产阶级手中；第二阶段是无产阶级的革命阶段，政权应回到无产阶级和农民手中。对于列宁而言，无论是在资产阶级的革命阶段，还是在无产阶级的革命阶段，革命的领导权都应该掌握在无产阶级的手中，由此，列宁提出了一种"运动战"的革命社会主义的策略思想。

同样，安德森认为，托洛茨基提出了"不断革命论"的思想来解释和预言俄国革命的道路，并强调了从资产阶级的民主革命到无产阶级的社会主义革命的不间断性，社会主义革命过程的不间断性以及社会主义革命的国际性。然而，1924 年之后，托洛茨基就把这一"不断革命论"的思想从俄国的社会主义革命扩展为国际的社会主义革命。正如他在《不断革命论》一书中所系统阐述的，在资本主义发展到帝国主义阶段的背景下，无产阶级革命的前途和命运，不单单取决于本国生产力的发展，更取决于国际社会主义革命的发展；而无产阶级在取得政权后，在本民族范围内是不可能完成社会主义革命任务的，社会主义革命必须上升到国际主义的层面才能够完成。① 在安德森看来，在这一"不断革命论"的理论扩展中，如果说托洛茨基通过这一"不断革命论"的思想来解释和预言俄国革命的道路，那么就是正确的；如果说托洛茨基通过这一"不断革命论"的思想来解释和预言世界上不同地区和国家的社会主义道路，那么就是错误的。因为在托洛茨基看来，俄国没有发生资产阶级革命，也没有出现介于中间状态的资本主义稳定期，工人阶级的革命仅仅在沙皇专制结束后短短几个月内建立起一个无产阶级政府；然而，托洛茨基又把这一俄国的革命公式加以普遍化，宣称今后在任何落后的殖民地和前殖民地的国家中都不可能再有成功的资产阶级革命，在无产阶级革命之前也不可能存在一个资本主义的稳定发展期。② 显然，在托洛茨基的"不断革命论"的思想背后所隐藏的是一种国际主义的革命论，认为世界上所有的地区和国家都应该像俄国一样坚持一种"不断革命论"的思想，这就使得托洛茨基的革命社会主义的国际主义扩展充满了问题和错误。因此，在安德森看来，无论是列宁的"运动战"的革命策略，还是托洛茨基的"不断革命论"的思想，都仅仅局限于东欧甚至是俄国的版图之内。

由此，安德森设想了社会主义革命到来的最终时刻，为西方的无产阶级提供了一种革命的社会主义策略。在他看来，在无产阶级和资产阶级斗争的时刻，无产阶级的自由和暴乱就会相互结合，只有这一结合才

---

① 参见［俄］托洛茨基：《托洛茨基文选》，郑异凡编，237 页，北京，人民出版社，2010 年。

② 参见［英］佩里·安德森：《西方马克思主义探讨》，高铦等译，146 页，北京，人民出版社，1981。

能在强有力的资本主义的堡垒中获得胜利。同样，资本主义国家在无产
阶级和资产阶级斗争的最后时刻，作为强制性或压迫性的国家机器将会
最终取代议会制的意识形态国家机器，重新占据资产阶级权力结构的统
治地位，并构成了工人阶级的社会主义革命胜利的最终障碍。因此，在
革命运动的最后时刻，最具决定性和主导性的国家机器将是资本主义国
家的政治统治机器，而非文化或意识形态的统治机器，正是这一政治统
治机器构成了社会主义革命的最终障碍。而关键的问题在于，在革命的
社会主义运动到来之前，无产阶级应该采取哪些步骤和程序呢？安德森
写道："在夺取权力之前，所迫切需要的是赢得工人阶级。实施这一夺
取的方式——不是国家的制度而是工人的信心，尽管最终两者无法分
割——是今天任何社会主义策略的首要议程。"[①]可见，安德森一方面采
纳了葛兰西的"阵地战"的策略思想，认为社会主义革命的第一步是实施
一种"阵地战"的策略，夺取市民社会的"文化领导权"，赢得工人阶级或
无产阶级对于社会主义的信任和忠诚，以创造出一种社会主义与资本主
义的"双重权力"的局面；另一方面，安德森采用了列宁、托洛茨基的
"运动战"的策略思想，认为社会主义革命的第二步是实施一种"运动战"
的策略，夺取和推翻资产阶级的各个国家机器，包括意识形态的国家机
器和强制性的国家机器，最终实现对于资本主义的社会主义改造。因
此，在安德森的社会主义策略模式的议程中，他不仅继承了经典马克思
主义思想的革命主义的策略模式，而且结合了葛兰西的改良主义的策略

---

① Anderson P., The Antinomies of Antonio Gramsci, *New Left Review*, Vol. 1, No. 100, 1976, p. 78.

思想，形成了一种革命主义与改良主义相结合的双重策略模式，认为改良主义策略是社会主义议程的必要前提，革命主义策略是社会主义议程的最终归宿。

二、社会主义的"革命政治学"

安德森试图创立一种"革命的政治学"。但与传统马克思主义的政治学不同，安德森既没有像列宁那样创建一个无产阶级先锋队的政党，也没有像葛兰西那样创建一个有机知识分子组成的政党，而是相信自由而独立的知识分子对于西方工人阶级的引导和带领作用。然而，这一知识分子的"替代者"的角色并不意味着知识分子将取代工人阶级而成为社会主义的代理人，而是说知识分子将帮助工人阶级塑造出一种革命的社会主义理论和文化，激发起工人阶级的革命主义的意识和行为，最终推翻资本主义的国家机器以实现未来的社会主义理想国。

（一）革命的历史依据

安德森依旧遵循着经典马克思主义的议程，认为社会主义的代理人是工人阶级，社会主义的策略是革命主义。在他看来，"'科学社会主义'的重大进步就在于打破这种僵局，确定植根于历史的具体的经济生产形式之中的特定社会力量的地位，作为能使旧制度得以推翻的'阿基米德点'——由资本主义的产生所造就的产业工人阶级的结构地位。"①
然而,这一策略的依据在哪里呢?安德森认为,它是历史。那么,历史
提供给我们的核心内容是什么?我们能够从历史中学到怎样的经验
教训?

安德森用诘问的语气质疑道:

> 如果没有武装冲突和内战,资本主义不可能在当今世界的任何主要
> 发达国家中获胜,无论是英国、法国、德国、意大利、日本,还是美
> 国。然而,是否可以设想,从封建主义到资本主义的经济过渡仅仅是从
> 一种私有产权转向另一种私有产权,那么这一从私有产权向集体产权过
> 渡中所包含的更巨大的历史变迁,必然会使对权力和财富的剥夺更加剧
> 烈,它能够承担更少伤害的政治形式么?同样地,如果从古代到封建主
> 义再到资本主义的这一连续过渡产生了统治和表现类型的划时代的变
> 革——从古代部落制到中世纪庄园制再到资产阶级议会制,而没有提及
> 帝国的、绝对主义的和法西斯主义的国家——那么,这一放弃了工人委
> 员会和官僚国家的社会主义之路在未来可能不会这样做吗?②

因此,历史向我们证实,我们需要革命。理论可以预测,但只有未
来的实践才能证实。在当前资本主义社会中,资本与劳动之间的根本对

---

① [英]佩里·安德森:《当代西方马克思主义》,余文烈译,133 页,北京,东方
出版社,1989。

② Anderson P. , *Arguments Within English Marxism*, London and New York:Ver-
so,1980, p. 195.

立，资产阶级与无产阶级之间的对立和冲突，以及资本主义和社会主义之间的种种斗争的真正仲裁领域是历史，不是对未知未来的预测，而是对已知过去的检验。正是在这一基础之上，每位马克思主义者应该立足的历史学家的坚实土壤之上，证据指向了列宁和托洛茨基传统更大的说服力和现实性。

　　然而，对于"革命"一词，以汤普森为代表的历史学家和以安德森为代表的历史学家分别做出了两种截然不同的解释。对于汤普森而言，他认为所谓革命不是指一种狭隘的政治革命，而是指一种思想的或文化的革命，是指两种制度模式或生活方式之间的对立和冲突，是指阶级关系和社会制度的深刻变革，是一个历史过程的概念而非一个结构变迁的概念，是一个社会权力的转变过程而非一个暴力危机的转变过程。在 1960 年《革命》一文中，他写道："这一突破性的时刻不是一种狭隘的政治概念，它将整个社会中两种制度和两种生活方式之间的冲突。在这一冲突中，政治意识将变得突出：每一种直接的和间接的影响都将保护私有财产；人们将被迫由于这些实践而实施他们全部的政治和工业力量"[①]。在《再革命》一文中，他重申了这一思想："革命的历史概念不是'结构'的转变或'变迁'的时刻，它无须大变动的危机或暴力。它是一个历史过程的概念，借此，民主的压力无法包含于资本主义的体系之内；某种程度上，危机是突如其来的，它导致了一系列相关的危机，这些危机导致了阶级、社会关系和制度中的深刻变革——在时代的意义上是权力的

[①]　Thompson E. P., Revolution, *New Left Review*, Vol. 1, No. 3, 1960, p. 8.

'变迁'."①因此，汤普森所理解的这一"革命"就是一种历史过程的概念，而非一种结构变迁的概念。或者进一步说，它是社会主义与资本主义两种不同文化制度和思想意识之间相互对立和彼此转变的历史时刻，既非经济危机剧变的历史时刻，也非政治权力冲突的历史时刻。简言之，汤普森所设想的革命是一种社会主义的文化革命。

对于安德森而言，"革命"一词具有一种完全不同的政治内涵，它不是指一种文化或意识形态的革命，而是指一种政治斗争的革命。对于这样一个曾经极为流行而现在又极受诋毁的词汇而言，他做出了一种极为古典的界定。在他看来，"革命"一词最初创始于 17 世纪晚期，是指一种完全的政治意义上的革命，即推翻一种旧的国家秩序并创建一种新的国家秩序。1640 年，英国内战被简单地称作"伟大的反抗"；1688 年，英国资产阶级革命获得了一个永久的名称"光荣革命"；1789 年，法国大革命爆发时，连路易十六本人都认为这是一场革命而不是一次暴动。从形式上看，"革命"一词具有一种明确的、非延续的时间的边界；从内容上看，它始于一个社会的危急时刻，也止于一个社会的危急时刻，它是指一种来自下层民众的对于国家秩序的政治推翻和取代。② 在此，安德森所理解的"革命"主要是指一种社会结构变迁的时代，也是指政治危机爆发的时代，换言之，它是资本主义与社会主义两种政治制度和国家权力之间的相互斗争和激烈冲突的时刻。因此，安德森所设想的是社会主义的政治革命。正如马克思在《共产党宣言》中所表述的："至今发生

---

① Thompson E. P., Revolution Again, *New Left Review*, Vol. 1, No. 6, p. 30.

② 参见[英]佩里·安德森：《马歇尔·伯曼：现代性与革命》，郭英剑、郝素玲等译，56 页，见《交锋地带》，北京，中国社会科学出版社，2008。

过的一切运动都是少数人的运动，或者都是为少数人谋利益的运动。无产阶级的运动是绝大多数人为绝大多数人谋利益的独立自主的运动。无产阶级是现代社会的最下层，它如果不摧毁压在自己头上的、由那些组成官方社会的阶层所构成的全部上层建筑，就不能抬起头来，挺起腰来。"①

同样，安德森在对 19 世纪末英国社会主义者威廉·莫里斯（William Morris）的解读中，也提出了有关社会主义的政治革命的经典认识和思考。当威廉·莫里斯因其著作《约翰·鲍尔的梦》（*A Dream of John Ball*）和《无处来的消息》（*News from Nowhere*）而被汤普森解读为一个极具浪漫的和道德的改良社会主义的典型代表时，安德森则把他解读为一个革命社会主义的典型代表。因为"与任何同时代的人相比，莫里斯在其探讨中是更加———一贯而显著地是———革命的。其策略想象的独创性和战斗性是其最伟大之处"②。在莫里斯看来，社会主义者应该采取革命主义而非改良主义的方式来实现社会主义，因为资本主义制度的结构整体被明确看作任何和平实现社会主义的不可逾越的真正的最终障碍。"那些认为通过点滴的方式来解决我们现存体制的人们低估了我们所生活的强大机构的力量，并且它们分配给我们每人一个位置，如果我们不选择去适应它，它就会压迫我们直到我们适应。一种强大的武力只能用武力解决。如果不动用所有反抗的力量的话，它就不会自行解体，也不会丧失任何真正本质的东西；它不是丧失它所认为的重要东西，而

---

① 《马克思恩格斯全集》第 4 卷，477 页，北京，人民出版社，1958。

② Anderson P.，*Arguments Within English Marxism*，London and New York：Verso，1980，p. 185.

是将推翻头顶上的整个世界。"①

同时，安德森借鉴了莫里斯所设想和描述的社会主义革命的经典情节，认为社会主义革命必然经历一种"双重权力"革命局势的最初情节。首先，在社会主义的革命局势到来之前，无产阶级的首要任务是创建出一种社会主义的民主制机器，与资产阶级的代议制机器相对，这些具体的社会主义民主权力形式的出现将成为社会主义运动的短期目标，这一短期的政治实践应自觉地把工人阶级的当前需求和旨在推翻和破坏资产阶级现存政治秩序的革命目标相结合。由此，这一社会主义的民主制机器与资本主义的代议制机器形成了鲜明对照和截然对立，出现了双重权力的局势。其次，当社会主义的革命局势到来之时，资产阶级的首要任务是部署资本主义国家的强制性或压迫性的政治机器而非代议制的文化机器，这时，就必须动员社会主义的民主制机器来取代资产阶级的压迫性机器，同时取消议会制机器的合法性。这一社会主义革命的"双重权力"局势的到来与资本主义经济危机的出现就不允许任何逐步的和渐进的解决。当资产阶级国家的统一性与资本主义经济的再生产秩序遭到破坏时，随之而来的社会主义革命就会陷入革命与反革命的冲突之中。在这样的冲突中，社会主义将需要一个大众的基础，而非少数的独裁，在最后的局势中，社会主义者将力图避免武力的解决，也不会播散求助武力的幻象。② 在这样一种设想中，安德森所真正想要说明的是，在社会

① Anderson P. , *Arguments Within English Marxism* , London and New York：Verso，1980，p. 178.

② 参见 Anderson P. , *Arguments Within English Marxism* , London and New York：Verso，1980，pp. 194-195.

主义革命到来的时刻，资本主义的经济危机和政治危机都将同时到来，资本主义的经济危机是社会主义革命的首要基础，而资本主义的政治危机是社会主义革命的最终条件，实际上，资本主义的国家机器构成了社会主义革命策略所无法逾越的真正障碍，同时也构成了社会主义改良策略的最终障碍。因此，如果说资本主义社会中资本与劳动之间的对立要在历史上加以解决，如果说资产阶级与无产阶级之间的社会关系想要得以最终解决的话，那么社会主义必须最终抛弃这一改良主义的或"半个半个的社会主义"（demi-demi-Socialism）的策略模式，走向一种革命主义的社会主义的策略模式。

因此，对于安德森而言，社会主义革命就"意味着一些更艰难、更明确的东西：现存资本主义国家的解体，从生产方式上对有产阶级的没收；一种新的国家和经济秩序的建立，其中，相关的生产者首次对其工作生活和政治政府实行直接的管理和控制"①。在他看来，这一社会主义革命就意味着一种从资本主义性质向社会主义性质的根本转变，包括经济秩序的根本转变和政治秩序的根本转变，一方面是与资本主义私有制相对立的社会主义公有制的生产方式的根本建立，另一方面是与资本主义的代议制相对立的社会主义民主制的建立。只有在社会主义的经济政治秩序的重新创建中，才能实现社会主义对资本主义的全面推翻和取代，才能实现社会的生产者对社会制度的真正管理和控制，形成一个真正的属于民众自己的政府。

---

① Anderson P., *Arguments Within English Marxism*, London and New York: Verso，1980，p. 194.

可见，安德森的这一社会主义的革命策略就与马克思和列宁等经典作家的革命思想相类似，具有明确的政治革命的内涵和意义，并认为向社会主义的过渡必须推翻资本主义的国家机器。但需要指出的是，这一革命思想不仅仅具有狭义上的政治意义，同时也具有一种广泛的社会意义，它是对资本主义经济、政治和文化的一种全面变革，因而是一种具有社会精神的政治革命。马克思在《评〈普鲁士人〉的〈普鲁士国王和社会改革〉》一文中指出：“如果说具有政治精神的社会革命不是同义语就是废话，那末具有社会精神的政治革命却是合理的思想。一般的革命——推翻现政权和破坏旧关系——是政治行为。而社会主义不通过革命是不可能实现的。社会主义需要这种政治行为，因为它需要消灭和破坏旧的东西。但是，只要它的组织活动在哪里开始，它的自我目的，即它的精神在哪里显露出来，社会主义也就在哪里抛弃了政治的外壳。”①在安德森看来，政治革命是实现社会主义革命的关键环节和前提条件，如果没有政治革命就谈不上社会革命的实现，其最终目标是实现资本主义社会的全面变革和社会主义社会的全面建立。

(二)革命的现实转变

从历史渊源来看，以安德森为代表的政治革命的策略模式与以汤普森为代表的文化革命的策略模式实质上源于列宁和托洛茨基所坚守的革命主义与卢森堡和葛兰西所坚持的改良主义的两种理论谱系。然而，从现实意义来看，安德森认为这两种策略模式之间的理论划界不是为了阻

---

① 《马克思恩格斯全集》第 1 卷，488—489 页，北京，人民出版社，1956。

碍两者之间的有益交流，而是为了促进两者之间的互补交流，但无论哪种模式，在今天都没有实现发达资本主义国家向社会主义国家的成功转变，这就是它们所存在的一个共同的关键的现实基础。

对此，安德森指出：

前者的核心缺陷在于，它难以说明在统一的议会民主制中产生的双重权力对立体制的合理性：至今苏联或委员会的所有事例都出现于分裂的独裁制国家（俄国、匈牙利、奥地利），失败的军事统治国家（德国），上升的或颠倒的法西斯主义国家（西班牙、葡萄牙）。相反，后者的困扰之处在于，它难以对构建了阶级斗争的资本主义国家在社会和平中逐渐解体的可能性，或者对市场经济转变为它的历史对立面的改良主义转变提供任何具有说服力的解释：至今，所有改良主义政府的事例或者简单地适应于资本主义的国家和经济，改变了自身的性质和目标而非它们所管理的社会的性质和目标（英国、挪威、瑞典、西德、奥地利），或者假如它们在其目的上是严肃的，但是被军事力量所残忍打败（智利）。①

在安德森看来，这一革命主义的社会主义策略模式无法说明在西方发达的资本主义国家中资产阶级代议制和无产阶级民主制的双重权力模式的合理性，因为这一双重权力模式在历史上仅仅出现于某些独裁主

①　Anderson P.，*Arguments Within English Marxism*，London and New York：Verso，1980，p.196.

义、军事主义和法西斯主义的国家中；而这一改良主义的社会主义策略模式则无法说明资本主义社会和平转向社会主义的可能性，事实上，它们不仅改变了资本主义社会的根本性质和目标，而且改变了它们自身的社会主义性质和目标，走向了一种资本主义的议会民主制的基本框架之中。

因此，在这种现实的困境之下，唯有把这一革命主义的策略模式和改良主义的策略模式相互结合，互为补充，才能为当今的社会主义策略思想提供积极的和有益的指导。在安德森看来，当今的马克思主义知识分子从自身立场出发对于这一社会主义的策略模式做出了许多具有创造性的工作。如尼古拉斯·普兰查斯（Nicos Poulantzas）的《国家、权力与社会主义》（*State，Power，Socialism*）和乔治·霍奇森（Geoffrey Hodgson）的《社会主义与议会民主制》（*Socialism and Parliamentary Democracy*）提供了最明智和最具独创性的说明；恩斯特·曼德尔的（Ernest Mandel）《从斯大林主义到欧洲共产主义》（*From Stalinism to Eurocommunism*）提供了对社会主义策略模式最具说服力的批评；马西莫·萨瓦利（Massimo Salvadori）的《卡尔·考茨基和社会主义革命》（*Karl Kautsky and the Socialist Revolution*）提供了社会主义策略模式有关当代争议的最佳历史背景。①

同样，安德森在1976年《葛兰西的自相矛盾》一文中认为，社会主义的革命策略中应加入一种社会主义的道德内容，因为在推翻和破坏资

_____

① 参见 Anderson P.，*Arguments Within English Marxism*，London and New York：Verso，1980，p. 197.

本主义国家机器之前，社会主义运动首先需要赢得忠于资产阶级民主制的意识形态的工人阶级的信心，赢得工人阶级对于社会主义思想文化的支持和认可，以获得一种文化上的领导权。同样，他在 1980 年《英国马克思主义的内部争论》一书中也认为，应把社会主义道德置于其社会主义的革命策略框架之中，左派的革命政治学中应加入一种道德的现实主义以打破其政治的孤立。一方面，他反对汤普森对于斯大林主义或资本主义的抽象道德批判，因为它无法提供对于历史现象的令人满意的科学解释；另一方面，他认为一种可行的社会主义政治学需要一种道德的想象，一种乌托邦的理想因素，它将成为社会主义运动的直接目标和最终目标之间彼此联系的桥梁。因此，在革命左派力量贫乏的历史状况和现实条件下，安德森欢迎作为社会主义者莫里斯的介入，因为在他看来，莫里斯的《无处来的消息》的真正力量不仅在于其社会主义道德的乌托邦想象，而且在于其现实主义的反抗力量，相信当代革命左派能够从这一事例中吸取教训并摆脱落后状态。

　　就安德森的革命政治学而言，这就意味着在革命社会主义的策略信仰中加入一种道德现实主义的乌托邦，从而使马克思主义和社会主义文化受到工人阶级的认可和接受。假如汤普森的社会主义的道德呼吁能够吸引听众，那么它就能够把这一革命社会主义的理想传达给工人阶级，最终成为一种促进民众激进化和革命化的手段和方式。他明确指出：

　　无道德的策略是一种权谋的计算，它对真正的社会主义运动毫无益处和作用。斯大林主义在那个时代确实把马克思主义还原为一种无价值的权力：像拉科西(Rakosi)或撒加利亚迪斯(Zachariadis)这样的人物就是最致命的标志。无策略的道德是一种仅仅配有反敌对世界的道德的人本社会主义，注定走向不必要的悲剧：无武力的贵族只能导致灾难，正如杜比克(Dubcek)和阿连德(Allende)所提醒我们的。[①]

然而，安德森并没有为社会主义的未来理想国提供任何社会主义经济的物质基础，也没有勾画出任何社会主义民主的未来趋势，因此，即使在社会主义的革命策略中加入一种道德的现实主义，也只具有唯一的宣传性和鼓动性，最终走向了一种社会主义的乌托邦。

三、社会主义的乌托邦之境

安德森革命诉求的真正落脚点是一个理想的王国，一种科学的社会主义。他试图通过对当代资本主义社会的分析和批判使资本主义过渡到社会主义，从"必然王国"走向"自由王国"，从而实现马克思所设想的人的真正自由而全面的发展。正如他在《英国马克思主义的内部争论》一文中所明确表达的："理解过去的核心目的是提供一种有关历史过程的因果解释，它能为当代充分的政治实践提供基础，目的是把现存的社会秩序转变为一个期望的、民众的未来。"[②]

---

① Anderson P., *Arguments Within English Marxism*, London and New York: Verso, 1980, p. 206.

② Ibid., p. 85.

(一)资本主义的历史分期

安德森对资本主义的批判源自他对资本主义历史的科学分析和考察。他将资本主义看作一种独特的生产方式的历史时代，并划分了不同的历史发展阶段。在他看来，马克思把资本主义的历史发展轨迹描述为一种曲线型趋势，即不是一往无前的直线，也不是有限的向外扩张的圆形，而是一个明显的抛物线，并认为资产阶级社会将会经历上升、平稳和衰落三个阶段。同时，马克思在《政治经济学批判(1857—1858 年经济学手稿)》导言中提出了有关社会经济发展和个体自由发展彼此结合的最富诗意的论述。在马克思看来，"把自由竞争看成是人类自由的终极发展，认为否定自由竞争就等于否定个人自由，等于否定以个人自由为基础的社会生产。但这不过是在有局限的基础上，即在资本统治的基础上的自由发展"①。也就是说，在资本主义社会中，把以资本为基础的自由竞争看作个体的自由，是极端错误的；只有进入社会主义的社会中，生产力的高速发展和个体的自由发展才能充分结合，从而实现真正的人类社会与个体的自由而全面的发展。因此，要想实现社会主义的真正自由就必须超越资本主义的虚假自由，因而有必要对资本主义的历史发展过程进行一种明确的、科学的界定。对此，安德森重点区分了资本主义发展的两个阶段，即现代主义时期和后现代主义时期。

安德森认为，从时间上来看，后现代主义产生于现代主义之后，两者既相互联系，又相互区别；从内容上来看，后现代主义与现代主义之

---

① 《马克思恩格斯文集》第 8 卷，180 页，北京，人民出版社，2009。

间如何区分？这一区分的依据和标准究竟在哪里？在《现代性与革命》一文中，安德森对现代主义的产生做出了基本的界定。他认为在 20 世纪初，欧洲现代主义是在半工业化的资本主义经济、半贵族化的资本主义政治以及时隐时现的阶级斗争的资本主义社会的三种因素的作用下形成和发展起来的。"仍可利用的古典的过去、仍未确定的技术性的现在和无法预测的政治未来。换句话说，它兴起于下列背景的交叉之中：半贵族的统治秩序、半工业化的资本主义经济和半隐半现、时有暴力的劳工运动。"①同样，安德森在《后现代性的起源》一文中也重申了现代主义兴起的这三种基本因素，认为现代主义是资本主义经济、政治和社会三种共同作用和调节的一个必然。他说道："最好把现代主义理解为三种并列因素调节一个力量场产生的结果，这三种并列因素是：半工业性质的经济和社会，统治阶级主要还是农业地主或贵族；产生重大发明的科技，其影响方兴未艾；一个开放的政治视野，普遍期待或恐惧现行统治制度"②。简单来说，在安德森有关资本主义的现代主义的历史阶段的明确界定中，包含经济的、政治的和社会的三种因素，由这三种因素的共同作用和影响而形成了一个现代主义的历史阶段，也形成了现代主义的社会整体。

如果按照安德森对于现代主义历史阶段的界定依据和标准，那么资本主义的后现代主义的历史阶段如何能否依据这三种因素来加以界定？

---

① ［英］佩里·安德森：《马歇尔·伯曼：现代性与革命》，郭英剑、郝素玲等译，43 页，见《交锋地带》，北京，中国社会科学出版社，2008。
② ［英］佩里·安德森：《后现代性的起源》，紫辰、合章译，84 页，北京，中国社会科学出版社，2008。

如果可以，那么后现代主义兴起的历史时间也就是现代主义终止的历史时间又应位于何处呢？在对后现代主义的界定中，安德森极力推崇美国后现代主义思想家弗雷德里克·詹姆逊（Frederick Jameson）对于后现代主义的界定，认为詹姆逊对后现代主义的历史阶段进行了最有价值的论述，认为后现代主义实质是晚期资本主义的文化逻辑。在此，他就把后现代主义看作一种社会现象，而不仅仅看作一种文学现象或美学现象。在安德森看来，当"文明"和"市民社会"等这些左派的最初话语转变为自由资本主义的辩护词时，詹姆逊却争取到了左派对于后现代主义的话语权。詹姆逊把后现代主义研究具体分为五个步骤：第一个步骤是把后现代主义固定在资本自身的经济秩序的客观变化中，从而使后现代主义不再成为一种美学的断裂或认识论的转移，而是占支配地位的生产方式的历史发展新阶段的文化标志；第二个步骤探索了后现代主义状况下历史主体的主观性体验和感受，认为它是一种毫无历史感和复兴感的"情感衰退"的体验；第三个步骤是把后现代主义置于文学、绘画、音乐、建筑、科学和哲学等所有艺术领域中进行考察；第四个步骤探寻了后现代主义的社会基础和地缘政治模式，认为晚期资本主义社会依然是一个阶级对立和阶级冲突的社会，但与早期资本主义社会的阶级结构相比，其阶级结构缺乏任何统一性和一致性，存在的只是多元性和分散性，一个新的劳工阶级的群体还有待出现；最后一个步骤是把对后现代主义的各种正面的和反面的评价进行了巧妙综合，既没有指责也没有附和，而是把它与新的资本主义阶段相联系，并使用马克思主义的经典术语与理论来加以理解和解释。最终，詹姆逊把这一后现代主义的历史阶段看作晚期资本主义的文化逻辑，使得这一后现代主义的历史时间与晚期资本主义的历史时间极为接近并趋于一致。

然而,在安德森看来,厄内斯特·曼德尔(Ernest Mandel)在《晚期资本主义》一书中把晚期资本主义的时间界定于 1945 年前后,而詹姆逊却把后现代主义的时间界定为 20 世纪 70 年代初,虽然曼德尔的晚期资本主义模式还未完全实现,但这么长的时间间隔也令人感到困惑。由此,安德森指出,如果把现代主义终止的时间定置于 1945 年前后会显得太过突兀,因为从第二次世界大战结束到 20 世纪 70 年代之间,现代主义的活力依然没有消失,它总是断断续续地在各地闪现其光芒。直到 70 年代之后,后现代主义才作为一种全新的社会形象开始完全形成。因为此时,现代主义的三种基本决定性因素才开始发生变化:第一个因素是资本主义社会的阶级因素的变化,在一切严格的意义上,统治阶级作为一个具有自我意识和道德规范的资产阶级几乎绝迹,取而代之的是职业的经理人或规划者;第二个因素是资本主义社会的科学技术的演变,尤其是电视技术的发展改变了一切传统的视觉形象;第三个因素是资本主义社会的政治因素的变化,20 世纪 60 年代末以法国"五月风暴"为首的激进运动在 70 年代晚期也已销声匿迹。简言之,"后现代主义源于传统秩序失势、科技中立化和政治单色调这样一种格局"①。因此,无论是对现代主义和后现代主义的基本界定,还是现代主义和后现代主义的历史分期,安德森都同样是在经典马克思主义有关经济、政治和社会的三重维度之上来形成对于资本主义的历史阶段的科学分析和解释。

---

① [英]佩里·安德森:《后现代性的起源》,紫辰、合章译,84、96 页,北京,中国社会科学出版社,2008。

安德森通过对现代主义和后现代主义的历史划分和理论界定，认为无论是现代主义的历史阶段，还是后现代主义的历史阶段，都是资本主义社会在历史上不同时期和不同阶段的特有变体，是自由资本主义向全球资本主义的过渡与扩张，实质上，它们依然没有改变资本主义社会的根本属性和本质特征。在他看来，在过去 20 世纪的四分之一个世纪里，全世界发生了重大的政治变化，但这些变化并不是群众性的政治斗争所带来的结果；所谓的自由民主制也不是通过文化或意识形态的途径来传播的，而是通过经济的力量或马克思的"商品大炮"或"商品拜物教"的形式得以扩张的，由此使自由民主制产生出一种民主宿命论的基调。在谈到现代主义与革命之间的关系时，安德森的回答是，不是现代主义终止了革命，而是革命终止了现代主义。同样，对于后现代主义与革命之间的关系，安德森也希望用大众的社会主义的革命来终止后现代主义。因此，他一方面肯定了詹姆逊有关后现代主义的理论界定，认为"后现代主义是这样一种资本主义的文化逻辑，它没有介入战斗，而是空前地自鸣得意。实际上，只有在气势上压倒这个制度，才能开始抵制"①。另一方面，他赞成了特里·伊格尔顿（Terry Eagleton）有关后现代主义的思想，认为"后现代主义是一种幻象"，它仅仅是对资本主义现实的一种虚假的、带来欺骗性的反映。因为后现代主义依旧是一个充满冲突和斗争的场所，尽管这些冲突和斗争不再仅仅局限于阶级之间的斗争，而是出现了诸如性别、种族、生态、宗教等新的对立，但它们构成了对当代

---

① ［英］佩里·安德森：《后现代性的起源》，紫辰、合章译，123—124 页，北京，中国社会科学出版社，2008。

资本主义新的挑战和威胁。作为一名反资本主义的坚定斗士，安德森在《文明及其内涵》一文中发出了："要资本主义还是要文明"①的呐喊。

然而，资本主义的全球扩张并非一帆风顺的，相应地，它也带来了一种反全球化的运动，其中最为显著的就是妇女运动和生态运动。安德森在《更新》一文中说道："发达世界中的女权主义和生态运动所取得的成就是真实而受欢迎的，它是过去 30 年中这些社会中人类进步的最重要的因素。"②尽管与传统的社会主义运动相比，这些形形色色的新社会运动拥有截然不同的斗争主体和斗争目标，但有一点是共同的，那就是对资本主义的反对与抗争。在这些新的反资本主义因素的不断增长中，安德森看到了资本主义终结的希望。他信心十足地宣称："不是资本主义终结了乌托邦，而是对于资本主义的乌托邦式的观念，即把资本主义视为一种平和的稳定的秩序的概念，在这里终结了。"③

(二)新自由主义的祛魅

安德森认为，20 世纪 70 年代之后，资本主义超出地区性的范围进行了全球性的扩张，资本主义的历史也进入了一个新自由主义的阶段。尤其是东欧剧变之后，随着资本主义和社会主义之间意识形态冲突的消弭，资本主义就"好像一个不知困倦的资本主义巨无霸，在几乎全球的范围内建立起同质的政治化的经济统治后，又无情地向残余的文化异质

---

① ［英］佩里·安德森：《文明及其内涵（下）》，载《读书》，1997(12)。
② Anderson P. ，Renewals，*New Left Review*，Vol. 2，No. 1，2000，p. 16.
③ ［英］佩里·安德森：《文明及其内涵（上）》，载《读书》，1997(11)。

性进发，并进而把它们并吞到其意识形态机构中去……"①因此，这样一个世界既是资本主义的经济、政治和文化不断进行全球扩张的世界，也是一个美国霸权主导下的极具北美风格的资本主义世界。

在安德森看来，资本主义最初是以自由、平等、博爱、人权等宣言深得人心的，但这样的宣言在当代已经破败不堪。然而，令人惊奇的是，自由主义的意识形态并未枯竭，当1974年资本主义经历了严重的经济危机之后，它并未随之衰落，而是再次以一种更加激进的"新自由主义"的面貌出现，并成为当今资本主义国家的施政纲领。以撒切尔（Margaret Hilda Thatcher）和里根（Ronald Wilson Reagan）为首的英美资本主义国家率先实施了新自由主义的纲领和政策，随之，这一模式迅速成为当今世界上几乎所有国家效仿的模式，不仅仅在资本主义国家，在苏联和东欧等后社会主义国家都取得了无法想象的成功。正如安德森形象描述的："新自由主义，不管实践中有多少局限性，都是迄今为止世界历史上最成功的意识形态。从北京，到布宜诺斯艾利斯、法兰克福、旧金山，处处都有它的信奉者和实践者。它的核心信条——纯自由市场及附加其上的美德——影响之广甚至超过世界上任何一种传统宗教，因为传统宗教无一例外是地区性的……"②新自由主义从诞生到现在一路过关斩将，最终赢得了世界范围内的胜利，这是引人注目的事实。但从长远来看，这种纯自由主义的市场经济体系和价值对于社会的平等和民主而言并不是最为有效的，实际上，在新自由主义美好价值的

① ［英］佩里·安德森：《文明及其内涵》，载《读书》，1997(11)。

② 甘琦：《向右的时代向左的人——记佩里·安德森》，载《读书》，2005(6)。

背后所隐藏的是巨大的不平等和不民主。因此，新自由主义并非是不可战胜、无懈可击的，它具有极大的改造空间，“一个十年并不造就一个时代，新自由主义 90 年代的胜利也并非永恒实力的保障”①。因此，安德森满怀希望地宣称要“超越新自由主义”，超越资本主义。

从历史和现实来看，尽管资本主义拥有诸如自由、民主、平等、博爱等美好的价值，但这些价值是否真正实现了呢？安德森的回答是否定的。首先，就其民主的政治结构而言，资本主义民主已经被工具化了，但在官方的话语里总是带有太多的遮掩和修饰。例如，美国作为资本主义最典型的国家，“有着世界上实行得最古老的民主制度，但是，实际上，在今天美国的政治制度生活中，只有不到一半的成年人参加选举，国家中另一半的人完全被排斥在这个政治体制之外，而在政治制度之内的这一半人中，能够选上的官员，要么自己极度的富有，要么从大公司那里得到了贿赂，极度的腐败，因为竞选需要很高额的资金，至少几百万美元。这是一个非常明显的事实”②。实际上，不仅仅是美国的民主，包括其他资本主义国家的民主，也都不是一个至高无上的价值，因为存在于民众中的民主依然是很少的，我们需要更多的、更广泛的民主。安德森指出：“民主制——就它现在的情况而言——不是一个偶像，不能把它当做人类自由的尽善尽美的表现来崇拜。这是一个暂时的、不完善的形式，是可以重新塑造的。但是根本的方向应当和新自由主义者所指

---

① Anderson P., Renewals, *New Left Review*, Vol. 2, No. 1, 2000, p. 15.
② ［英］佩里·安德森等：《三种新的全球化国际关系理论》，载《读书》，2002(10)。

出的方向相反——我们需要更多的民主。"①

　　其次，新自由主义所强调的自由只是经济层面的自由，而不是社会和政治层面的自由，它极大地忽视了社会的平等和公平这些更美好的价值。如果在公平和效率之间进行抉择的话，新自由主义者们的可能选择是效率优先、兼顾公平。但在安德森看来，自由和平等、效率和公平这两种价值不是一种非此即彼的对立关系，而是一种彼此相容的和谐关系。平等并不意味着均一化，而意味着多样化，注重社会的公平，并不会带来经济的低效率，相反可能会带来经济的高速度。由此，安德森说道："不公平同样可能带来低效率，而不平等因素最少的社会，却可能是最有效率的社会。斯堪的纳维亚半岛的国家就做得很好，瑞典、丹麦、芬兰取得了非凡成就，比美国、英国都要好很多，那里的生活品质很不一样。"②因此，资本主义所宣扬的那些美好的价值仅仅只是统治者愚弄人民大众的一种意识形态工具而已，其结果只是一种有局限的存在：尽管资本主义的物质财富在不断增长，但社会的贫富分化却日趋严重；尽管公民拥有经济上的竞争自由和法律上的消极自由，但其政治上的积极自由却没有什么更大的进步；尽管性别之间的不平等得到了极大改善，但社会的不平等却依旧在上演。

　　这种不平等现象不仅存在于资本主义国家的内部，同样也存在于国际关系当中。在安德森看来，国家与国家之间的不平等"是所有不平等

---

　　①　[英]佩里·安德森：《新自由主义的历史和教训》，费新录译，载《天涯》，2002(3)。

　　②　施雨华、杨子：《我们的支持和反对——对话安德森》，载《南方人物周刊》，2007(3)。

当中最严重的。过去一百年间，国家间的不平等已经达到前所未有的程度，而且，全球范围内还在不断增加"①。在资本主义的全球扩张中，不仅仅是经济的扩张，同时也是文化和政治的扩张。更为重要的是，这一扩张本身在很大程度上往往会诉诸暴力的手段，因为文化不仅仅是一种信仰体系，同样也是一种权力体系。作为超级大国的美国却把这一侵略行为神圣化，并把它宣扬为一种民族主义的情感和责任，而且总能找出各种冠冕堂皇的理由和借口来发动所谓的"正义的战争"：有时是为了控制前现代国家中诸如屠杀之类的行为，如南斯拉夫战争；有时是为了限制大规模杀伤性武器，如伊拉克战争；有时是为了打击恐怖主义的基地组织，如塔利班战争。其实，这一战争本身就是非正义的，安德森毫不讳言地把这一政策看作一种"新帝国主义"的表现，这一侵略性的对外策略其实是由资本主义的内在本性所驱动的。正如几百年前，马克思曾对资本主义的扩张和侵略本性所进行的生动描述那样，现代资产阶级社会"把一切民族甚至最野蛮的都卷入文明的漩涡里了。它那商品的低廉价格，就是它用来摧毁一切万里长城、征服野蛮人最顽强的仇外心理的重炮。它迫使一切民族都在惟恐灭亡的聂惧之下采用资产阶级的生产方式，在自己那里推行所谓文明制度，就是说，变成资产者。简短些说，它按照自己的形象，为自己创造出一个世界"②。然而，几百年之后，在今天所谓现代的文明社会中依旧如此，这种普世的文化价值背后所隐藏的是一种帝国主义和霸权主义的侵略行径。

---

① 施雨华、杨子：《我们的支持和反对——对话安德森》，载《南方人物周刊》，2007(3)。

② 《马克思恩格斯全集》第4卷，470页，北京，人民出版社，1958。

(三)革命的乌有之乡

资本主义之后将会是一种怎样的世界？在安德森的构想中，未来的理想社会一定是一种性质上完全不同于当前资本主义的社会主义的制度形态。这种社会主义社会的全面图景是：就经济而言，我们将拥有一种控制经济和财富的各种社会形式，而不只是控制一切生产资料的资本主义私有制；就政治而言，我们将拥有一种更加多样的选举机制，而不只是具有象征意义的每四年一届或五年一届的选举机制；就文化而言，我们将拥有一种更加丰富和更具创造性的文化实践，而不只是唯一单调机械的美学实践。这就是安德森所构想的一种未来的乌托邦，它将是社会主义的一项伟大而复杂的工程。

尽管安德森并没有为未来的社会主义制度描绘出一套具体的蓝图，但他却提出了一系列有关社会主义的值得探讨的复杂问题，这涉及社会主义的经济、政治、文化和社会等各个层面，也涉及国家与国家之间的国际关系问题。首先是发达社会主义的经济模式，社会所有制的形式即公有制与私有制之间的平衡关系，社会主义计划与社会主义市场之间的相互关系，社会主义计划与社会主义需求之间的相互关系，中央利益与地方利益之间的协调，消费者与生产者之间的结合，科学技术的发展与劳动者的自由劳动，劳动时间的分配与劳动报酬的给付等；其次是社会主义民主的政治结构，经济民主与政治民主的联结，官僚结构和代表的委任制度和委任周期，公民权利与选民权力之间的确切形式，法律制度的形式和权力，国家司法与地方司法之间的关系，交往手段的理想方式等；再次是社会主义的文化模式，教育制度的平等化，实践形式的多样化，人的自由而全面的发展本身等；最后是不平衡发展的社会主义国家与国家之间的国际关系问题，这里既涉及了富裕国家中的生产阶级与贫穷国家中的生产阶级之间的关系问题，也涉及了贫穷国家内部的农民阶级与工人阶级之间的关系问题，这不仅涉及国家的内部平等，而且涉及国家的外部平等。① 在安德森对这一社会主义的理想形态的主要特征的描述中，其内容是复杂多样的，包括经济的、政治的、文化的、社会的，甚至是国际的所有层面，更为关键的问题在于，这一社会主义的主要特征背后所渗透的是社会主义的核心价值体系。这一体系不是资本主义制度下所呈现给我们的一套有限的价值模式，而是社会主义制度下所展现出来的一套更加自由、民主和平等的真正形式。

在安德森看来，社会主义的古典概念包含四层含义：历史规划、社会运动、政治目标和道德规范，那么社会主义社会究竟能否实现？它所蕴含的那些重要价值又如何呢？从历史上来看，所有曾经构成社会主义信仰的思想都成了没有活力的东西，集体化的大生产被后福特主义所超越；工人阶级成了对过去的淡淡的回忆；集体所有制变成了独裁主义、专制主义以及低效主义的保证，真正的平等价值无法与自由主义的生产力相交融。但从现实来看，所有这些改变了社会主义信誉的客观变化都是模棱两可的，生产力的社会化已经大大加速，工人阶级数量也在逐步增长，平等被看作日常的合法权利和习俗规范。② 因此，安德森认为，社会主义的资源并未枯竭，那些构成社会主义的自由、民主和平等的价值也将与社会主义的理想形态完全相容。

---

① 参见［英］佩里·安德森：《当代西方马克思主义》，余文烈译，140—141页，北京，东方出版社，1989。

② 参见［英］佩里·安德森：《历史的终结》，郭英剑、郝素玲等译，419页，见《交锋地带》，北京，中国社会科学出版社，2008。

对于社会主义的自由问题，安德森认为，"如马克思在壮年时期曾写到的，自由就在于把国家由一个站在社会之上的机关变成完全服从这个社会的机关；而且今天也是如此，各种国家形式比较自由或比较不自由，也取决于这些国家形式把'国家的自由'限制到什么程度。一个世纪之后，彻底废除国家依然是革命的社会主义者的目标之一"①。也就是说，社会主义自由的一个前提条件是以彻底推翻资本主义国家，尤其是彻底废除国家为前提的，因为在经典马克思主义作家的理解中，国家是阶级统治、阶级剥削和阶级压迫的国家，资本主义国家也同样如此。因此，未来的社会主义一定是一个消灭阶级对立和冲突，消灭阶级剥削和压迫的理想社会形态。在此意义上，这一社会主义就是一种自由的理想社会。然而，与资本主义所谓的自由不同，它不是一种以个体主义为基础的经济的自由或竞争的自由，也不是政治上或法律上所确保的消极的自由，而是一种更广泛的积极的自由，也是每个主体主动参与和自主选择的社会意义上的自由，这就是社会主义的更为全面的和更为充分的不断实践的自由。

对于社会主义的民主问题，安德森指出："这一社会主义需要充分保护公民的自由和多元的政治党派：所有自由民主制的现存遗产。但这一政党制度本身将被改变——不是通过政治的法令，而是作为一种社会的事实，它必然会被社会结构的转变而改变。这些变化将遵循社会主义计划的日常实现。选举所使用的这一新的'实践政治学'框架将在性质上完全不同；并且这一党派制度将会反映出这一点，这一新的框架将是新

---

① ［英］佩里·安德森：《绝对主义国家的系谱》，刘北成、龚晓庄译，前言 6 页，上海，上海人民出版社，2001。

的霸权的明确的政治意义。一个永恒的社会学的大多数就是其实现的前提条件。它将走向一种真正的社会主义党派必须从事的唯一的地平线。"①在安德森看来，社会主义制度将与民主制度相结合，这一民主制不是资本主义的民主制，而是社会主义的民主制，社会主义的实现构成了民主制度的前提条件，其具体的步骤体现在诸如社会主义选举制度的建立，社会主义多元党派的建立，社会主义民众权利的保障等之上。更为重要的是，安德森所设想的社会主义民主制不是指程序上的民主，而是指内容上的民主，也就是说，安德森所关注的民主问题依旧是统治主体的问题，而非统治程序的问题。在《诺贝托·波比奥和他的主义》一文中，安德森指出了波比奥与他就有关民主问题的争议基础在于，波比奥所阐述的民主理论的重点是说明民主实现的程序问题，而他自己所阐释的民主理论的核心是民主的社会本质，或者说前者是有关如何统治的问题，而后者是有关谁来统治的问题。"现在民主关心的问题不再是谁投票，而是就什么投票。"②这样，波比奥就在对民主程序问题的关注中为资本主义民主做了极有力的辩护；而安德森则在对民主主体问题的聚焦中为社会主义民主做了强有力的捍卫。

这一社会主义的民主制就与马克思本人所设想的民主制具有内在的一致性和传承性。在马克思看来，真正的民主制"不是那种曾经同君主制和封建制度对立的法国大革命的民主制，而是这种同中间阶级和财产对立的民主制。以往的全部发展证明了这一点。中间阶级和财产统治着

---

① Anderson P.，Problems of Socialist Strategy，*Towards Socialism*，by Perry Anderson and Robin Blackburn（eds.），London：Collins，1966，p. 246.

② ［英］佩里·安德森：《诺贝托·波比奥和他的主义》，郭英剑、郝素玲等译，134页，载《交锋地带》，北京，中国社会科学出版社，2008。

一切；穷人是无权的，是备受压迫和凌辱的，宪法不承认他们，法律虐待他们；在英国，民主制反对贵族制的斗争就是穷人反对富人的斗争……单纯的民主制并不能消除社会的祸害。民主制的平等只是空想，穷人反对富人的斗争不能在民主制的或整个政治的基础上进行到底。因此，这个阶段也只是一个过渡，是最后一种纯粹政治的手段，这一手段还有待进行试验，从中必定马上会发展出一种新的要素，一种超出一切政治事物的原则。这种原则就是社会主义的原则"①。因此，与马克思有关民主制度的设想相一致，安德森所希望的不是资本主义的间接的代议制民主，而是社会主义的直接的民主制度，这一民主制度就不是代表某个统治阶级或特权阶级利益的民主制度，而是代表被统治阶级的或人民大众利益的民主制度，是一种以社会大众为基础的真正的民主制度。

对于社会主义的平等问题，安德森不仅反对国家内部的不平等，而且也反对国际间的不平等。在对国际关系问题的考察中，安德森对比了当代最杰出的三位哲学家罗尔斯、哈贝马斯和波比奥（Norberto Bobbio）的思想②，认为他们在各自的著作中将其注意力移向了国际问题的解决，提出了种种道德的或工具性的方案，但都无法令人满意，因为这些方案需要一种几乎不可能的人性的转变。在安德森看来，"如果战争的

① 《马克思恩格斯全集》第 3 卷，584—585 页，北京，人民出版社，2002。
② 安德森在《武器与权利：可调整的中心》一文中认为，尤尔根·哈贝马斯的《在事实与规范之间》、约翰·罗尔斯的《政治自由主义》和诺贝托·波比奥的《左翼和右翼》的代表性著作中将注意力集中于西方自由民主国家的内部关系方面，而后期哈贝马斯在《康德的永久和平思想：200 年的历史变迁》(1995)和《后民族国家体系与民主的未来》(1998)两篇文章，罗尔斯的《万民法》(1999)；波比奥的《民主和国际体系》(1989)这些文章中将注意力转向了国际关系方面。

根源在于国家的制度，那么在逻辑上就有两种可能的补救措施。如果冲突是由国际关系的结构所产生的，那么就需要某种法则性的解决方案；如果冲突的原因是由构成国家体制的内部特性产生的，那么解决方案将不得不是社会性的。在第一种情况下，和平只有通过建立一个超级大国来确保，它应该被赋予全球性的垄断力量，能够在世界范围内维持统一的法律秩序。在第二种情况下，和平只能通过向社会主义过渡来实现，这会导致国家自身的普遍消亡。或者是单一的霍布斯式主权，或者是马克思主义的质的飞跃：这就是选择面”①。也就是说，国际关系问题的解决办法有两种，第一种办法是一种制度化或法律化的解决，这一解决会导致一种霍布斯主义或者超级大国的专制政体的危险；第二种办法是一种社会主义的解决，这一选择会导致国家自身的普遍消亡，最终实现国际秩序的和平转变。对此，安德森倾向于社会主义的解决办法，认为这一社会主义的解决不仅能够解决国家内部的不平等问题，而且能够解决国际间关系的不平等问题，因为国际间关系的不平等直接源自于国家内部的不平等。同样，安德森在《当代西方马克思主义》一书中有关核战争等问题的社会主义解决中也提出了这一观点和想法。在他看来，这种国家与国家之间的国际战争状况并不像某些新的乌托邦分子所认为的那样，起因于人类道德的固有错误和偏见，而是起源于世界性的阶级斗争，尽管这种国际战争的潜在后果超出了资本与劳动的对立，但其根源仍根植于这一对立之中。因此，尽管西方的统治阶级出于理智的思考会

---

① ［英］佩里·安德森：《思想的谱系：西方思潮左与右》，袁银传、曹荣湘等译，186—187 页，北京，社会科学文献出版社，2010。

意识到这一无限贮藏核武器的危险和代价，会对核裁军做出让步，但他们绝不会成为完全禁止核武器和和平运动的领导者和组织者。①

小　结

在对社会主义理想社会形态的阐释中，安德森以马克思所创立的唯物史观为理论基础，以"科学社会主义"为理论诉求，主要就社会主义的策略模式、社会主义的革命政治学以及社会主义的乌托邦思想等内容进行了重点论述和分析，既遵循了马克思主义经典作家的革命工程，同时也借鉴了"西方马克思主义者"的改良措施，阐述了东西欧不同地区和国家的社会主义的革命模式和理想形式，形成了一种基于"类型学"唯物史观思想的科学社会主义理论。

对于安德森而言，他不仅继承了革命马克思主义的理论文化，而且秉承了革命社会主义的策略思想，认为要想实现资本主义向社会主义的彻底改变必须通过革命的、甚至暴力的手段才能完成和达到。然而，安德森的这一革命社会主义的思想不是一蹴而就的，而是在理论和实践的不断交锋和统一中形成和塑造的。当 1964 年安德森写作《当代危机的起源》和《对威尔逊主义的批判》时，他还是哈罗德·威尔逊新政府主义的支持者；当 1976 年他写作《西方马克思主义探讨》之后，便成了一名坚

---

① 参见［英］佩里·安德森：《当代西方马克思主义》，余文烈译，135 页，北京，东方出版社，1989。

定的革命马克思主义者。在英国当代马克思主义学者保罗·布莱克里奇看来，这一显著转变是内外因共同作用的结果。从内因来看，安德森从黑格尔的总体性概念转向了阿尔都塞的总体性概念，走向了一种对马克思主义的更为灵活的理解，并信奉了一种革命的马克思主义；从外因来看，1968年法国"五月风暴"所引发的资本主义世界的激进革命浪潮，使他相信马克思主义理论与工人阶级实践相结合的时刻会重新到来，从而使安德森走向了革命的社会主义道路。

　　在有关东西欧社会主义策略模式的论述中，马克思本人曾做过一些初步的和重要的思考。当马克思 1871 年批评巴黎公社不愿发动内战，并于同年向第一国际代表大会宣布："我们应当向各国政府申明：我们知道，你们是对付无产者的武装力量；在我们有可能用和平方式的地方，我们将用和平方式反对你们，在必须用武器的时候，则用武器。"①在此，马克思提出了无产阶级走向社会主义的两种策略模式，一种是和平的或改良的方式，一种是革命的或武力的方式。随后，马克思在 1872 年阿姆斯特丹的演讲中进一步指出："我们知道，必须考虑到各国的制度、风俗和传统；我们也不否认，有些国家，像美国、英国——如果我对你们的制度有更好的了解，也许还可以加上荷兰，——工人可能用和平手段达到自己的目的。但是，即使如此，我们也必须承认，在大陆上的大多数国家中，暴力应当是我们革命的杠杆；为了最终地建立劳动的统治，总有一天正是必须采用暴力。"②这里，马克思进一步区分了欧洲

① 《马克思恩格斯全集》第 17 卷，700 页，北京，人民出版社，1963。
② ［英］戴维·麦克莱伦：《马克思思想导论》，郑一明、陈喜贵译，225、231 页，北京，中国人民大学出版社，2008。

不同地区和国家之间的社会主义策略模式，认为像美国、英国和荷兰等一些西方发达的资本主义国家可以通过和平的方式走向社会主义，而像欧洲大陆的其他国家，则只能通过革命的甚至是暴力的方式来实现社会主义。因为在马克思看来，暴力有时是革命的助产婆，但他从不赞成使用暴力革命，正如他对法国雅各宾派在法国革命中使用暴力革命的强烈批评那样。然而，安德森认为，马克思本人低估了和平主义的英国、美国和荷兰的资产阶级国家的强制性或压迫性的政治力量，而高估了这些资产阶级国家的思想或意识形态的文化力量，因而形成了一种倾向于改良主义的社会主义策略模式。这就为马克思之后的马克思主义以及西方马克思主义的社会主义策略思想奠定了基本的雏形，也为改良主义和革命主义的社会主义策略模式之间的争议提供了最初的框架。

在此基础之上，安德森就为整个东西欧地区和国家的无产阶级提供了一种革命社会主义的策略模式。在这一革命社会主义策略的理论谱系中，经典马克思主义的革命思想与西方马克思主义的革命策略相互交叉，内在统一，形成了其独特的革命社会主义策略思想。首先就经典马克思主义而言，安德森主要继承了列宁的革命社会主义的经典工程，认为资本主义向社会主义的转变必须推翻资产阶级的国家机器，同时汲取了托洛茨基的"不断革命论"的思想，走向了国际主义的革命社会主义道路；其次就西方马克思主义而言，安德森在葛兰西的改良社会主义的策略模式基础之上为西方无产阶级提供了一种革命社会主义的策略模式；最后就英国新马克思主义而言，安德森在汤普森有关"革命的文化学"的社会主义策略模式的批判中形成了一种"革命的政治学"的社会主义策略思想。因此，安德森所希望的就不仅仅是对资本主义的修补式的改良，而是脱胎换骨式的革命。这一革命思想就与经典马克思主义的精神存在着极大的契合，正如马克思在《关于费尔巴哈的提纲》中所宣称的："哲学家只是用不同的方式解释世界，而问题在于改变世界。"①

然而，针对欧洲不同地区和国家之间的社会主义策略模式，安德森在这一革命社会主义的策略模式中加入了诸如托洛茨基的革命的国际主义视域，葛兰西的"文化领导权"的基本思想，汤普森的文化革命的社会主义思想，甚至威廉·莫里斯的现实主义的乌托邦思想，并使这些思想成为革命社会主义思想的必要条件和必备因素。如果说革命主义是安德森社会主义策略思想中的核心要义，那么国际主义、改良主义、道德主义和现实主义等就成为其社会主义策略思想中的基本特征。使其革命社会主义策略思想变得更加丰富和多元，而不是牢不可破的铁板一块。

在对理想社会形态的阐述中，安德森始终把马克思所创立的"科学社会主义"作为其核心思想，把对社会主义的科学阐释作为其理论的目标，把对社会主义的道德论证作为其理论的途径，把社会主义制度的核心价值与自由主义、平等主义和民主主义等这些人类的基本价值相结合，试图形成一种真正自由的、民主的和平等的社会主义社会。正如马克思所认为的："代替那存在着阶级和阶级对立的资产阶级旧社会的，将是这样一个联合体，在那里，每个人的自由发展是一切人的自由发展的条件。"②

对于资本主义的核心价值的批判是安德森塑造社会主义的核心价值

---

① 《马克思恩格斯全集》第 17 卷，700 页，北京，人民出版社，1963。

② 《马克思恩格斯选集》第 1 卷，422 页，北京，人民出版社，2012。

的一个前提条件和基础。在他看来，自文艺复兴、启蒙运动以来资产阶级所宣扬的自由、民主、平等和博爱等核心价值，仅仅是资本主义国家的统治阶级愚弄和欺骗人民大众的一种工具性的价值，而非理想化的价值。更为重要的是，这种工具性价值成为了世界的一种普适性价值，并且在这种普适性价值背后渗透着某种帝国主义和霸权主义的侵略行径。因而，这一所谓自由、民主、平等的价值就是资产阶级的价值，这一以理性为基础建立起来的国家就是资产阶级的国家，维护的是资产阶级的经济利益，保护的是资产阶级的政治权利，保卫的是资产阶级的理想王国。正如恩格斯在《社会主义从空想到科学的发展》一文中所深刻描述的："这个理性的国王不过是资产阶级的理想化的王国；永恒的正义在资产阶级的司法中得到实现；平等归结为法律面前的资产阶级的平等；被宣布为最主要的人权之一的是资产阶级的所有权；而理性的国家、卢梭的社会契约在实践中表现为，而且也只能表现为资产阶级的民主共和国。"[1]在此基础上，安德森试图创建一种"科学的社会主义"，一种性质上完全不同于资本主义制度的社会主义制度的核心价值体系。

在安德森看来，这一"科学的社会主义"是一种最科学、最理性的社会主义，同时也是最深刻、最彻底的社会主义。一方面，这一科学的社会主义与道德的社会主义不同，它不是从道德的、情感的和文化的角度对资本主义社会所进行的一种道义上的批判，而是从历史、科学和知识的角度对资本主义制度所进行的一种理性的分析，使民众确信社会主义是一种可欲求的、更加美好的理想社会，它将比资本主义社会更加的自

---

① 《马克思恩格斯选集》第 3 卷，776 页，北京，人民出版社，2012。

由、民主和平等。另一方面，这一科学的社会主义思想中融入了某种道德的社会主义的思想要素，并成为科学的社会主义的实现路径。在他看来，任何一种可行的社会主义都需要一种道德的想象，一种道德的现实主义，从而使革命的社会主义思想获得工人阶级的真正认同和接受。因此，这一“科学的社会主义”不再是一种空洞的理论教条，而是一种具体的生活经验，不再是精英阶层的社会主义，而是人民大众的社会主义，不再是一种理想化的空中楼阁，而是一种活生生的具体实践。由此，这一“科学的社会主义”思想就从道德的社会主义思想中获得了现实的基础和力量，有助于走向一种共产主义的理想社会。

同样，这一“科学的社会主义”也是一种社会主义与自由主义、民主主义和平等主义等人类价值真正相融的社会主义，因为它不是建立在私有财产、资本主义国家和资产阶级文化的基础之上的，而是建立在财产的共同所有、国家的公共管理和文化的共同创造的基础之上的，因而，这一社会主义的自由、民主和平等就不是资产阶级的自由、民主和平等，而是民众意义上的自由、民主和平等；也不是形式化和抽象化的自由、民主和平等，而是活生生的和具体化的自由、民主和平等。这样的社会主义既蕴含科学主义的认知维度，也蕴含了人本主义的价值尺度，是科学主义和人本主义的内在统一的理想社会形态。

总体而言，安德森是革命马克思主义和革命社会主义的经典的守门人，他试图实现马克思主义理论与工人阶级之间的真正统一和完美结合。然而，在安德森的社会主义的革命策略与社会主义的革命实践之间却存在着极大的差距，正如他对西方马克思主义的总体评价中所认为的，革命的理论并没有带来革命的行动。然而，尽管安德森为西方发达资本主义国家提供了一种总体的革命策略，但这一总体的革命策略并没有带来民众对于资本主义的激进改造。从根本上来说，安德森并没有提供任何实质性的革命策略。他并没有明确指出未来社会主义是什么样的，公有制抑或其他所有制；社会主义民主的政治形式，全民普选制抑或人民代表制，还是其他。他只是高举社会主义的旗帜，一味地批判资本主义，批判新自由主义，高呼民主、平等和正义。这一激进的、理想的社会对处于物质丰富却精神痛苦的大众来说确实有着极大的吸引，但对于唤醒他们的实际行动来说还存在一定的差距。马克思主义理论和社会主义实践相结合的伟大时刻并没有按照安德森所设想的那样到来，"各尽所能、按需分配"的共产主义欲求也只是一种"乌托邦"而已。因此，安德森的这一革命社会主义策略始终停留于一种"理论实践"的范畴中，未能从理论的斗争走向实践的斗争。或许恰恰是因为他构建了一种革命的乌托邦而使其成了一种真正的乌托邦。

第六章 | "类型学"唯物史观的总体评析

一、结构主义的马克思主义

随着安德森及《新左派评论》对于欧洲大陆的西方马克思主义，尤其是法国阿尔都塞的结构主义的马克思主义的译介，英国整个人文科学领域在 20 世纪 70 年代中期都受到了这种马克思主义思想的影响。这一思想的引入一方面影响了安德森自己的马克思主义思想，形成了以他为首的英国结构主义的马克思主义的理论流派和思潮；另一方面影响了英国整整一代左派学者对马克思主义的理解和认知，形成了一种多元的英式的马克思主义思想和文化，包括以汤普森为代表的历史主义的马克思主义，以安德森为代表的结构主义的马克思主义，以柯亨为代表的分析的马克思主义，以雷蒙德·威廉斯(Raymond Henry Williams)为代表的文化主义的马克思主义，以戴维·佩珀(David Pepper)为代表的生态学的马克思主义等不同的思想流派。其中，以安德森为代表的结构主义的马克思主义学派、以汤普森为代表的历史主义的马克思主义学派和以威廉斯为代表的文化主义的马克思主义学派就有关历史唯物主义的理论体系和思想原则展开了激烈的交锋和对峙，在反思和批判中继承、发展和完善了历史唯物主义，形成了一种极具英国特色的马克思主义理论和思想文化。

在他们对马克思所创立的历史唯物主义的反思和批判中，火力攻击最猛烈和最集中的是马克思在《政治经济学批判·序言》中所提出的基础/上层建筑的理论模式，因为这一比喻的社会理论模式容易使人产生一种错误的倾向，即把经济基础看作唯一的决定性的要素，认为一切都可以还原为经济的层面而获得最终的解释，从而导致一种经济还原论或经济简化论的思想。对此，以威廉斯为代表的文化主义的马克思主义学派进行了全面地重估；以汤普森为代表的历史主义的马克思主义学派进行了完全地拒斥；而以安德森为代表的结构主义的马克思主义学派则进行了坚决地保卫。

在英国新左派知识分子当中，最早对这一基础/上层建筑的理论模式进行独立思考和创作的是"文化唯物主义"的代表人物雷蒙德·威廉斯。他于1958年率先反对这种单纯的经济决定论的思想，认为尽管历史的最终决定因素是现实社会的生产和再生产，但必须采取经济基础与上层建筑的相互作用来加以解释。在《文化与社会》一文中，他就有关文化与社会的关系问题提出了一个具有普遍争议的理论困境："要么艺术被动地依赖于社会现实，这一主张是机械唯物主义的或庸俗马克思主义的理解。要么艺术作为有意识的创造物来决定社会现实,这一主张是浪漫派诗人提出的。"①艺术与社会之间的关系究竟是怎样的? 如果社会存在决定社会意识,那么艺术是被动的和消极的;如果社会意识决定社会存在,那么艺术是绝对积极的和自由的。在此,威廉斯否认了传统马克思主义对于经济基础的过分强调,开始关注上层建筑领域,尤其追问了艺术的问题,从而借由对艺术的自由性和创造性的肯定而提出了上层建筑的独立性问题以及社会主体的相关问题。

随后,这种难以驾驭的社会存在与社会意识之间的非此即彼(either or)的理论困境在《论马克思主义文化理论中的基础和上层建筑》(1973年)一文中得到了某种修正。在此,威廉斯把基础与上层建筑这些结构性的要素不再当做一种空间结构的术语来认识,而是当做时间过程的术语来看待,认为这些要素不再是一种统一的、静止的状态,而是一种分散的、动态的过程;不再是一种理论的精确分析,而是把所有的重点都放到了实践的层面。他说道,我们必须重估马克思主义,"我们必须把'决定论'重估为有限要素的排列和压力的释放,远离一种可预测的、可控制的内容;我们必须把'上层建筑'重估为一系列相关的文化实践,远离一种反映的、再现的,尤其是依赖性的内容;而且最关键的是,我们必须重估'基础',使它远离一种固定的经济或技术的抽象概念,朝向一种包含了基本矛盾和变化的处于动态过程的现实社会经济关系中的人类

---

① Easthope A., *British Post-structuralism since* 1968,London and New York: Routledge,1988,p. 5.

的具体实践活动"①。这样,"基础"就从一种静态的存在转变为一种动态的过程,上层建筑也由一种被决定的位置转变为一种独立性的位置,同时,"决定论"的概念也丧失了机械论的最初内涵。实质上,威廉斯的这一"重估"赞同和揭示了一种马克思主义,它足够灵活,因而能够满足一种构成性的主体,一种具体的人类实践活动。"没有一种主导的生产方式,没有一种主导的社会……没有一种主流的文化能够耗尽人类的实践、人类的能力和人类的目的。"②因此,如果把这一基础/上层建筑的理论模式仅仅看作对社会存在与社会意识这一最初命题的还原主义形式,或者把它看作决定性的基础和被决定性的上层建筑这一抽象形式的话,那么,这一模式就是不可接受的;如果我们用"总体性"(totality)的概念取代"基础"的概念,或者"基础"的概念中包含了人类"目的"(intention)的概念,尤其是统治阶级领导权的话,那么,这一模式就是可以接受的。但问题在于,由于威廉斯把社会构成看作一种构成性的过程而不是一种决定性的结构,只强调了时间中的过程而忽视了空间中的结构,再次陷入了一种非此即彼的悖论之中,因而始终没能走出"二律背反"的泥潭。

实际上,威廉斯对这一基础/上层建筑的理论模式的反思和创作是在与任何英国本土的马克思主义和社会主义文化的分离中进行的,但在某种程度上,他的这一思考和创作却与英国新左派的其他马克思主义知识分子就有关基础的决定性和上层建筑的独立性等问题达成了一致。

---

① Williams R. , Base and Superstructure in Marxist Cultural Theory, *New Left Review*, Vol. 1, No. 82, 1973, p. 6.

② Ibid. , p. 12.

作为历史主义的马克思主义学派的代表人物,汤普森则把这一基础/上层建筑的理论模式当做一种"令人遗憾的形象"而简单地加以拒斥。在他看来,"在马克思和恩格斯的历史分析中,他们总是持有这样一种观点,社会意识……与社会存在之间的辩证作用。但他们在力图说明这一思想时却把它表述为一种欺骗性的模式……事实上,这样的基础和上层建筑并不存在;它只是帮助我们理解现存事物——人,人们行动、体验、思考和再行动——的一个比喻"①。

首先,这一基础/上层建筑的理论模式包含了一种经济还原论或经济简化论的倾向。在汤普森看来,传统马克思主义在有关经济范畴或经济运动的解释中,总是倾向于把所有的社会现象还原为经济现象,把所有的社会运动简化为经济运动。这里存在两大问题:第一个问题在于传统马克思主义者们对于"经济"术语的习惯性解释。他们总是把经济关系看作生产力和生产关系的总和,生产力包括生产资料、生产工具和生产者,生产关系是人们在生产活动中所结成的人与人之间的关系,但最核心的是生产资料所有制,这样,传统马克思主义者们就把社会关系仅仅还原为经济关系,把经济关系仅仅还原为物质关系,把人与人之间的所有社会关系还原为物与物之间的利益关系。因此,这一经济基础的范畴就极易把经济关系看作唯一的社会关系,而把文化关系和道德关系等非经济的社会关系排除在外,最终将所有的人类责任消解为一种赤裸裸的金钱关系。第二个问题在于传统马克思主义者们对于"经济运动"的解释缺乏任何的有效性,他们总是把经济运动看作历史发展和历史变迁的最

---

① Thompson E. P. , Socialist Humanism, *The New Reasoner*, No. 1, 1957, p. 113.

终的决定性因素。在汤普森看来，这一传统马克思主义如果把"经济运动"解释为历史的终极原因，那么就可能像培根的第一因那样被遗忘；如果把"经济运动"解释为历史的最终的决定性因素，那么它对于历史时代的变迁也同样无关紧要。因为对于任何一个历史时代的历史主体而言，重要的不是如何去界定这一历史时代的本质特征而是要说明这一历史时代的具体社会状况。同样，对于资本主义社会也是如此，民众所真正关注的不是资本主义的本质特征，而是资本主义的善恶程度。"对人民重要的不是它是否是一个资本主义，而是它是一个残酷的资本主义还是一个可容忍的资本主义——是人们被丢弃在战争中，面对审讯和武断的逮捕，还是允许个人和组织的部分自由。"①也就是说，这一"经济运动"的解释仅仅是在科学的历史解释的层面上才具有积极的作用和意义，而在主体的具体社会实践的层面上没有任何作用和意义，因为它没有涉及历史时代中主体与主体之间相互冲突和斗争的这一核心问题。

其次，这一基础/上层建筑的理论模式排除了主体-人的尺度，无法解释社会历史过程中社会存在与社会意识的辩证法。这里，也存在两个问题：第一个问题在于这一理论模式包含一种建筑学的隐喻，只描述了一种类似于建筑学的社会结构和框架，而没有说明社会的过程和变迁；第二个问题在于这一理论模式排除了任何社会主体的或人的尺度，只强调了社会结构的作用，而没有意识到社会主体的作用。因为人类实践对于历史的改造作用是极其巨大的，因此，任何有关社会历史变迁的辩证

---

① Thompson E. P., *Thompson E. P.*, *The Poverty of Theory & Other Essays*, London：*Merlin Press Ltd*，1978，p. 292.

法必须包括社会主体或人的实践作用。"即使'基础'不是一个坏的比喻，我们也必须补充说，无论如何，它不仅仅是经济而且是人———一种独特的人的关系不自觉地进入了生产过程中。"①"生产、分配、消费，不仅仅是挖掘、运输和吃饭，而且也是计划、组织和享受。想象和理智的错误不是局限于'上层建筑'并树立于基础（包含人-物）之上，而是暗含在使人成之为人的创造性的劳动行为本身。"②就像马克思在《路易·波拿巴的雾月十八》中所描写的法国历史那样，人类历史只能描述具体的社会历史过程以及这一社会历史过程中的主体的具体实践。

因此，汤普森之所以反对甚至完全拒斥这一经济基础/上层建筑的理论模式，关键在于这一理论模式仅仅表述了一种静态的社会结构，而没有论述动态的社会过程，也没有意识到位于社会结构和社会过程中的社会主体-人的核心作用，甚至没有说明社会存在与社会意识之间的辩证关系和辩证作用。正如他强调指出的，人才是历史的核心，正是通过人以及人的经验才把经济基础与上层建筑两者交织和贯穿在一起。"社会存在与社会意识之间的辩证作用———或者'文化'与'非文化'之间的辩证作用———是马克思主义传统中理解历史过程的核心。"③

与威廉斯和汤普森不同的是，安德森既没有全面"重估"马克思主义的理论遗产，也没有完全拒斥马克思主义的理论模式，而是对这一理论

---

① Thompson E. P., The Peculiarities of the English, *The Socialist Register*, Vol. 2, 1965, p. 356.

② Thompson，E. P.，Socialist Humanism, The New Reasoner, No. 1, 1957, p. 131.

③ Thompson E. P., The Peculiarities of the English, *The Socialist Register*, Vol. 2, 1965, p. 351.

模式进行一种不遗余力的坚决保卫。在他看来，尽管这一经济基础/上层建筑的理论模式确实容易导致某种经济简化论或经济还原论的倾向和色彩，但这一理论模式具有极大的必要性和合理性，它不是要排除对于政治、文化、法律、意识形态等上层建筑层面的研究，而是要促进对于这些上层建筑层面的研究，甚至是要加强对于经济基础与上层建筑的相互关系的说明和理解，从而形成一种整体主义的理解和诠释。同样，安德森对于马克思所创立的历史唯物主义的整个理论体系，诸如生产力与生产关系、经济基础与上层建筑、生产方式与社会形态都做出了一种整体主义的理解和诠释。在此基础上，安德森对历史唯物主义的理论遗产做出了坚决的保卫，并在对世界历史尤其是欧洲历史的地区类型和国家类型的划分中进行了历史的考证和说明，得出了一种"类型学"的唯物史观思想。

这里需要指出的是，就安德森"类型学"唯物史观思想的理论谱系而言，经典马克思主义的理论遗产、西方马克思主义尤其是法国结构主义的马克思主义的理论遗产以及英国马克思主义的理论遗产，构成了安德森思想的有机组成部分，正是在这种多元的、不同的理论谱系的交叉作用和共同影响下，形成了安德森的独具特色的"类型学"唯物史观思想。

首先，就经典马克思主义的理论遗产而言，安德森试图在对晚期科学主义的马克思主义思想的保卫中形成对于历史唯物主义的科学理解和诠释。汤普森在对马克思早期思想的辩护中，认为马克思在《神圣家族》《经济学哲学手稿》《关于费尔巴哈的提纲》《德意志意识形态》等早期著作中总是从人的本质、人的异化、人与自然的关系等问题出发来阐述其思想，形成了一种人本主义的马克思主义的基本思想。安德森在对马克思晚期思想的保卫中，认为马克思在《政治经济学批判》和《资本论》等晚期著作中得出了一套历史唯物主义的经典理论体系，诸如生产力与生产关系、经济基础与上层建筑、生产方式与社会形态等，试图通过这些精确的社会科学概念出发来阐发其思想，形成了一种科学主义的马克思主义思想。因此，在对经典马克思主义理论遗产的辩护和保卫中，汤普森倾向于维护马克思的早期思想，强调了历史唯物主义的主体性、历史性和人道性等特征；而安德森倾向于保卫马克思的晚期思想，突出了历史唯物主义的科学性、理论性和结构性等特征。

其次，就西方马克思主义的理论遗产而言，安德森在对法国结构主义的马克思主义的理论遗产的辩护中形成了一种具有英国特色的结构主义的马克思主义的思想流派。对于这一法国以阿尔都塞为首的结构主义的马克思主义的理论思潮，汤普森在《理论的贫困》等著作中进行了不懈的批判和指责，认为"阿尔都塞的荒谬性就在于他的唯心主义理论的构造模式"，"阿尔都塞的结构主义本质上是一种唯心主义"，是一种"理论帝国主义"。① 与此相反，安德森则对阿尔都塞的结构主义的马克思主义思想进行了积极的辩护和保卫，并借鉴和采用了阿尔都塞在《保卫马克思》和《读〈资本论〉》中所充分论证的历史唯物主义的基本概念、理论和方法，诸如生产方式、社会结构、社会形态、矛盾与多元决定、决定与主导等基本的概念和理论，形成其"类型学"唯物史观思想中核心的范畴体系和理论资源。显然，这一结构主义的马克思主义的思想构成了安

---

① 参见[英]E. P. 汤普森：《论阿尔都塞的结构主义马克思主义》，张亮译，载《马克思主义美学研究》，2008(1)。

德森"类型学"唯物史观思想的本质内涵。然而，安德森的结构主义的马克思主义思想不同于阿尔都塞的结构主义的马克思主义思想。假如阿尔都塞在对历史唯物主义的保卫中存在一种极端的结构主义的马克思主义的解释，那么安德森在对历史唯物主义的保卫中则走向了一种温和的结构主义的马克思主义的解释。因为阿尔都塞试图在论证马克思主义的结构主义特征时走向了马克思主义是一种理论上的反历史主义、反人道主义和反经验主义的错误结论；而安德森则试图在历史主义与结构主义、科学主义与人道主义、理性主义与人道主义的双重论证中形成对于历史唯物主义的科学理解和解释。由此，在这一"类型学"唯物史观中，安德森通过历史性与结构性、科学性与人道性、经验性与理论性的这些基本特征的辩证统一，使历史唯物主义思想获得了更为有效的解释力和诠释力。

最后，就英国马克思主义的理论遗产而言，安德森在以他为首的结构主义的马克思主义学派与以汤普森为代表的历史主义的马克思主义学派的争论与交锋中，试图创造出一种英国本土化的理性主义的马克思主义的思想文化。在对历史唯物主义的解释中，英国的结构主义学派与历史主义学派形成了两种完全不同的思维路线，前者是理性主义的，后者是经验主义的。同样，在英国马克思主义文化格局的形成中也存在两种完全不同的逻辑路向，以安德森为代表的结构主义学派试图把历史唯物主义经典理论与英国的历史、社会、文化和政治等本土化资源相结合，使英国本土资源马克思主义化，最终创立了一种英国理性主义的马克思主义的思想文化；而以汤普森为代表的历史主义学派试图把英国的自由主义、浪漫主义和激进主义的历史传统和文化资源与历史唯物主义基本原则相结合，把历史唯物主义看作一种开放的体系，一种方法论的原则，使马克思主义理论本土化，从而形成一种经验主义的马克思主义的思想文化。

总体来看，在这一"类型学"唯物史观的理论谱系中，经典马克思主义、西方马克思主义和英国马克思主义都成为了其思想的有机组成部分。其中，科学主义、结构主义和理性主义构成了安德森的历史唯物主义思想的本质特征，历史主义、经验主义和人道主义构成了安德森的历史唯物主义思想的基本特质。由此，形成了一种极具英国特色和风格的结构主义的马克思主义思想，其目的在于形成对于历史唯物主义思想的科学理解和解释。

在安德森看来，历史唯物主义既是一种科学的理性体系，也是一种有关历史发展的理论系统，更是一种有关科学社会主义的学说体系，因而历史唯物主义是马克思主义理论与社会主义实践的真正统一。

首先就历史的本体论而言，安德森把社会形态置于生产方式的概念之下，并对社会形态的整体存在和变迁做了详细研究和探讨。他采用了阿尔都塞的"社会结构"的概念，认为社会是一种结构化的和复杂化的存在，它是由经济的、政治的和意识形态的实践所构成，每一实践都具有自身的有效性和积极性。在这一结构化和复杂化的社会中，经济实践丧失了唯一的决定作用，只具有最终的决定作用；同时，上层建筑获得了"相对的独立性"，尤其是政治上层建筑获得了自身的自主性和有效性。这样，安德森在对阿尔都塞的结构主义思想的采用中部分纠正了经济基础/上层建筑这一理论模式的经济还原论或经济简化论的内在缺陷和倾向。正如汤普森所认为的："毫无疑问，安德森经过反思也许接受了其中一些建议。事实上，他意识到了这一模式的不充分性，这可以在他对复杂性的强调，以及在政治现象处理的真正见解和精妙之处看到。"①更为重要的是，安德森把这一结构化的和复杂化的社会结构当做一个有机整体来认识，认为经济基础与上层建筑始终是作为相互依存和相互依赖的整体而发挥作用的，这不免带有一种整体主义的色彩和因素。在这一整体主义的解释中，安德森依旧坚持了一种唯物主义的立场和视角，坚持了经济基础的优先化的位置和决定性的作用。

就历史的本体论而言，安德森依旧遵循了历史的唯物主义性质，认为历史过程的最终决定因素是生产方式或生产关系。首先，这一"类型学"唯物史观思想强调了历史的总体性或整体性特征，认为人类历史上的任何一种社会形态都是在生产方式这一历史存在中被集中在一起的，其中，生产力与生产关系、经济基础与上层建筑是在各自的整体性中来相互作用和共同发展的；其次，这一"类型学"唯物史观思想强调了历史的结构性特征，也是其最本质的特征。他认为任何一种社会形态都是一种由经济的、政治的和意识形态的实践所构成的结构化和复杂化的存在；最后，这一"类型学"唯物史观思想强调了历史的物质性特征，认为尽管经济实践丧失了唯一的决定性作用，但却具有最终的决定性作用。因此，即使安德森的"类型学"唯物史观思想中存在着有关历史的总体性的或结构化的特征，但丝毫没有抹杀历史的物质性和基础性的特征，而是把这一特征看作最基本的特征，这就与经典马克思主义的唯物论的理

---

① Thompson E. P., The Peculiarities of the English, *The Socialist Register*, Vol. 2, 1965, pp. 356-357.

论立场相一致。正如汤普森在批判阿尔都塞的结构主义的马克思主义思想时所指出的:"他的思想是唯理论唯心主义与经济决定论混杂的产物。"①这一批评同样适用于安德森,因为在安德森的思想中也存在一种经济决定论的本质思想。

正如恩格斯在《致约·布洛赫》(1890 年 9 月 21—22 日)的信中所指出的:"根据唯物史观,历史过程中的决定性因素归根到底是现实生活的生产和再生产,无论马克思或我都从来没有肯定过比这更多的东西。如果有人在这里加以歪曲,说经济因素是唯一决定性的因素,那么他就是把这个命题变成毫无内容的、抽象的、荒诞无稽的空话。经济状况是基础,但是对历史斗争的进程发生影响并且在许多情况下主要是决定着这一斗争的形式的,还有上层建筑的各种因素……"②随后,他在《致瓦尔特·博尔吉乌斯的信》(1894 年 1 月 25 日)中也指出:"在这些现实关系中,经济关系不管受到其他关系——政治的和意识形态的——多大影响,归根到底还是具有决定意义的,它构成一条贯穿始终的、唯一有助于理解的红线。"③

其次就历史的动力学而言,马克思本人在《共产党宣言》中将历史发展的动力归因于阶级斗争,而在《政治经济学批判·序言》中又将历史发展的动力归因于生产力与生产关系之间的矛盾运动,因而在历史意志论与历史决定论之间形成了二律背反的理论困境。在对这一理论困境的解

①　[英]E. P. 汤普森:《论阿尔都塞的结构主义马克思主义》,张亮译,载《马克思主义美学研究》,2008(1)。

②　《马克思恩格斯选集》第 4 卷,604 页,北京,人民出版社,2012。

③　同上书,649 页。

决中，历史学家汤普森总是倾向于从阶级斗争自身的作用和影响来分析历史，使生产力与生产关系之间的结构性矛盾退居次要位置，甚至只是作为背景性的材料而无法对历史产生任何作用，从而使历史的意志论优越于历史的决定论；而结构主义学者安德森则始终从生产力和生产关系之间的结构性矛盾出发，把历史的结构性置于优先化和特权化的位置，而把历史的主体性置于次要性和辅助性的位置，使历史的决定论优先于历史的意志论。但关键的问题在于，安德森在强调历史决定论的作用的同时，并没有否认历史意志论的作用，而是认为两者是相互影响和共同作用来推动历史发展的："在社会秩序的维持和颠覆中，生产方式和阶级斗争总是相互作用的。"①也就是说，在历史决定论与历史意志论的解决中，安德森不仅强调了社会结构的首要性和优先性的功能作用，而且也强调了社会主体的能动性和创造性的积极作用，由此形成了一种以历史决定论为核心的历史唯物主义思想，试图在客观主义和主观主义、唯物主义和唯心主义的二元分野中形成某种架构和协调。

最后就历史的进化论而言，安德森在对世界历史尤其是欧洲历史上不同地区和国家的历史发展道路和发展规律进行了多元化的理解和说明，对马克思的"五种社会形态学说"做出了重要补充和发展。在对封建主义起源和绝对主义王权两大历史问题的研究中，他对欧洲不同地区和国家的类型特征给予了具体的界定，创建了一种有关欧洲地区和国家的"类型学"，同时试图创建出一种有关世界其他地区和国家的"类型学"。

---

① Anderson P., *Arguments Within English Marxism*, London and New York: Verso, 1980, pp. 55-56.

因此，安德森试图对欧洲历史的不同地区和国家的多元发展道路和规律做出说明和解释，由此形成了一种多元进化的规律和法则。然而，这一多元的进化规律和法则不是一种不受必然性制约的纯粹的偶然性，而是在必然性原则之下的偶然性，不是一种不受普遍性制约的纯粹的相对性，而是在普遍性法则之下的相对性规律。总之，这一"类型学"的唯物史观形成了一幅必然与偶然、绝对与相对、普遍与特殊相互交织和彼此交融的辩证图景。

在对历史本体论、历史动力学和历史进化论的解释中，安德森的"类型学"唯物史观思想存在着一种历史决定论的思想。在安德森看来，就历史自身而言，它是存在决定论的，而且存在着太多的决定论，既有决定性的本原，也有决定性的动力，还有可预测的未来。然而，这一历史的决定论不是某种线性的决定论，也不是某种结构的决定论，而是一种否定的决定论。"从社会来说，价值从来都不会超越这一历史与结构的背景，它们提供了唯一的论证领域(当然，就个人而言，他们能够而且经常这样做。)这并不是说存在一种线性的历史决定论，它规定了每种社会或每种统治的规则和选择，而是存在某种否定的决定论，一旦排除其他几种可能性，只会产生一种可能性。在此意义上，历史实施了一种永恒的选择性，它极大地限制了任何特定运动中的可能领域，但并未最终使它结构化。"①然而，这一决定论的思想早在 20 世纪就遭到了英国哲学家卡尔·波普尔的激烈批判。他在《历史决定论的贫困》一书中指出：

---

① Anderson P., Problems of Socialist Strategy, *Towards Socialism*, by Perry Anderson and Robin Blackburn (eds.), London: Collins, 1966, p. 229.

"历史决定论的贫困是想象力的贫困。历史决定论者不断谴责一些人，说他们在他们的小天地里不能想象变化，但是，历史决定论者本人也缺乏想象力，因为他不能想象变化所依赖的条件也会发生变化。"①在波普尔看来，历史决定论的主要错误在于，它把历史的发展趋势当做一种绝对的、必然的历史发展规律，这些趋势和规律能够不依赖原始条件而不可抗拒地以一定方向把我们带向未来，这是一种无条件的预言而非一种有条件的科学预测。因此，这一历史决定论的思想背后渗透的是一种历史的普遍性和必然性的规律和法则，而在波普尔的批判中实质蕴含着一种历史的偶然性和特殊性的规律和法则。

同时，安德森的"类型学"唯物史观思想中存在着一种多元决定论的思想。在安德森看来，这一决定论不仅是一种否定的决定论，而且也是一种多元的决定论，由其自身特殊的历史和社会的多元条件所决定。在对西方马克思主义的总体论述和评价中，安德森认为西方马克思主义传统中的每一种思想体系都是这一历史与社会的多元要素决定的必然结果和产物。"西方马克思主义传统内的每个体系，都具有来自当时和过去不同范围和水准的社会和思想结构中多种决定因素的印记，在决定西方马克思主义传统本身的基本历史关头的背景中，产生了理论的广泛多样性。"②同样，安德森在《资产阶级革命的概念》一文中也采用了这-"多元决定论"的思想来解释现代的资产阶级革命。按照传统马克思主义的

---

① ［英］卡尔·波普尔：《历史决定论的贫困》，杜汝楫、邱仁宗译，102—103 页，上海，上海人民出版社，2009。

② ［英］佩里·安德森：《西方马克思主义探讨》，高铦等译，95 页，北京，人民出版社，1981。

理解，所谓的资产阶级革命是封建贵族阶级与资产阶级之间的相互斗争的一个必然结果。在安德森的界定中，任何一场现代的资产阶级革命都不仅仅是贵族阶级与资产阶级之间斗争的一个简单结果，而是以下四种要素多元决定的一个必然结果。他在历史唯物主义思想中找到了四种参数，界定了这一可想象的资产阶级革命的空间：从上层来看，它是一种封建主义的统治阶级或剥削阶级的渗透模式；从下层来看，它是被统治阶级和被剥削阶级的无法预测的存在；从内部来看，它是复杂的资产阶级的排列组合；从外部来看，它是敌对势力和敌对国家的竞争压力。在此，这四种参数不是描述资产阶级革命的偶然要素而是必然要素。然而，每种现象都有自己的具体的特殊的多元决定要素，每种现象都与其他现象相区别。这样，这一"多元决定论"的思想就极易导致一种相对主义的倾向和解释。正如他自己所说的："这里，例外就是规则——每一个都是一个私生子。"①

另外值得注意的是，安德森的"类型学"唯物史观思想实质上蕴含着一种深层的结构主义、科学主义和理性主义的马克思主义的理论特征，在某种程度上，相对忽视了人道主义、历史主义和经验主义的马克思主义的思想特征，从而割裂了马克思思想的内在统一性，把早期的马克思和晚期的马克思加以对立，形成对马克思主义的一种片面化和狭隘化的理解和认识。他一方面建构了马克思主义的结构化、理性化和科学化的理论特征，但另一方面却试图排斥马克思主义的历史化、经验化和人道

---

① Anderson P., The Notion of Bourgeois Revolution, in *English Questions*, London and New York: Verso, 1992, pp. 110-113.

化的思维特征，没有给予作为社会主体的阶级意志和个体意志的充分理解和认识，也没有形成有关人类历史的道德化的理解和认识。同时，他忽视了诸如文化传统、价值观念和激进思潮等文化层面的要素和成分，只专注于马克思主义思想的理论层面的建构，而没有聚焦于工人阶级实践层面的建构，因而，始终停留于马克思主义理论文化的创立而没有走向马克思主义社会实践的创建。

二、总体化的历史社会理论

作为英国结构主义的马克思主义学派的代表人物，安德森在马克思所开创的历史唯物主义的传统视域内对历史、现实和未来进行了独具特色的研究和探索，发展了一种可称之为"类型学"唯物史观的理论认识，在对世界史、地区史乃至国家史的解释中开创了一种新的"类型学"的解释路径和研究方法。

在这一"类型学"的解释路径和研究方法下，安德森把唯物史观思想看作历史学与社会学的独特综合。在他看来，"任何社会都拥有两种尺度，它是结构的，只能按照各部分之间的关系来理解，它也是过程的，只能按照过去的累加意义来理解……马克思主义是有关历史分析与结构分析的有机统一的唯一思想。它既是纯粹历史主义的（否认了所有超历史的本质），也是根本功能主义的（社会是有意义的总体），这一综合仍是独一无二的"①。因此，历史学和社会学构成了安德森"类型学"唯物史观思想的两个根本维度，也是他研究所有问题和现象的两大基本原则。一是历史学的，他试图通过对历史系谱的宏观追溯来说明，一是社会学的，他力图通过对社会结构的理论分析来说明，从而形成了一种融历时性与共时性、时间性与空间性为一体的对于唯物史观的科学解释。

一方面，安德森把历史学看作"类型学"唯物史观的首要维度。在他看来，历史与现实是两个不可分割的统一体，现实的问题源自于历史，历史的遗产存留于现实，理解现实就要深入历史，书写历史是为了说明现实，因而，现实是历史的立足点和落脚点，而历史是现实的出发点和切入点。因此，在这一"类型学"唯物史观中，安德森总是把历史作为研究现实问题的来源和基础，通过对整个历史系谱的宏观追溯来回答和解决现实问题。他在《社会主义和伪经验主义》中为《当代危机的起源》一文的目的做辩护时写道："在一种卓越的、想象的历史与一种空洞的政治分析之间的巨大鸿沟是我们试图去克服的。我们试图把历史与当前相联，重建两者之间的连续性。这不可避免地意味着一种'总体化'的尝试，这是学术历史学所割裂的……我们试图构建一种有关英国社会的历史与现在的总体化的理论。"②

我们不是单纯为了过去而书写一段沉寂的历史，而是为了理解现在而重构它。

---

① Anderson P. , Portugul and the End of Ultra-Colonialism III，Vol. 1，No. 17，*New Left Review*，1962，p. 113.

② Anderson P. , Socialism and Pseudo-Empiricism，*New Left Review*，Vol. 1，No. 35，1966，p. 39.

　　我们试图提供总体中的元素而不是现代英国片段化的历史……我们整个的工作就是构建当代英国的解释，这是决定它统一于形成的因素。①

　　因此，在对英国历史的解释中，以安德森为代表的结构主义的马克思主义学派试图通过构建一种有关英国社会的总体化的历史，一种历史与现实彼此关联的宏观历史而形成一种历史的理论学。这与以汤普森为代表的历史主义的马克思主义学派形成了鲜明对照，因为后者试图通过构建一种碎片化的和经验化的微观历史而形成一种历史的编撰学。在他看来，在英国历史与现实的种种关联中，对于当代英国阶级权力结构演变的历史分析有助于对英国社会主义策略问题的理论探讨；对于英国知识分子特征的社会分析有利于对当代新左派性质的讨论；对于英国左派知识分子的反思有助于对霸权社会主义党派的思考；对于英国工人阶级文化的合作本质有利于对工党性质的认识；对于维多利亚时代的自由国际主义的反思有利于对核裁军运动的理解。在此，安德森认为，这种历史与现实之间的种种关系和转换就是正确的，因为这种解释不是从道德的或修辞的角度来认识和理解它们，而是从结构的或具体的视角来解释和阐发它们，因而一种理性主义的解释就远远比经验主义的解释更为恰当和适用。"它能够产生从经验上证实的概念——也就是说，它能够解释至今仍未被注意到的有关左派的广泛事实。我们试图通过观察实际的

---

　　①　Anderson P., Socialism and Pseudo-Empiricism, *New Left Review*, Vol. 1, No. 35，1966，pp. 32-33.

经验事实来超越这一伪经验主义——并且通过概念来重新解释它。没有任何其他方式能够促进社会科学或社会思想。"①可见，安德森试图通过欧洲大陆的理性主义的思维范式而非英国本土的经验主义的思维方式来构建马克思主义的社会科学或社会理论。

在这一理性主义的思维范式的基础上，安德森不仅试图构建出一种马克思主义的社会科学理论，而且试图构建出一种马克思主义的历史科学理论。他试图在这一历史与现实的相互关联中构建出一种总体化的历史，一种总体化的历史理论。

首先，就历史的研究单位而言，它总是长时段的和宏观性的。在对英国本民族的历史解释中，安德森所关注的历史时间是从 17 世纪英国资产阶级革命以来一直到两次世界大战将近 3 个世纪的历史；同样，安德森在其享有盛誉的两卷本史学著作《从古代到封建主义的过渡》与《绝对主义国家的系谱》中所研究的历史是更大范围和更长时段的，不仅仅局限于英国的历史，而且聚焦于欧洲的历史。如果把他未出版的后两卷本即有关资产阶级革命和资本主义国家结构的历史也包括在内的话，则是从古典古代到封建主义到绝对主义再到资本主义的整个历史谱系，由此形成了一种宏大的历史叙事。

其次，就历史的研究对象而言，它是马克思主义传统史学的研究主题，即自上而下的国家史或者统治阶级的历史，而非自下而上的民众史或者被统治阶级的历史。正如他在《绝对主义国家的系谱》一书前言中明

---

① Anderson P., Socialism and Pseudo-Empiricism, *New Left Review*, Vol. 1, No. 35，1966，p. 39.

确表述的："我应简要地说明，为什么选择国家作为一个反思的中心问题。今天，当'自下向上看的历史'(history from below)已经变成无论马克思主义还是非马克思主义学术界的一句口号，而且在我们对过去的理解中产生了重大成果之时，十分有必要重提历史唯物主义的一个基本原理……'自上向下看的历史'(history from above)——阶级统治的复杂机制的历史，其重要性不亚于'自下向上看的历史'；实际上，没有前者，后者最终只是片面的历史(即使是较重要的一面)。"①在安德森看来，这一自上而下的国家史和自下而上的民众史，实质上是马克思主义史学的重要组成部分，两者彼此统一，缺一不可。当以汤普森为代表的历史学家通过对民众史或被统治阶级的历史考证赋予了一种积极的和肯定的正面图景时，以安德森为代表的历史学家主要通过对国家史或统治阶级的历史考证而赋予了一种消极的和否定的反面图景。然而，他这样做的目的在于，试图从另外一个侧面来考察英国工人阶级的历史，以期形成对英国马克思主义和社会主义文化的辩证理解和全面认识。

最后，就历史的研究方法而言，安德森采用了一种理性主义的思维方法，试图对这一宏大的历史叙事给出某种理论性的说明。首先，历史概念和历史理论是历史研究的一个必要前提和基础，它们构成了历史科学的一个本质内容。在安德森看来，历史唯物主义拥有一整套的有关历史解释的基本概念和理论，能够说明人类历史发展的基本规律和法则。尤其是马克思在《政治经济学批判·序言》和《资本论》中所创立的历史唯

---

① [英]佩里·安德森：《绝对主义国家的系谱》，刘北成、龚晓庄译，前言 5—6 页，上海，上海人民出版社，2001。

物主义的理论体系，诸如生产力和生产关系、经济基础与上层建筑、生产方式和社会形态的这些基本概念和理论，既不像在第二国际的理论家那里仅仅只是一种经济学的概念和理论，也不像在法国阿尔都塞那里仅是一种结构主义的范畴和形式。在安德森“类型学”唯物史观思想的解释中，它们不再是经济学的范畴和理论而是历史学的概念和理论，不再是静止不动的结构范式，而是变动不息的结构特征，不再是纯粹的和抽象的理论形态，而是具体的和特殊的历史形态，从而使得历史唯物主义的基本概念和理论获得了一种更为灵活的历史解释力和诠释力。与此同时，安德森指出，历史唯物主义的基本概念和理论还有待进一步的发展和完善，以形成更丰富的历史唯物主义的科学理论体系。历史唯物主义杰出地拥有一些解释历史变迁的可能性和局限性的概念和理论，从而能够说明具体历史发展过程的运动法则，然而，这样一些概念和理论仅仅只是部分的和暂时的，它需要更多的和更明确的概念和理论加以充实。① 其次，安德森不仅着重于对历史概念和历史理论的阐发，而且着眼于对历史规律和历史法则的总结。在此意义上，安德森的历史唯物主义更似于某种历史哲学而非历史编撰学。他所要探寻的不单单是历史事实或历史事件的真实境况，也不仅仅是历史事实或历史事件之间的具体联系，而是人类历史长河中各个地区和国家的历史发展的基本规律和法则。然而，在这一“类型学”唯物史观思想的解释中，这一历史的基本规律和法则总是具有某种“类型学”的思维范式，它强调了世界上不同地区

---

① 参见 Anderson P.，*Arguments Within English Marxism*，London and New York：Verso，1980，p. 11.

和国家之间的"类型学"的特征差异，也就强调了世界上不同地区和国家的历史发展道路的特殊性和具体性，从而为历史唯物主义的多元进化法则和规律提供了一种"类型学"的佐证和诠释。

另一方面，安德森把社会学看成"类型学"唯物史观的深层维度。在他看来，马克思主义或者确切来说历史唯物主义本身是一种总体的社会学理论，也是一种综合的社会理论体系。在《国民文化的构成》中，安德森就明确指出，英国的国民文化是以一种缺乏总体化的社会理论为基本特征的，不仅缺乏像欧洲大陆甚至美国的经典社会学的理论体系，而且更为重要的是缺乏马克思主义的社会理论。[①] 在此基础上，安德森试图构建出一种总体化的马克思主义的社会理论，把所有传统的经济学、政治学和文化学等学科纳入一种巨大的社会学的综合体系之中，在总体化的理论概念体系中来理解社会本身，理解所谓"结构的结构"，即社会结构本身。

在对社会本身的研究中，安德森一方面借鉴了卢卡奇的"总体性"(totality)的思想和方法，另一方面采用了阿尔都塞有关"结构总体"的思想，并在此基础上创立了一种总体化的社会理论。

在卢卡奇看来，马克思的辩证法的核心是"总体性"。马克思的"总体性"来源于黑格尔的"总体性"，所谓总体性，就意味着总体对部分的优先性，这是马克思主义的全新的方法论的实质。同样，对于安德森而言，这一"总体性"的方法也成为安德森"类型学"唯物史观的核心方法。

---

① 参见 Perry Anderson. Component of the National Culture. *New Left Review*，Vol. 1，No. 50，1968，p. 57.

他在《社会主义和伪经验主义》一文中说道:"我们所选择的方法不是把一切还原为经济,而是把当前状况分析为一个总体,其中,每一层面危机的决定因素都位于这一层面(而不是'基础')之中,而所有层面都在结构上整合为一个有意义的整体——由其复杂的社会历史所构建。"①因此,这一"总体性"就意味着总体与部分之间的辩证关系:一方面肯定了总体中部分的多样性和差异性,承认了部分的自主性和有效性;另一方面肯定了总体对部分的首要性和优先性,把总体看作部分的有效整合,而非部分的机械叠加。

在阿尔都塞看来,马克思的"总体性"不同于黑格尔的"总体性",因为黑格尔所讲的"总体性"是一种"表现的总体性",意味着总体的简单性和统一性,而马克思的"总体性"是一种"结构的总体性",意味着总体的复杂性和多元性。在此基础上,安德森采用了阿尔都塞有关"社会结构"和"多元决定"的思想和方法,进一步从卢卡奇的"总体性"的范畴走向阿尔都塞的"总体性"的概念,使得社会总体成为了一种结构化和层次化的存在形式,也成为了一种复杂化和多元化的存在方式。

在此基础上,安德森形成了他自己有关社会总体的理解和认识,不仅强调了社会总体的结构性的存在形态,而且强调了社会总体的断裂性的存在样态。在他看来,所谓"社会总体",就是指一种社会结构,一种结构化的总体存在。其中,每个部分相对于总体而言都是各自独立自主的存在,同时,每个总体相对于部分而言又是一种结构化的统一体。结

---

① Anderson P., Socialism and Pseudo-Empiricism, *New Left Review*, Vol. 1, No. 35, 1966, p. 33.

构化不仅意味着一种整体化和总体化，而且意味着各部分以及部分之间关系的复杂化和多元化。然而，这一复杂化和多元化的结构总体并不是一种分散的存在状态，而是一种凝聚的存在状态，也是一种有机的社会总体。正如安德森在《从古代到封建主义的过渡》与《绝对主义国家的系谱》中对于"总体性"社会的关注那样，如古代社会、日耳曼社会、封建主义社会、绝对主义社会等各种社会形态，都各自被看作一个功能单位，一种融合了经济、政治和文化等复杂要素的社会结构，所有这些要素就在结构上形成了一种特定的社会秩序。同样，安德森强调了社会总体的断裂性的存在样态。社会总体的断裂是一种整体性的断裂，也是一种结构性的断裂，是一种社会结构向另外一种社会结构的全面的和彻底的转变，或者借用马克思本人的修辞即一种批判的和革命的转变。这正如安德森对于从古典古代到封建主义再到资本主义的革命性转变所探讨的那样。

在安德森看来，马克思的历史唯物主义思想不仅包含一种具体的总体性的概念，而且包含一种矛盾和冲突的基本概念，这两种概念互为补充、彼此统一。由此，安德森的"类型学"唯物史观试图探讨社会形态存在和社会形态变迁的两大重要事实，并提供了一种经典历史唯物主义的解释，认为社会存在是由生产方式所提供的，社会变迁是由生产方式的矛盾运动所首先引发并最终由阶级斗争所解决。这就提供了一种深层的结构主义思想的基础之上历史意志论和历史决定论之间相融合的辩证解释。

总体来看，安德森的"类型学"唯物史观具有多重的方法论意义。首先，这一"类型学"唯物史观思想促进了历史学与社会学的交叉融合。在此，历史学与社会学不再是一种相互割裂、互不相关的独立学科，而是一种相互交织、水乳交融的统一学科，历史由于结构的存在而变成了一种社会的历史，社会由于结构的变迁而变成了一种历史的社会，由此形成了一种总体化的历史社会学的解释。由此，法国历史学家费尔南·布罗代尔（Fernand Braudel）曾经所批评的历史学与社会学之间的交流是一种"聋子之间的对话"就得到了有效弥补。同样，彼得·伯克（Peter Burke）所希望的历史学与社会学是相互补充而非相互矛盾的观点也得到了一定程度的有效发展。在伯克看来，"社会学可定义为对单数的人类社会的研究，侧重于对其结构和发展的归纳；历史学则不妨定义为对复数的人类社会的研究，侧重于研究它们之间的差别和各个社会内部基于时间的变化。这两种研究方法有时被看成是相互矛盾的，但如果将它们看成是相互补充的，其实更可取"①。

其次，安德森的"类型学"唯物史观思想形成了一种"比较的类型学"的思维方法。在他看来，这一"比较的类型学"也包含两个层面，一是历史的比较，一是社会的比较，两者相互依存，缺一不可。正如安德森在评价英国社会学家迈克尔·曼恩有关社会权力来源的解释时所采用的社会学方法时指出的："这一系列的误失既不是文化上的，也不是我们所熟知的欧洲中心主义的，它们源于一种理论上的谬误，即认为社会学不可能同时是历史性的和比较性的。"②也就是说，安德森认为只有比较的

––––––––––––

① ［英］彼得·伯克：《历史学与社会理论》，姚朋等译，2 页，上海，上海人民出版社，2010。

② ［英］佩里·安德森：《迈克尔·曼恩的权力社会学》，101 页，载佩里·安德森：《交锋地带》，北京，中国社会科学出版社，2008。

方法才能给人以合理的解释，因为比较分析不会仅仅突出某个地区，而把其他地区当做可有可无的附庸，从而形成对某一地区和某一国家的具体性和特殊性的理解。因此，这一"比较的类型学"的思维方法就为人类历史发展的多元发展规律和法则提供了一种方法论的重要依据和标准，既强调了世界上不同地区和国家的统一性和普遍性的发展道路，也强调了世界上不同地区和国家的多样性和差异性的发展道路，从而使马克思所创立的唯物史观获得了一种更为有效的解释力和诠释力。

最后，安德森的"类型学"唯物史观思想实质上蕴含着一种温和的结构主义的方法论。在这一结构主义的方法论中，本质主义、理性主义和科学主义构成了其方法论的核心特征，而历史主义、经验主义和人本主义构成了其方法论的基本特征。也就是说，两者共同构成了一种精致的结构主义的方法论范式。其中，理智的也是经验的，客观的也是主观的，意志的也是历史的，普遍的也是特殊的，一般的同时也是具体的，结构的也是历史的，科学的也是人本的。在此意义上，结构主义与意志主义、结构主义与历史主义就不再是彼此割裂的独立状态，而是相互融合的统一状态。就此而言，这一温和的结构主义的方法论就与皮亚杰（Jean Piaget）在《结构主义》一书中所提出的结构主义方法的总观点相一致。"要使人类学向历史学挑战或历史学向人类学挑战，毫无成果地把心理学和社会学对立起来，把社会学和历史学对立起来，也许都是不可能的事情。归根结底，人的'科学'的可能性将要建立在发现社会结构的功能作用的规律、演变的规律、和内部对应关系的规律的可能性上面……结构和功能，发生和历史，个别主体与社会，在这样理解的结构主义里，在这种结构主义使它的分析工具越来越精致的情况下，就都变得不可分割了。"①

综上所述,安德森采用了一种多元的方法论,经验的、理性的、历史的、结构的、总体的和比较的,并在这些方法的杂糅和交汇中形成了一种独特的"类型学"唯物史观的思维范式。其独特之处在于,他不仅从总体上全面地构建出一幅辩证图景,并在这一辩证图景中回到了历史唯物主义的经典解释路径,坚持了历史的唯物主义的解释原则和历史决定论的基本思想。然而,这一回归不是一种抽象的和思辨的回归,而是一种具体的和经验的回归,不是一种理论的和想象的回归,而是一种历史的与现实的回归。

然而,从另外一种意义上来看,安德森的"类型学"唯物史观蕴含着自身所无法解决的诸多的矛盾和问题,诸如结构主义和功能主义、唯心主义和理论主义、宏观主义和普遍主义的思想特征尤为凸显。

首先,从本质层面来看,安德森的"类型学"唯物史观思想蕴含着一种深层的结构主义和功能主义的思想和意识。"结构"一词似乎成了安德森"类型学"唯物史观思想的最核心的关键词,它是一个外面由层层果皮包裹着的果核,如果我们一层一层剥离开来,里面裸露出来的就是这一结构。他总是在结构和功能的本质层面或意义上来理解社会的种种现象,他所唯一关心的就是结构,似乎这一由理智本身所创造出来的结构显现出了一切事物和现象的共同本质。他在追溯英国现代历史时勾画出的是英国阶级结构的全面演变,在描绘英国国家文化时勾勒出的是英国

---

① [瑞士]让·皮亚杰:《结构主义》,倪连生、王琳译,109 页,北京,商务印书馆,2010。

学术文化的总体结构，在把握跨越十几个世纪的欧洲文明的发展时构想出的是生产方式或社会形态的结构转变。因此，这一结构既是一种社会的结构，也是一种历史的结构，既是一种共时的结构，也是一种历时的结构；既是一种多元复杂的总体化结构，也是一种变动不居的过程性结构，是时间维度与空间维度、历史维度与逻辑维度的统一。在此意义上，安德森的"类型学"唯物史观思想的这一结构主义是一种弱的结构主义而非强的结构主义。尽管安德森"类型学"唯物史观思想中的这一"结构"一词与阿尔都塞的结构主义的马克思主义思想中的"结构"一词相比，就具有完全不同的内涵，并被赋予了完全不同的意义，但无论如何，这一弱的结构主义的事实丝毫无损于安德森仍是一位结构主义者的根本事实，在其思想中仍带有结构主义思想的种种内在缺陷和不足。就其本质而言，与其说安德森是一位"经济决定论者"，不如说他是一位"结构决定论者"。

其次，安德森的"类型学"唯物史观思想存在着一种唯心主义的思维模式和逻辑框架。与以汤普森为代表的历史主义学派的经验主义的研究框架不同，以安德森为代表的结构主义学派采取了一种理性主义的研究方式，用理论来裁剪事实，避免了对历史和社会的碎片化和片段性的肢解，形成了对历史和社会的总体化和宏观化的科学理解，因而也不可避免带有某种唯心主义的理论构造模式。正如汤普森在《理论的贫困》一书中所严厉批判的，以阿尔都塞为代表的法国结构主义马克思主义思想体现了一种"理论的帝国主义"，"这种唯心主义不仅表现为对外在物质世界第一性的设定或否定，而且也表现为自我生成的观念的普遍性，这种观念的普遍性将自己的观念强加给物质存在和社会存在，而不是与他们进行持续而深入的对话。如果有一种当代'马克思主义'被马克思和恩格斯一眼就指斥为唯心主义的话,那么,这种'马克思主义'一定是阿尔都塞的结构主义"①。实际上,这一唯心主义的理论表现不仅体现在法国阿尔都塞的结构主义的马克思主义的思想中,同样也体现在以安德森为代表的英国结构主义的马克思主义的思想中。正如安德森自己所承认的,就他们著作中的理论系谱和理论思想来说确实存在一种唯心主义的尺度。"极为清楚的是,我们著作的整个偏见恰恰相反。更可能的是,它们尤其强调了政治和文化——换言之,它是唯心主义的,……我们著作的理论系谱完全不同于汤普森的想象。它来自一战以来西欧马克思主义的重要传统——这一传统与唯心主义的新形式和马克思主义自身发展中的辩证法处于同一时期。这些杰出的运动产生了一种马克思主义,如果按照恩格斯和考茨基的标准,它具有一种'唯心主义'的尺度"②。

最后,安德森的"类型学"唯物史观思想蕴含着一种宏观主义的历史叙事,忽视了微观主义的历史细节。这种对宏观事实和宏大叙事的强调就使安德森仅仅关注了包括国家的经济制度、政治制度、文化制度、军事制度和阶级状况在内的广义的历史,而忽视了具体的、活生生的民众活动的狭义的历史,从而,这一总体化的历史社会理论变成了一种"社会整体的历史"或"社会结构的历史"。因此,这一总体化的历史社会理论遭到诸多学者的批判。著名学者 J. 布雷维里(J. Bravelly)明确指出,

---

① [英]E. P. 汤普森:《论阿尔都塞的结构主义马克思主义》,张亮译,载《马克思主义美学研究》,2008(1)。

② Anderson P., Socialism and Pseudo-Empiricism, *New Left Review*,1966,no. 35, pp. 30-31.

这种社会史建立在所假定的社会结构的前提之下，当我们运用"社会"这一术语时，它的确切含义并非指一种独特的社会结构，而是指生活于某一特定地区的居民，或受某种政权管辖的全体国民，而且，究竟是否存在某种规定人们生活方式的独特的社会结构还有待确定，因此，这一主张整体社会史的学者往往不去分析各种具体的历史事件或历史事实，而是醉心于寻求社会结构和社会总体的历史，这种论证方式就具有非历史的、循环的，缺乏真实的意义。查尔斯·蒂利（Charles Tilly）也批评说，这种包罗万象的历史是一个令人失望的宏伟目标，因为社会关系的历史几乎包括了所有的历史研究课题，甚至可以扩展到所有的社会科学领域，因此，这种试图建立总体化的社会历史的企图实际是在自取灭亡。①

因此，就安德森的"类型学"唯物史观的思维范式而言，"类型学"是其最核心、也最独特的方法论特征。在这一"类型学"的方法论特征中蕴含着极为丰富的辩证法的理论内涵，它总是试图在结构主义与历史主义、科学主义与人道主义、理性主义与经验主义、唯物主义与唯心主义、客观主义与主观主义的辩证关系中形成有关历史的辩证法和社会的辩证法，在历史与社会的共同辩证法的康庄大道上形成了对历史唯物主义的科学论证和阐释，从而形成对于马克思主义的正确理解和认识。然而，对于安德森的这一"类型学"唯物史观的思维范式和方法论特征，我们也应该采取辩证的方法加以看待，取其精华、弃其糟粕，在批判性的

① 参见徐浩、侯建：《新当代西方史学流派》（第2版），131—132页，北京，中国人民大学出版社，2009。

基础上加以吸收和借鉴。

三、科学主义的社会主义

对于安德森而言，历史唯物主义不仅是一套有关历史的科学理论体系，而且是有关社会主义的科学理论学说。因此，对于未来社会主义议程的关注成了安德森"类型学"唯物史观的目的诉求和价值旨归。安德森以马克思所创立的"科学社会主义"为理论纲要，对于西方发达资本主义国家的社会主义未来提出了诸多积极性和建设性的策略和方案。

其实，对于未来社会主义的关注不仅是安德森研究的一个重要课题，而且也是所有英国新左派知识分子研究的一个重大课题。总体上，英国新左派知识分子坚持了马克思主义的基本立场，把唯物史观作为分析问题和阐述思想的认识论与方法论。自产生以来，在面对贫富悬殊、两极分化、危机四伏、生态恶化的资本主义现实，他们从技术批判、文化批判、政治批判和社会批判等各个层面对资本主义和现代主义给予了尖锐的批判和深刻的揭露。在此基础上，他们把马克思主义看作获得人类解放的思想基础，把社会主义看作人类摆脱现实困境和实现美好未来的根本出路。由此，他们在高度发达的资本主义基础上预设了未来社会主义制度的种种式样，构造了一个又一个美好的"理想国"，或者聚焦于公平与正义的社会，或者聚焦于人道主义的社会，或者聚焦于共同文化的社会，或者聚焦于民众领导权的社会，或者聚焦于生态文明的社会等，形成了一种独具特色的英式的社会主义思想文化体系。[①]

同样，安德森在《逆流中的文化》中也指出，对"未来社会主义命运的关注"是英国政治理论的一个显著特征。如艾伦·瑞恩(Alan Ryan)在《财产和政治理论》(*Property and Political Theory*，1984)中追溯了两种不同的所有权概念，一种源自洛克和卢梭，一种源自穆勒和马克思，并认为只有工人阶级才能确保向社会主义的过渡和转变，只有当工作变得不再艰难，财产变得不再重要，希望在这个时代才具有吸引力和合理性。约翰·邓恩(John Dunn)在《社会主义的政治学》(*Politics of Social-ism*，1984)中更广泛地关注了资本主义社会和共产主义社会中工人阶级运动和社会主义文化的历史记录，论述了走向社会主义的经济和文化动力仍内在于资本主义自身的压力之下的根本原因，批评了其理论和实践的双重失败，同时指出现存社会主义政治学的主要问题在于不是对资本主义民主制的错误理解，而是对资本主义民主制的软弱理解。戴维·赫尔德(David Held)在《民主制的模式》(*Models of Democracy*，1987)中发展了一种有关资本主义民主制的历史类型学思想，设想了一种有关社会主义的制度规划，试图把政治权力的自由与马克思有关经济权力的自由相结合，提出了一种基于个体平等基础之上的民主自治权力。[②] 可见，这些著作中所贯穿的一个核心线索是有关社会主义与自由主义、民主主义和平等主义之间关系的讨论，也就是说，他们把社会主义看作资

[①] 参见乔瑞金等：《英国的新马克思主义》，33—44 页，北京，人民出版社，2012。

[②] 参见 Anderson P.，A Culture in Contraflow-II. *New Left Review*，Vol. 1，No. 180，1990，pp. 106-107.

本主义未来发展的一个必然归宿和价值所在。

英国新左派知识分子以唯物史观为理论视域，以实现社会主义为目的诉求，从不同方法和视角对社会主义的主体建设、策略视角和实现路径等问题，进行了较为集中的探讨，形成了英国社会主义文化的一种独特景观。在此，以安德森为代表的结构主义学派形成了一种科学主义的社会主义思想，以汤普森为代表的历史主义学派形成了一种人本主义的社会主义思想，两种思想交相辉映，互为补充。如果说以安德森为代表的科学主义的社会主义思想体现出一种集体的、政治的和国际的社会主义的特征和状况，那么以汤普森为代表的人本主义的社会主义则呈现出一种民众的、道德的和民族的社会主义趋势和倾向。

首先，就社会主义的主体建设而言，英国新左派认为社会主义的代理人依旧是工人阶级。然而，由于不同的分析路径，他们产生了不同的理论结果。以汤普森为代表的历史主义学派主要集中于阶级的个体性存在，形成了一种基于个体主义的社会主义思想，而以安德森为代表的历史主义学派主要聚焦于阶级的群体性存在，形成了一种基于集体主义的社会主义思想。

在汤普森看来，马克思的社会主义思想可被称为"社会主义的人本主义"。它之所以是人本主义的，就在于它再一次把真正的男男女女，而非完全的抽象物置于社会主义理论和抱负的核心位置；它之所以是社会主义的，就在于它重新肯定了共产主义的革命视角，不仅是人类或无产阶级专政的革命潜能，而且是真正的男男女女的革命潜能。① 因此，汤普森把社会主义与人本主义相连，不仅强调了社会主义的本质内涵即共产主义的终极理想，而且凸显了人本主义的内在意蕴，肯定了社会主义的核心要素是人，而非物，强调了人的属性和功能，而非物的属性和功能。"社会主义社会将改变人的关系，对人的尊重将取代对财产的尊重，共同富裕的社会将取代贪得无厌的社会。"②

更为重要的是，社会主义主体不是一种本质化和抽象化的人，而是一个个具体的、活生生的人，其中，经验的个体、思想的个体、情感的个体、道德的个体和实践的个体构成了社会主义主体的全部内容。"在所有的时代和社会中，不存在任何典型的'人的本质'，'每一个具体的个人没有任何遗传的抽象'。当历史行进时，当人们形成自身的本质时，存在一种持续的发展的人的潜能，其中，错误的意识和歪曲的阶级社会关系否认了人的全面实现。"③"每个人都是一种道德的和理智的存在物。"④

然而，安德森对这一"社会主义的人本主义"思想给予了尖锐的批判，认为这一社会主义思想的绝对基础在于一种民粹主义，在于民众本身。"社会主义的传统目的让位于一种对'民众'的永恒的和格言式的祈祷——确切来说是民粹主义的术语。"⑤由此，汤普森放弃了对当代英国

---

① 参见 Thompson E. P. , Socialism Humanism，*The New Reasoner*，No. 1，1957，p. 109.

② Thompson E. P. , Socialism Humanism，*The New Reasoner*，No. 1，1957，p. 106.

③ Ibid. , p. 124.

④ Ibid. , p. 129.

⑤ Anderson P. , Socialism and Pseudo-Empiricism，*New Left Review*，1966，No. 35，p. 34.

社会结构的任何严肃的社会学分析，尤其是对阶级或阶级集团的具体分析，既没有对统治阶级的分析，也没有对知识分子集团的分析，只有对民众或民众个体的分析，只是简单地把民众与垄断者或寡头的概念相区分。在他看来，"社会主义者的事业是……在垄断者和民众之间分界，……我们必须在伟大的商业寡头与民众之间实施一种分裂"①。在安德森看来，这一神圣的"民众"概念实质上构成了汤普森国内政治学和国际政治学的全部基础，"新左派……支持一种新的国际主义，它不是一个阵营战胜另一个阵营，而是阵营间的消融和普通民众的胜利"②。因此，汤普森的社会主义思想的主体基础在于作为普通民众的个体作用本身，而非作为社会主体的工人阶级的集体作用本身。

相反，安德森遵循了恩格斯在《社会主义从空想到科学的发展》的经典界定，认为马克思的社会主义思想可被称为"科学的社会主义"。他依旧把历史唯物主义看作社会主义的理论前提，把工人阶级看作社会主义的主体力量，试图在对阶级与阶级、群体与群体、集团与集团的区分中形成对于工人阶级的阶级结构、地位和作用的科学理解和认识，为社会主义实践的开展提供一种集体性的力量。

在此，安德森以阶级或集团为分割区间，划分了贵族阶级、资产阶级和无产阶级等不同阶级，同时区分了党派、知识分子、女性、白领和蓝领等不同社会阶层和集团所处的经济关系和结构地位。在他看来，这一主体更多地呈现为一种历史的主体，是处于历史条件之下的主体，而

① Thompson E. P., Revolution, *New Left Review*, No. 3, p. 8.

② Thompson E. P., The New Left, *The New Reason*, No. 9, p. 7.

不是超然于历史之外的主体，只有在承认历史决定论的前提下，才能谈论主体的目的性与创造性。"即便是在严格决定论的前提下，假如我们通过主体意味着一种有意识和有目的的活动，那么这一主体的概念也可以保留。"①同时，这一主体也是处于所有制关系网络中的客观的和结构的主体，很大程度上，物质的和利益的主体决定了精神的和文化的主体。"一个人的阶级仅仅只是由其所有关系网中的客观位置所构建的……其意识、文化和政治并不进入对其阶级位置的界定中。事实上，这些排除是为了保护马克思主义理论的实质特征，即阶级立场极大地限制了意识、文化和政治。"②因此，这一社会主义主体不是一种个体化的存在形态，而是一种集体化的存在样态，不是一种独立性和分散性的存在基质，而是一种整体性和结构性的存在性质，不是一种主体化的存在形式，而是一种客观化的存在样式。这样，安德森就在历史的总体发展和社会的总体结构中确立了一种集体主义的社会主义思想。

其次，就社会主义的策略模式而言，革命社会主义的思想构成了英国新左派的共同策略。然而，以汤普森为代表的历史主义学派由于对人类主体自身作用的最终强调，从而形成了一种人本主义和道德主义的社会主义思想，产生了一种文化革命的策略模式；而以安德森为代表的结构主义学派由于对社会结构自身作用的最终诠释，从而形成了一种科学主义和理性主义的社会主义思想，产生了一种政治革命的策略模式。

实质上，汤普森的文化革命的策略模式孕育在这一人本主义和道德

---

① Anderson P. , *Arguments Within English Marxism* , London and New York：Verso, 1980, p. 19.

② Ibid. , p. 40.

主义的社会主义思想之中。首先，社会主义与人本主义相辅相成、内在统一，社会主义是人本主义的最终目的，而人本主义是社会主义的本质内容。正如他自己宣称的："考虑到这些前提，这是一种合理的立场，而且它肯定是一种人本主义的立场。但它不是一种社会主义的人本主义的立场。它来自社会学家的现实主义，并非来自诗人的现实主义，并且，社会主义的人本主义寻求联合两者。"①同时，社会主义与道德主义相互关联，或者换言之，这一人本主义的社会主义思想也是一种道德主义的社会主义思想。在他看来，马克思主义的复兴依赖于马克思主义道德遗产的复兴，实际上，这种道德遗产已潜藏于马克思自己的著作当中，只是没有被充分地表达出来。然而，在传统马克思主义，尤其是从恩格斯的晚年著作开始，就已经忽视了道德或伦理的问题。因此，为了恢复马克思主义的道德遗产，汤普森提倡一种乌托邦的思想，认为这一思想对于道德的社会主义来说是必不可少的。在他看来，威廉·莫里斯有关"人类道德本性进化的历史理解"是对马克思的道德遗产的复兴，也是对马克思的经济分析和历史分析的必要补充。更为重要的是，汤普森认为马克思主义者必须承认莫里斯的这一观点，即经济基础或生产关系不仅创造了上层建筑或道德价值，而且本身包含着一种上层建筑或道德的维度。"经济关系同时也是道德关系；生产关系同时是人与人之间的关系；是压迫与合作的关系；存在道德逻辑，就像存在从这些关系中产

---

① Thompson E. P., Socialism and the Intellectuals, *Universities & Left Review*, 1957，No. 1, p. 36.

生的经济逻辑一样，阶级斗争的历史同时也是人类道德的历史。"①

在此基础上，汤普森提出了一种文化革命的策略模式，试图通过思想的、意识的和道德的革命路径来实现社会主义。在他看来，主体的思想和意志是实现社会主义的关键因素，认为社会主义革命成功的秘诀就在于，人民的意志是否坚定，人民的思想是否一致，人民的激情是否满满，似乎人民的思想、意志和激情成为了社会主义革命成功的秘诀所在。"假如英国的工人能够鼓起勇气、下定决心，那么他们明天就能结束资本主义。"②"在某种意义上，我们正不断地处于革命局势的边缘。由于我们不敢打破与这一局势之间的惯例，政治的冷漠开始盛行。"③同样，他在谈到英国工人阶级尚未实现革命的原因时指出："由于对理论的实用和敌意，英国工人阶级没有了解和感受到自身的力量，也没有意识到革命的方向或前景，它倾向于陷入一种道德的昏睡，接受了资本主义思想的领导。"④显然，汤普森怀有某种人本主义、道德主义甚至是意志主义的种种倾向，认为社会主义的实现取决于人民的思想和意志，意愿和行动，尝试通过个体的道德或意识的改变来重塑整个社会的道德或意识状况，形成真正的社会主义实践和行为。

与此相反，安德森提出了一种政治革命的策略模式，试图通过历史的和社会的角度来观察经济、政治、文化、道德和艺术，形成了一种历

---

① [英]丹尼斯·德沃金：《文化马克思主义在战后英国》，李凤丹译，75 页，北京，人民出版社，2008。

② Thompson E. P., Socialism Humanism, *The New Reasoner*, No. 1, 1957, p141.

③ Thompson E. P., Revolution, *New Left Review*, Vol. 1, No. 3, 1960, p. 8.

④ Thompson E. P., Socialism Humanism, *The New Reasoner*, No. 1, 1957, p. 141.

史唯物论和历史决定论基础之上的有关社会主义的科学理解和认知。

本质上，安德森的政治革命的策略模式蕴含在这一科学主义和理性主义的社会主义思想之上。在有关斯大林主义现象的历史分析中，安德森认为，从某种意义上来说，斯大林主义代表了一种独裁主义和专制主义的社会主义国家的类型，因为在第二次世界大战期间，由斯大林所实施的对苏联民众的集体主义的大屠杀和大清洗运动构成了斯大林主义的典型标志。从另外一种意义上来说，斯大林主义代表了一种社会主义国家的历史类型，它构成了从成功的社会主义革命中出现的社会主义制度的雏形，中国、南斯拉夫和越南也是这一模式的变体，而古巴是个例外。自十月革命以来，俄国的社会主义革命和社会主义模式就在俄国之外的东欧、亚洲甚至美洲得到了复制和扩大，它一直试图在贫穷和落后的帝国主义和殖民主义统治的国家中通过社会主义革命或其他形式的革命建立社会主义制度，而这些社会中的暴力主义和独裁主义的因素却在相应减少。实际上，社会主义在世界上不发达地区和国家中的传播弧形构成了 20 世纪国家的一种主要历史类型。可见，安德森试图从正反两个方面提供对于斯大林主义现象的某种客观的和历史的评析。在他看来，斯大林主义之所以能够成为一种独裁和专制的社会主义国家的类型，其关键的基础在其匮乏的物质基础和历史条件，以及当时所面临的内忧外患的国内和国际形势：内部是俄国的极端贫困和落后的物质发展水平，外部是资本主义国家的全面围剿和不断包围。因此产生了这一独裁和专制的社会主义国家的统治类型，而没有走向自由和民主的社会主义国家的统治类型。

在汤普森看来，斯大林主义是一种"机械理想主义"的形式，是一种丧失了人性的社会主义的理论和实践。然而，这一人本主义和道德主义的批判遭到了安德森的严厉批判。在安德森看来，汤普森的这一批判一方面忽视了后革命时期苏联国家"物质匮乏"的前提基础和核心作用，无法形成对于苏联国家社会结构的一种充分的因果解释；另一方面，汤普森屈从于帕森斯的非理性主义，把道德与理性、历史相分离，只强调了历史主体或历史代理人的积极性和能动性，而忽视了历史客体的必然性和基础性。因此，汤普森对于斯大林主义的批判仅仅局限于一种道德的评判，而没有任何历史的基础。但实际上，道德也是一种历史的产物，道德的评判也应从理性上加以理解。在此意义上，安德森试图打破道德与历史，感性与理性，人本与科学之间的二元论的思维模式，走向对于历史现象和历史事实的科学理解与解释。

在此基础上，安德森坚持了一种列宁意义上的政治革命的策略，即旧的国家机器的摧毁和废除，新的国家机器的创立和重建。"如果没有一场暴力革命，无产阶级国家对于资产阶级国家的取代就是不可能的……阶级斗争的学说……不可避免导致了对无产阶级政治作用和无产阶级专政的认知……如果没有暴力革命，没有对统治阶级所创建的国家权力机器的摧毁，被压迫阶级的解放就是不可能的……"①同样，所谓的社会主义革命，也意味着社会主义社会的全面变革，意味着社会主义经济、政治和文化秩序的重新建立，其中，政治革命是其社会主义策略的关键和核心。正如马克思在《共产党宣言》中所表述的："无产阶级是

---

① Anderson P., Problems of Socialist Strategy, *Towards Socialism*, by Perry Anderson and Robin Blackburn (eds.), London: Collins, 1966, pp. 223-224.

现代社会的最下层，它如果不摧毁压在自己头上的、由那些组成官方社会的阶层所构成的全部上层建筑，就不能抬起头来，挺起腰来。”①

最后，就社会主义的实现路径而言，以汤普森为代表的历史主义学派坚持了“一国社会主义”的基本思想，形成了一种民族主义的社会主义路线；而以安德森为代表的结构主义学派坚持了“多国社会主义”的基本思想，形成了一种国际主义的社会主义路线。

最初，这一有关“一国社会主义”和“多国社会主义”的争论始于马克思主义经典理论作家马克思、恩格斯和列宁的思想本身。在马克思和恩格斯的共同设想中，“共产主义革命将不仅是一个国家的革命，而且将在一切文明国家里，即至少在英国、美国、法国、德国同时发生”②。也就是说，社会主义革命不仅是一个资本主义国家的革命，而是多个资本主义国家的相继革命，由此他们提出“多国社会主义”的问题。随后，列宁在《论欧洲联邦口号》和《无产阶级军事纲领》等系列文章中，指出“社会主义不能在所有国家内同时获得胜利。它将首先在一个或者几个国家内获得胜利”③，由此提出“一国社会主义”的问题，并认为社会主义革命可以在不发达的国家和地区尤其是俄国首先取得胜利。

汤普森等人倾向于“一国社会主义”的思想，倡导一种“民族的社会主义”优先原则。汤普森在《英国工人阶级的形成》《理论的贫困》和《18世纪的英国社会：没有阶级的阶级斗争》等著作和文章中，强调民族社会主义的优先性，并以英国为界标，探讨了 18 世纪末和 19 世纪早期英

---

① 《马克思恩格斯全集》第 4 卷，477 页，北京，人民出版社，1958。
② 同上书，369 页。
③ 《列宁全集》第 28 卷，88 页，北京，人民出版社，1991。

国的历史、社会、文化与政治，讴歌了英国的革命精神，赞颂了英国的文化传统，肯定了英国的人民大众，认为英国能够凭借自身的文化传统和民族精神走向社会主义的伟大胜利。

汤普森表现出一种强烈的民族主义的情怀，他公开宣称其理论资源来自本民族，"假如我还诚实的话，这就是我的识别力，远离了马克思、维科和一些欧洲小说家，我最亲密的万神庙将是地方性的茶会：英国人和盎格鲁——爱尔兰人的聚会，谈到自由意志和决定论，我首先想到的是米尔顿；谈到人的非人性，我想到了斯威夫特；探讨道德和革命，我的脑海中远离了华兹华斯的孤寂；谈到社会主义社会的自我运动和创造运动，我便立即回到了威廉·莫里斯。"[1]同时，汤普森认为，与其他民族相比，英国民族的传统文化资源具有一种优越于美国和法国等其他国家的理智传统，有利于社会主义的人本主义思想的形成，也有助于英国向社会主义的过渡和转变，而无需求助于他国文化。"首次我们的人民将感到他们有能力影响世界性的事件……每一点都表明，英国作为一个国家最适宜采取这一主动，它也许会像打扑克那样成功降低整个权力疯狂的体系。"[2]或者更具决定性的是，英国民族的传统文化资源将有利于实施这一转变，"也许由于我们的知识，这一转变的关键也扔向了英国方面，并且世界不耐烦地期待我们开启这把锁。这一社会主义人本主义界定的条件位于各个方面。我们自己的理智传统开始满足我们的要求

---

① Thompson E. P. , *The Poverty of Theory & Other Essays* , London：Merlin Press Ltd，1978，p. 109.

② Ibid. , p. 337.

……我们的环境是有利的。"①

因此，安德森指责汤普森怀有"一种奇特的弥赛亚的民族主义"，因为他所讲的"民众"是指英国本民族的民众，他所讲的文化是英国本民族的文化，他所讲的社会主义也是指英国本民族的社会主义转向。而且，这一民族主义的社会主义可能会对国际主义的社会主义思想造成某种阻碍和伤害。"这一态度对于左派所造成的毁灭是极其巨大的。它妨碍了任何真正的国际主义，它只能创建在一种密切的、熟悉的、毫无戒备的对其他国家而非自己国家的民族文化和政治的认知之上。一种纯语言的或纯修辞的'国际主义'并不能成为这一替代。事实上，它只能导致某种伤感的自我欺骗和不现实。"②

相反，安德森等人倾向于"多国社会主义"的思想，试图在国际主义的文化和政治事业中实现对于资本主义的社会主义改造，实现"奥林匹亚的普救论"。在对英国社会与法国社会的比较中，安德森不仅对英国的资产阶级革命给予了否定的判断和结论，而且对英国的工人阶级文化以及英国的马克思主义和社会主义文化也给予了否定的判断和结论，因而也被斥责为"民族虚无主义者"。然而，安德森试图通过走出英国经验主义和自由主义的文化藩篱和走向欧洲大陆的理性主义的马克思主义的文化资源，来达到国际主义的社会主义的胜利。

在对民族文化的理解中，安德森基于马克思的阶级分析理论形成了一种传统的马克思主义的理解和认知。在他看来，一个整体的民族文化

---

① Thompson E. P., Outside the Whale, *Out of Apathy*, No. 5, 1960, pp. 192-193.

② Anderson P., Socialism and Pseudo-Empiricism, *New Left Review*, Vol. 1, No. 35, 1966, p. 36.

无法逃避或超越其社会的阶级，不是居于各阶级之上的一套共同价值，而是特定社会中所有阶级的生活经验。但这种民族文化却体现出一种深层的不平等，它所反映的不是居从属地位的被统治阶级的文化，而是居主导地位的一个或多个统治阶级的文化。因为一般来说，统治阶级总是占据着不同于劳工的优越位置，他们拥有闲暇和知识，从而控制着民族文化中大多数的艺术和智慧的成就，而被统治阶级或者工人阶级只能产生一些日常生活中非正规的习俗和实践。与此同时，国家暴力集团和精英集团总会通过经济、政治、文化和意识形态的影响使那些地位较低者逐渐服从于地位较高者的文化习俗和惯例。因此，一个民族文化的特殊混合方式总取决于相关阶级斗争中各种阶级力量的特有平衡。换言之，某一民族文化是进步的还是倒退的，取决于相应的民族历史状况。"如果认为今天的民众运动必须总是优先运用它们的民族文化中从下层经验派生出来的资源，那将是错误的。这些经验中有可能沉淀着太多的失败，或者消极忍耐的记录太长，从而不能为今天情绪高昂的动员所利用"①。更为重要的是，这种狭隘的民族主义可能导致某种沙文主义或帝国主义的侵略行径。正如历史向我们表明的，19世纪末维多利亚时代的帝国主义，第二次世界大战中德国、意大利和日本的法西斯主义，第二次世界大战后苏维埃俄国的军国沙文主义以及冷战时期之后美国的新霸权主义和帝国主义，实质上在对某种民族主义的情感的认同和接受中导致了某种灾难性的结局。

　　由此，安德森走向了国际主义的社会主义道路。从历史渊源来看，

---

①　[英]佩里·安德森：《文明及其内涵（下）》，载《读书》，1997(12)。

与考茨基的"消耗策略",葛兰西的"阵地战"策略以及欧洲的社会民主主义策略的整个改良主义的历史谱系不同,安德森继承了列宁的"运动战"策略,尤其是托洛茨基的"国际主义"的革命理论遗产,认为它们是国际范围内革命马克思主义复兴的核心要素之一。在他看来,托洛茨基的思想体现了一种国际主义的社会主义的标准和模式,他拒绝了"一国社会主义"的思想,在政治实践中反对任何狭隘的爱国主义或强权沙文主义,并长期一致地实践着无产阶级的国际主义;而且,他总是在同等程度上了解自己国家以外的其他国家的文化与社会,并在国际帝国主义的理论基础上创建了对自己国家本质和未来政治策略的一种历史说明。"极合逻辑的是,这一传统最终变成了《新左派评论》政治参照的核心的和不可避免的旗帜。"①因此,安德森等人坚定地走上了托洛茨基的国际主义的社会主义道路,成为了英国年轻一代革命马克思主义的典型代表。

综上所述,英国新左派在有关社会主义主体、社会主义策略和社会主义路径等问题的具体论述中,以唯物史观为理论视域,以科学社会主义为目的诉求,回到了历史唯物主义的理论立场和科学社会主义的理想诉求。但由于思维范式的种种差异,以汤普森为代表的历史主义学派在经验主义的认知基础上更加强调具体性和特殊性,倾向于一种民众的、道德的和民族的社会主义,而以安德森为代表的结构主义学派则在理性主义的认知基础上更加强调总体性和普遍性,倾向于一种集体的、科学的和国际的社会主义。唯有两者彼此结合,相互统一,最终才能形成有

---

① Anderson P. , *Arguments Within English Marxism*, London and New York: Verso, 1980, pp. 152-153.

关社会主义的科学理解和认识。正如安德森所表达的："抛却旧的争吵，共同探讨新的问题将是有益而无害的。"①

实质上，以安德森为代表的结构主义学派与以汤普森为代表的历史主义学派都共同遵循了历史唯物主义的理论立场和辩证唯物主义的理论基质。无论是对社会主义的经验解释，还是对社会主义的理性解释，无论是对社会主义的道德理解，还是对社会主义的科学理解，无论是对社会主义的民族认识，还是对社会主义的国际认知，都试图形成有关"科学社会主义"的辩证图景，认为社会主义既是个体的，也是集体的，既是科学的，也是人道的，既是民族的，也是国际的，是个体主义与集体主义、科学主义与人道主义、民族主义与国际主义的辩证统一。

英国新左派共同坚持了历史唯物主义的人民史观的重要思想。他们强调了阶级主体的批判性和革命性，认为工人阶级仍旧是社会主义实践的根本力量和依靠力量。如果说老一代新左派的社会主义思想更重视阶级的个体属性与精神属性，那么年轻一代新左派的社会主义思想则更强调阶级的集体属性与结构属性。唯有把个体的力量与集体的力量、物质的力量与精神的力量结合起来，才能真正形成社会主义实践的主体力量，共同抵抗和战胜资本主义的阵营，形成"科学社会主义"的运动和实践。

英国新左派共同继承了革命社会主义的价值理想，坚持了理论与实践相统一的经典立场。无论是老一代新左派所倡导的文化革命之路，还

---

① Anderson P. *Arguments Within English Marxism*, London and New York: Verso, 1980, p. 207.

是年轻一代新左派所倡导的政治革命之路，都秉承了经典马克思主义的"革命社会主义"的思想主旨，试图通过革命的手段来达到对资本主义的社会主义改造。更重要的是，两代新左派在社会主义的策略模式上达成了某种程度的妥协和一致，认为对于当今世界的左派而言，任何可行的社会主义政治学都应把社会主义的科学策略与社会主义的道德策略相互结合，通过道德的唤醒把革命社会主义的理想传达给工人阶级，赢得工人阶级的认可和接受，最终激发起工人阶级的革命实践和行为，以实现共产主义的理想社会。

英国新左派在新的社会历史背景下对于社会主义的理解和认识，对于中国特色的社会主义建设实践，将提供诸多认识论和方法论的启示。无论是对社会主义主体的认知，还是对社会主义策略的理解以及对社会主义道路的争论，对于我国社会主义的人的建设、经济基础的建设、道德文化的建设、社会的全面建设以及民族与国际的建设都具有实际的参考价值和借鉴意义。

四、革命的实践论

作为英国当代杰出的马克思主义学者，安德森始终遵循着历史唯物主义的经典原理，坚守着马克思主义的理论阵地，保卫着社会主义的前沿哨所，在对经典马克思主义理论传统、西方马克思主义理论资源和英国马克思主义理论遗产三种资源的交叉综合中形成了一种独具特色的"类型学"唯物史观思想。

这一"类型学"唯物史观思想始终把历史、现实和未来密切关联在一起，历史的解释、现实的困境和未来的理想都成为了其核心而重要的主题。未来理想依托于现实困境，现实困境源自于历史状况，同时，解释历史是为了理解现实，理解现实是为了实现未来，三者相互关联、有机统一，共同构成了安德森的马克思主义和社会主义理论中的历史脉络和逻辑框架，其中所贯穿的一条主要红线就是理论与实践的统一。安德森始终期待着马克思主义理论与工人阶级运动或者马克思主义理论与社会主义实践之间的真正统一。

实践论是马克思主义思想中最核心和最重要的基本观点。马克思本人在《关于费尔巴哈的提纲》中最集中论述的也是实践的观点。他在第一条、第二条和第八条中分别写道："从前的一切旧唯物主义（包括费尔巴哈的唯物主义）的主要缺点是：对对象、现实、感性，只是从客体的或者直观的形式去理解，而不是把它们当做感性的人的活动，当做实践去理解，不使从和主体方面去理解。因此，和唯物主义相反，唯心主义却把能动的方面抽象地发展了，当然，唯心主义是不知道现实的、感性的活动本身的。""人的思维是否具有客观的真理性，这不是一个理论的问题，而是一个实践的问题。""全部社会生活在本质上都是实践的。"①可见，实践论构成了马克思思想中本体论、认识论和价值论的基本内核。同样，在"西方马克思主义"学者葛兰西的解读中，马克思的思想也被称为"实践哲学"。更为重要的是，革命的实践论构成了马克思思想的目的

① 《马克思恩格斯选集》第 1 卷，133—135 页，北京，人民出版社，2012。

诉求:"哲学家只是用不同的方式解释世界,问题在于改变世界。"①

同样,这一革命的实践论成为了英国新左派的最终目的,革命的马克思主义和社会主义思想文化也成了英国新左派的革命实践论的不可或缺的理论内核。然而,以安德森为代表的结构主义学派遵循了马克思主义的更为经典的理论工程,强调了列宁意义上的实践论,试图开创出一种"革命的政治学";而以汤普森为代表的历史主义学派则延续了西方马克思主义的理论工程,更多地强调了文化的革命策略,试图开创出一种"革命的文化学"。但无论如何,两者仅有助于形成英国"革命的理论学",而无法形成"革命的实践论"。

作为英国革命的马克思主义者,安德森坚持了理论与实践之间统一的标准,不仅试图开创出一种英国马克思主义文化的繁荣局面,而且努力创造一种马克思主义理论与工人阶级运动相结合的实践格局。但总体上,这一理论的繁荣与实践的萧条之间形成了一种鲜明的对比。

一方面,安德森强调了马克思主义理论的重要性,强调了马克思主义理论对于工人阶级解放的重要性。他遵循列宁的经典格言,认为"没有革命的理论,就不会有革命的行动"②。在对英国国家文化的全面批判中,安德森指出由于英国传统文化的经验主义性质以及它对理性的本能的不信任态度,英国没有产生出任何总体性的社会理论,尤其缺乏任何马克思主义的革命理论,既没有产生出像列宁那样的经典作家,也没有产生出像卢卡奇、科尔施和葛兰西等西方马克思主义学者。由此,他

---

① 《马克思恩格斯选集》第1卷,136页,北京,人民出版社,2012。
② 《列宁选集》第1卷,153页,北京,人民出版社,2012。

得出了对于英国马克思主义和社会主义文化的否定判断和结论，并试图借鉴"西方马克思主义"理论资源开创出一种英国理性主义的马克思主义文化。在他看来，这一理性主义的马克思主义文化实质就是一种革命的马克思主义理论，其目的在于激发起英国工人阶级的革命意识和革命行为。因为他相信，革命的理论有助于革命的文化，而革命的文化有助于革命的行动。

从某种意义上说，安德森对于这一理性主义的革命马克思主义文化的创建就是成功的。20 世纪 60 年代以来，在安德森及其《新左派评论》《新左派书局》或《左翼出版社》的努力下，安德森对欧洲大陆理性主义的马克思主义进行了全面系统的翻译和出版。这一翻译和出版事业一方面影响了安德森自己的马克思主义观，使他在法国阿尔都塞的结构主义的马克思主义影响下形成了以他为首的结构主义的马克思主义学派，并与以汤普森为首的历史主义的马克思主义学派之间进行了长期而持久的论战；另一方面，它也影响了英国整整一代左派学者对于"西方马克思主义"的理解和认识，形成了一种多元的英式马克思主义文化，出现了以汤普森为代表的历史主义的马克思主义，以安德森为代表的结构主义的马克思主义，以柯亨为代表的分析的马克思主义，以威廉斯和霍尔为代表的义化上义的马克思主义等流派。在此意义上，安德森对于欧洲大陆的"西方马克思主义"理论资源的外来引进就促进了英国马克思主义文化本身的繁荣和发展，改变了 20 世纪 60 年代之前英国马克思主义文化的衰弱和贫困的状态，使得英国马克思主义文化产生了世界性的影响，并在世界马克思主义的文化格局中占据了一席之地。

在此基础上，英国新左派就形成了一种极具本土化和地域化的英式马克思主义的思想和文化体系，开启了一种有关历史唯物主义的多元的解释范式，从历史的、社会的、文化的、地理的和生态的不同视角和层面切入，不断发展和完善了马克思本人所开创的历史唯物主义的思想体系。如以汤普森和艾瑞克·霍布斯鲍姆为代表的历史主义学派开创了一种新历史主义的思维范式，试图从英国和世界的历史序列中来寻找社会主义的主体根据，赋予民众一种真正的历史作用；以安德森为代表的结构主义学派开启了一种"类型学"的唯物史观的思维范式，试图从结构的空间层面来理解马克思主义的科学性和普遍性，尝试给出一种融经验与理性、历史与逻辑的论证；以雷蒙德·威廉斯和特里·伊格尔顿为代表的文化主义学派创立了"文化唯物主义"的研究范式，试图从文化领域来寻找社会主义的现实依据；戴维·哈维（David Harvey）则借助于历史地理学开创了一种新的历史—地理唯物主义的思维范式，试图发展出一种集时间的发展性和地理的空间性相统一的整体论思想。同时，也出现了诸如 G. A. 柯亨的分析的马克思主义、戴维·佩珀的生态学马克思主义等思维范式。①

从另外一种意义上来说，安德森对于这一理性主义的革命马克思主义文化的创建就是失败的，因为这一革命的马克思主义理论并没有真正塑造出革命的马克思主义文化，更为严重的是，这一革命的马克思主义文化没有带来革命的社会主义实践。

另一方面，安德森强调了社会主义的革命运动和工人阶级的革命实践的重要性。他采用了列宁的经典名言，认为"正确的革命理论……只

① 参见乔瑞金等：《英国的新马克思主义》，7—17 页，北京，人民出版社，2012。

有同真正群众性的和真正革命的运动的实践密切地联系起来，这些条件才能最终形成"①。在他看来，马克思主义理论只有直接和群众性的革命运动相结合，才能产生最广泛的反对资本主义的社会主义运动。但令人遗憾的是，安德森所开创的这一理性主义的马克思主义事业并没有激起英国工人阶级的相应的革命意识和行为。因此，政治上的无为成了安德森革命社会主义思想的一个显著弱点。

从英国本土的社会主义实践来看，核裁军运动(CND)是英国新左派最具标志性的社会主义运动的实践形式之一。所谓核裁军运动，是指发生于1958—1964年以英国新左派知识分子所领导的具有世界影响的反资本主义运动，其基本目标是反对核军备竞赛，主张推迟、禁止、甚至完全取消英国和其他国家的核武器、核军备和核试验，要求英国政府首先采取单方面的行动削减核武器，停止军备竞赛，从而带动美苏两国削减核武器等行为。然而，这一核裁军运动却昙花一现，最终失败。在1960年10月的工党年会上，支持英国单方面核裁军的意见赢得了大多数人的赞同，而在1961年工党的斯卡伯勒年会上，反对英国单方面核裁军的意见占据了相对优势。最终，核裁军运动就在这一民主的选举原则之下遭受重创，并以失败而告终。对于这一运动的失败，威廉斯回忆说："1961年核裁军运动的逆转是一种令人震惊的打击。"彼得·塞奇威克(Peter Sedgwick)也说道："1961年的失败标志着第一代新左派作为政治运动的终结。"②从表面来看，这是一场英国民众爱好和平、反对战

---

①　《列宁选集》第4卷，136页，北京，人民出版社，2012。

②　Blackledge P.，*Perry Anderson*，*Marxism and the New Left*，London：The Merlin Press Ltd.，2004，p. 14.

争的社会运动；从深层来看，这是一场意义重大的反资本主义的运动，也可被看作一场社会主义运动的预演。

正如英国新左派学者所认为的，这一核裁军运动的失败标志着第一代新左派的政治运动的终结。可以说，核裁军运动一方面反映了英国工人阶级和底层中产阶级借助于核武器问题而进行的一种新的反资本主义的社会运动；另一方面反映了英国新左派对战后资本主义社会的一种激进的文化批判传统。在安德森看来，这一文化批判传统源自于英国的自由主义和浪漫主义的批判运动，也是一种基于人本主义和道德主义的批判运动。尽管这一批判传统对资本主义社会的批判极具理论的智慧和卓越，但在其关键的策略问题上没有提出任何具体的方案和措施，在其现实性上也没有任何可行性和可操作性。正如核裁军运动的组织者和领导者科林斯(Collins)在自传中写道的："如果核裁军运动希望完全成功的话，需要考虑政治上的有利条件，并将自身融入到英国政治的现实中。我们的第一个目标是在工党内赢得对核裁军政策的支持。最终，50 年代左派的三种趋势——新左派、核裁军运动和工党左派都没能提供对于现状的一种切实可行的替代。"①

对于核裁军运动失败的缘由，安德森提供了一种科学主义和理性主义的分析。在他看来，英国的核裁军运动的实质是资本主义国家与社会主义国家之间的对抗和斗争。核裁军运动本身是二战后资本主义国家与社会主义国家之间冷战的具体表现，它实际体现于具体的经济、政治、

---

① Anderson P. , The Left in the Fifties, *New Left Review*, Vol. 1, No. 29, 1965, pp. 11-13.

文化、军事等各个层面，是"资本主义经济体制与社会主义经济体制之间的斗争，资本主义议会制与社会主义独裁制之间的冲突，帝国主义体制与天然的国家体制之间的竞争，技术平等的军事体制与互相自杀的军事体制之间的对抗"①。然而，第一代英国新左派所领导的核裁军运动仅仅集中于军事层面，它在客观上把对整个英国资本主义社会的挑战变成了一种道德主义的运动，并受到了国家主义的严厉批判。从道义上来讲，这一核裁军运动无论对于新左派还是其他党派、组织或民众而言都是极具吸引力的；但从现实来讲，这一核裁军运动就无法被英国的执政党和多数英国民众所接受。因为与美苏两国相比，英国的核武器规模要小得多，作为一种保护、防卫和威慑的手段而言，这一核力量的存在对于维护国家的主权和尊严以及独立的外交政策来说是必要的。此外，核裁军运动作为一种民众运动，只是通过民众的社会舆论来影响政府，而不是通过法律或强制手段来动员和组织社会资源。同时，这一运动的领导者由于不愿意或害怕动员民众力量而没有真正动员民众的潜在力量，因为民众运动必须保持参与者持续不断的热情，否则激情过后便会烟消云散。因此，核裁军运动的失败不仅意味着英国第一代新左派运动的终结，同时也意味着英国第一代新左派的文化理论策略的失败。

因此，在第一代新左派运动终结的情况下，以安德森为代表的第二代英国新左派走向了一种科学主义和理性主义的社会主义思想路线。与人本主义或道德主义的社会主义思想不同，它不是通过道德的或人性的

---

① Anderson P. , The Left in the Fifties, *New Left Review*, Vol. 1，No. 29，1965，p. 12.

理由来批判和谴责资本主义，试图通过一种改良的文化革命策略来实现社会主义，而是试图通过对当代资本主义社会本质特征的科学分析和理性认识，试图通过一种激进的政治革命策略来实现社会主义。即使如此，这一科学主义和理性主义的社会主义思想依然没有实现马克思主义理论与工人阶级实践之间的密切结合，两者之间仍旧同样存在着严重的分裂。因此，以安德森为代表的第二代英国新左派的革命社会主义的政治策略模式对于马克思主义思想向社会主义实践的转变而言依然是微乎其微的。实际上，这一理论的批判从未走向实践的批判，这一理论的政治学也从未走向实践的政治学。

从更广泛的世界范围内的社会主义实践来看，20 世纪 60 年代末 70 年代初以法国"五月风暴"为首的世界资本主义国家兴起的形形色色的新社会运动，构成了对资本主义社会的最为严峻的挑战和威胁。正如安德森自己所认为的："1968 年法国五月暴动标志着这方面的一个深刻的历史转折点。近五十年来第一次在发达的资本主义制度下——在和平时期，在帝国主义繁荣和资产阶级民主的条件下——发生一场大规模的革命高潮。"①这一新的社会运动尽管存在着多元的革命主体、不同的革命目标和多样的革命形式，但作为革命社会主义运动的必要补充和潜在力量，将成为反抗资本主义的同盟军。在此基础上，安德森以法国"五月风暴"为契机做出了乐观预判，认为马克思主义理论与工人阶级实践之间的结合将会到来。"在马克思主义理论和群众实践之间，以工人阶级

---

① ［英］佩里·安德森：《西方马克思主义探讨》，高铦等译，121 页，北京，人民出版社，1981。

的实际斗争为导线，重新开辟一条革命线路的机会已大大增加。理论和实践的这样一种重新结合的结果，将改造马克思主义本身——重新创造出曾在当年产生历史唯物主义奠基人的那些条件来。"①然而，美好的预言并没有实现，安德森所设想的马克思主义理论与社会主义实践之间的结合并没有到来，资本主义依旧是资本主义，社会主义依旧在理论的道路上缓慢前行。

如果对这一社会主义运动失败的深层原因进行探讨的话，这一失败也是安德森的革命社会主义策略本身的失败。首先和最重要的一点是，安德森没有把经典马克思主义政治科学有关创建党派的思想整合到其革命社会主义的策略中，他不是把党派看作加强政治教育和动员民众的唯一途径，而是把独立的知识分子看作加强思想教育和动员的一种重要手段，认为只有独立的知识分子才能灌输给工人阶级有关社会主义的知识和信念，使他们走上真正革命的社会主义的道路。因此，他既没有提出任何构建党派或组织的思想，也没有参与任何民众的实践运动，这使革命马克思主义和革命社会主义的思想失去了与工人阶级运动结合的任何机会。如果进一步追溯的话，这一政治上的无为不仅是安德森自己的策略视角所导致的一个必然结果，而且也是英国新左派自身所处的历史与社会环境所决定的一个必然后果。更广泛来说，这是整个世界发达资本主义社会中新左派所面临的一个无法解决的现实困境。

因此，这一失败也是英国新左派乃至发达资本主义世界整个新左派

---

① ［英］佩里·安德森：《西方马克思主义探讨》，高铦等译，122 页，北京，人民出版社，1981。

所固有的一个理论弱点和内在缺陷。正如林春所认为的,英国新左派只是强调了文化的政治批判和社会批判功能,既没有与现实的政治立场和政治运动密切结合,也没有阐明任何未来的社会主义运动的长期计划,这就是一直以来未能解决的真正问题所在。"一种激进的思想和理论分析如何直接作用于政治?或者换言之,一种活跃的但孤立的智性力量能够在社会变革中发挥决定性的作用?它部分也是这样一个问题,由于激进的理论学者在政治中是完全边缘化的,因此,如何把理论转变为具体的政治讨论?(事实上,它也是社会主义运动所需要的理论如何产生的问题)它部分是这样一个问题,这些文化层面的斗争如何影响到现实运动的代理人和潜在的代理人?"①实际上,这些问题远远没有得到有效解决或弥补,它依旧是一个有关社会主义经济、政治和文化与资本主义经济、制度和文化进行斗争的全部问题,也是一个有关马克思主义理论与工人阶级实践或社会主义理论与社会主义相统一的重大问题。

对于安德森的这一革命社会主义策略,保罗·布莱克里奇作出了一种辩证的评价:"假如安德森的视角是正确的,那么一个社会主义者所采取的唯一重要立场将是坚决反对资本主义。然而,假如安德森的视角是错误的,那么诸如 1995 年的法国罢工,1999 年西雅图的反资本主义示威游行,2002 年阿根廷的革命动乱等就反映出工人和其他民众联合反对资本主义的潜能,并通过这些斗争发展出种种的意识和组织,必然开启大众的国际反新自由主义转向社会主义斗争的过程。那么,社会主

---

① Lin Chun, *The British New Left*, Edinburgh: Edinburgh University Press, 1993, p. xv.

义者必须使他们参与到这一运动中，并使其转向社会主义的方向。实际上，一旦我们拒绝斯大林主义和社会主义之间的任何等式，无论如何批判，我们也许会看到，历史在当前形势下发生转变的参数要比安德森的评价所允许的更为广泛。"①

在今天的资本主义世界，这一富有希望的乐观评价在某种程度上通过大众运动而得到证实。尤其是 2011 年 9 月 17 日由美国民众所发起的"占领华尔街"抗议运动，从美国逐步扩散至世界各主要资本主义国家，演变为一场席卷全球的广泛社会运动。这是美国自 20 世纪 70 年代以来规模最大、范围最广的一次抗议活动。正如美国著名左翼学者理查德·沃尔夫（Chad Wolf）所指出的："美国和欧洲的经济动荡不应被理解为金融危机或债务危机，而应被理解为资本主义的制度危机。将当前的危机描述成金融危机或华尔街危机是种带有意识形态色彩的做法。我称之为资本主义危机，因为这是整个制度的危机……"②因此，这一由美国民众所开启的全球社会运动的革命浪潮此起彼伏，它们构成了对资本主义制度和新自由主义意识形态的巨大挑战，对于当今资本主义国家民众的政治觉醒起到了一定的积极意义。无论这一社会运动的浪潮是否转向社会主义运动，但它给世界带来的变革信号是耀眼而夺目的。

与此同时，自 2004 年发起的"全球左翼论坛"（Global Left Forum）

---

①　Blackledge P. ，*Perry Anderson*，*Marxism and the New Left*，London：The Merlin Press Ltd. ，2004，p. 171.

②　[美]理查德·沃尔夫：《欧美资本主义制度陷入全面危机》，载《参考消息》，第 4 版，2012 年 3 月 17 日；转引自张新宁：《2013 年度纽约"全球左翼论坛"》，载《国外社会科学》2013(6)。

创始于 20 世纪 60 年代初诞生的"社会主义学者大会",每年吸引来自全球的大约近千名社会主义学者、社会活动家、政府官员、政党成员、普通民众和学生参加,其中也包括各类左翼组织、左翼政党、左翼刊物和左翼出版机构,形成了一个具有世界影响的国际性论坛。在以"创建一个更美好的替代世界"为主题的"2008 年全球左翼论坛"上,与会专家和学者重新发现了马克思主义的当代价值,当马克思和恩格斯在 1848 年慷慨激昂地喊出"全世界无产者联合起来!"的口号时,有学者在本次论坛上再次喊出了这一口号;当 20 世纪 80 年代末 90 年代初苏联解体时,有学者宣称"列宁再见!"的口号,而现在却又重新发现了列宁的重要意义。在会议论坛上,圣母大学马克思主义经济学家鲁修主持了题为"反思近 20 年来马克思主义的发展"论坛,讨论了有关阶级理论、阶级政治以及当代资本主义,诠释了马克思主义理论与全球性斗争的未来。①

同样,另一个具有世界影响的左翼论坛"世界社会论坛"(World Social Forum)也于 2001 年伊始召开,一种富有希望的主题"另一个世界是可能的"(Another World is Possible)成为贯穿论坛的主基调。论坛的目的旨在提供一个开放的场所让全球的公民社会组织集会、讨论、分享和交流,并相互成长和学习如何对抗全球化、新自由主义以及资本主义世界,同时努力寻找从人性出发,尊重多元文化和民主人权为基础的另一个世界。②

---

① 参见马丽雅、樊慧慧等:《创建一个更美好的替代世界——2008 年全球左翼论坛综述》,载《当代世界与社会主义》,2008(3)。

② 参见程恩富、丁晓钦:《2006 年纽约"全球左翼论坛"综述》,载《马克思主义研究》,2006(6)。

无论是世界范围内反资本主义运动的多元进展，还是社会主义左翼论坛的不断开展，都是我们在当今资本主义世界所能够看到的马克思主义和社会主义的曙光。尽管这一曙光是微弱的，但也是亟须的。正如毛泽东所说的，"星星之火，可以燎原"。因此，无论安德森的这一革命社会主义的策略能否实现，对于马克思主义和社会主义的信念仍是安德森"类型学"唯物史观思想的一个绝对视域。或许这一信念在宽广的地球上是微不足道的，但他毫不妥协的批判声音至少给我们带来了些许希望。我想，对安德森的最忠实评价就是："当今西方世界，向右的潮流浩浩荡荡，有人选择向左，等于选择向胜利者发出不和谐音。事实上，越是对时代敏感的人，在和时代相处时越趋于选择两端；或者顺流而下，或者逆流而上。"①安德森就是这样一位英国当代的革命马克思主义的知识分子，在向右的资本主义潮流中毫不犹豫地选择向左的社会主义前行。

---

① 甘琦：《向右的时代向左的人——记佩里·安德森》，载《读书》，2005(6)。

结　语

　　作为英国革命马克思主义的典型代表，安德森始终以马克思所开创的历史唯物主义为理论框架和基本原则，以"类型学"为核心的思维范式，并在此基础上形成了一种独具特色的"类型学"唯物史观思想。这一"类型学"唯物史观思想是一种极具英国经验主义特色的马克思主义哲学思想，也是一种兼具欧陆理性主义色彩的马克思主义哲学思想。总体上，这一"类型学"唯物史观思想继承和发展了历史唯物主义的基本思想和观点，丰富了马克思主义哲学的基本内涵，完善了马克思主义哲学的解释范式，不仅有利于马克思主义哲学的科学理解和认识，而且也有助于马克思主义哲学的不断创新和发展。

　　在这一"类型学"唯物史观思想中，历史唯物主义、辩证唯物主义和实践唯物主义相辅相成、有机统一，凸显了马克思主义哲学的唯物论、辩证法和实践论的基本内涵和特征，形成了本体论、方法论、认识论和价值论彼此支撑、相互联系的内在结构。其中，唯物论构成了"类型学"唯物史观思想的本体论基质，辩证法构成了"类型学"唯物史观的方法论维度，唯理论构成了"类型学"唯物史观的认识论维度，实践论构成了"类型学"唯物史观的价值论取向。

就本体论维度而言，安德森始终遵循着马克思所开创的历史唯物主义的经典理论。从理论渊源来看，经典马克思主义的理论遗产、欧洲大陆"西方马克思主义"的理论遗产和英国马克思主义的理论遗产共同构成了安德森"类型学"唯物史观思想的有机组成部分。其中，经典马克思主义为其提供了历史唯物主义的理论框架和概念基石；欧洲大陆的"西方马克思主义"为其提供了一种理性主义和结构主义的思想基质；英国本土马克思主义为其提供了一种经验主义和历史主义的思想要素，由此，安德森形成了一种独特的"类型学"唯物史观思想。从本质层面来看，这一"类型学"唯物史观思想实质是一种结构主义的马克思主义的理论体系。但与法国阿尔都塞的结构主义的马克思主义思想不同，它不是一种极端的结构主义的马克思主义思想，而是一种温和的结构主义的马克思主义思想，它不是理论上的反历史主义、反人道主义和反经验主义，而是力图在结构主义与历史主义、科学主义与人道主义、理性主义与经验主义之间形成某种协调和架构。在此基础上，安德森形成了对于历史本体论、历史动力学和历史进化论的科学理解和解释，并在对这一科学的理解和解释中回到了历史唯物主义的经典解释路径，坚持了历史唯物论的解释原则、历史决定论的基本思想以及历史多元进化的规律和法则。

就方法论维度而言，历史与社会构成了安德森"类型学"唯物史观的两大尺度。首先，历史是"类型学"唯物史观的首要尺度。在对历史的研究中，安德森总体上采用了一种理性主义而非经验主义的研究路径和方法，强调了历史概念和历史理论的重要性，聚焦于历史规律和历史法则的理论阐释。其次，社会是"类型学"唯物史观的深层尺度。在对社会的研究中，安德森采取了一种"总体性"的研究路径和方法，试图探寻出社会的深层结构。实质上，这一总体性是一种结构化的总体性，既强调了总体的结构性和整体性存在，也强调了部分的多元化和复杂化的存在，由此形成了一种复杂的结构化的统一体。在这一双重维度之上，"类型学"唯物史观形成了一种总体化的历史社会理论，某种程度上促进了历史学与社会学之间的有益交流。重要的是，这一"类型学"唯物史观思想呈现出一种多元的经验的、理性的、历史的、结构的、总体的、比较的方法论特征，并在这些方法的杂糅和交汇中形成了一种独特的"类型学"的思维范式。从某种意义上来说，这一"类型学"的思维范式展现了丰富的辩证法的理论内涵，试图在唯物主义与唯心主义、客观主义与主观主义的辩证关系中形成历史的辩证法和社会的辩证法，并在这一共同辩证法的康庄大道上形成对于历史唯物主义的科学论证和阐释；从另一种意义上来说，这一"类型学"的思维范式蕴含了结构主义、功能主义、唯心主义和宏观主义等内在缺陷和倾向。对此，我们应该采取辩证的方法加以看待，取其精华、弃其糟粕，在扬弃的基础上加以吸收和借鉴。

就认识论维度而言，安德森遵循着一种科学主义和理性主义的马克思主义。与人本主义或道德主义的马克思主义不同，它不是从道德或欲求的角度对资本主义进行的道义批判，而是从历史和社会的角度对资本主义进行的科学批判，使民众确信社会主义是可欲求的更加美好的社会，它将比资本主义更加自由、民主和平等。在此基础上，安德森形成了一种"科学的社会主义"思想，并认为它是一种最科学、最理性的社会主义，也是最深刻、最彻底的社会主义思想。与此同时，他认为这一科学的社会主义思想中应加入某种人本主义或道德主义的社会主义因素。因为从现实来看，任何一种可行的社会主义思想都需要一种道德的想象，一种道德的现实主义，以使这一革命的社会主义思想获得工人阶级的真正接受和认同，由此，这一科学主义和理性主义的社会主义思想便可从人本主义或道德主义的社会主义思想中获得现实的力量和基础，从而有助于社会主义思想的现实转变。在此基础上，安德森走向了一种革命社会主义的道路。这是一种更为崇高的理想和目标，它不仅期待着英国工人阶级自身的解放，而且期待着全世界工人阶级的解放；不仅期待着英国本民族的解放，而且期待着全世界所有民族的解放；不仅期待着民众个体的解放，而且期待着人类全体的解放。

就价值论维度而言，社会主义是安德森"类型学"唯物史观的目的诉求和价值旨归。安德森依旧遵循着"科学社会主义"的基本理论和原则，认为社会主义的主体依旧是工人阶级，社会主义的策略依旧是革命主义，试图开创出一种"革命的政治学"，始终期待着知识与行动、理论与实践之间的密切结合，期待着马克思主义理论与工人阶级实践之间的完美统一。因此，安德森革命诉求的真正落脚点是一个理想的王国，一种科学的社会主义。他试图通过对当代资本主义的科学批判和革命实践，从"必然王国"走向"自由王国"，实现马克思所设想的人的真正自由而全面的发展。在此意义上，这一"科学的社会主义"就与真正的自由主义、民主主义和平等主义等人类的共同价值有机统一起来。它不是建立在私有财产、资本主义国家和资产阶级文化的基础之上,而是建立在财产的共同所有,国家的共同管理和文化的共同创造之上的。因而,这一社会主义的自由、民主和平等就不是狭隘的资产阶级意义上的自由、民主和平等,而是更广泛的民众意义上的自由、民主和平等;不是形式化和抽象化的自由、民主和平等,而是具体的和活生生的自由、民主和平等。在这一社会主义的价值背后,既蕴含了科学主义的认知维度,也蕴含了人本主义的价值尺度,是科学主义和人本主义的真正统一的社会主义的理想社会形态。

总体而言,安德森的这一"类型学"唯物史观始终坚守着马克思主义和社会主义这一最终的底线,并试图实现对资本主义的社会主义改造。作为英国革命马克思主义和革命社会主义的经典的守门人,他试图实现马克思主义理论与工人阶级实践之间的真正结合。然而,这一革命的马克思主义与革命的社会主义实践之间始终存在着难以弥补的鸿沟,革命的理论并未带来革命的行动。因而,这一国际主义的革命社会主义的事业只停留于"理论实践"的范畴,从未从理论的斗争走向实践的斗争,从革命的乌托邦变成一种真正的社会现实。

附　录　|　安德森学术成果年表

1961

Sweden: Mr. Crosland's Dreamland (Part 1). *New Left Review*, Vol. 1, No. 7.

Sweden: Mr. Crosland's Dreamland (Part 2). *New Left Review*, Vol. 1, No. 9.

The Politics of the Common Market. *New Left Review*, Vol. 1, No. 10.

1962

Portugal and the End of Ultra-Colonialism I. *New Left Review*, Vol. 1, No. 15.

Portugal and the End of Ultra-Colonialism II. *New Left Review*, Vol. 1, No. 16.

Portugal and the End of Ultra-Colonialism III. *New Left Review*,

Vol. 1，No. 17.

The Debate of the Central Committee of the Italian Communist Party on the 22nd Congress of the CPSU. *New Left Review*，Vol. 12，No. 13-14.

1964

The Origins of the Present Crisis. *New Left Review*，Vol. 1，No. 23.

Critique of Wilsonism. *New Left Review*，Vol. 1，No. 27.

1965

Towards Socialism. with Robin Blackburn（eds. ），London：Collins.

The Left in the Fifties. *New Left Review*，Vol. 1，No. 29.

1966

Socialism and Pseudo-Empiricism. *New Left Review*，Vol. 1，No. 35.

1968

Components of the National Culture. *New Left Review*，Vol. 1，No. 50.

1974

Passages from Antiquity to Feudalism. London：New left Books.

Lineages of the Absolute State. London：New left Books.

1976

Considerations on Western Marxism. London：New left Books.

The Antinomies of Antonio Gramsci. *New Left Review*，Vol. 1，No. 100.

1980

Arguments within English Marxism. London；Verso.

1983

In the Tracks of Historical Materialism. London: Verso.

Trotsky's Interpretation of Stalinism. *New Left Review*, Vol. 1,
No. 139.

Class Struggle in the Ancient World. *History Workshop*,
Vol. 1, No. 16.

1984

Modernity and Revolution. *New Left Review*, Vol. 1, No. 144.

1986

Social Democracy Today. *Against the Current*, Vol. 1, No. 6.

1987

The Figures of Descent. *New Left Review*, Vol. 1, No. 161.

Contraband. *The Nation*, June 20.

1988

The Affinities of Norberto Bobbio. *New Left Review*,
Vol. 1, No. 170.

1989

Roberto Unger and the Politics of Empowerment. *New Left Review*,
Vol. 1, No. 173.

Societies. *London Review of Books*, Vol. 11, No. 13.

The Common and the Particular. *International Labour and Working-Class History*, No. 36.

1990

A Culture in Contraflow-I. *New Left Review*，Vol. 1，No. 180.

A Culture in Contraflow-II. *New Left Review*，Vol. 1，No. 182.

Witchcraft. *London Review of Books*，Vol. 12，No. 21.

England's Isaiah. *London Review of Books*，Vol. 12，No. 24.

1991

The Prussia of the East. *Boundary 2*，Vol. 18，No. 3.

Nation-States and National Identity. *London Review of Books*，Vol. 13，No. 9.

1992

English Questions. London and New York：Verso.

A Zone of Engagement. London and New York：Verso.

The Intransigent Right at the End of Century，*London Review of Books*，Vol. 14，No. 18.

1993

Diary. *London Review of Books*，Vol. 15，No. 20.

Maurice Thomson's War. *London Review of Books*，Vol. 15，No. 21.

1994

Mapping the West European Left. with Patrick Camiller（eds.），London and New York：Verso.

The Dark Side of Brazilian Conviviality. *London Review of Books*，Vol. 16，No. 22.

1996

Under the Sign of the Interim. *London Review of Books*, Vol. 18, No. 1.

The Europe to Come. *London Review of Books*, Vol. 18, No. 2.

Diary. *London Review of Books*, Vol. 18, No. 20.

1997

The Question of Europe. with Peter Gowan (eds.), London and New York: Verso.

1998

The Origins of Postmodernity. London and New York: Verso.

A Sense of the Left. *New Left Review*, Vol. 1, No. 231.

A Reply to Norberto Bobbio. *New Left Review*, Vol. 1, No. 231.

A Belated Encounter. *London Review of Books*, Vol. 20.

1999

The German Question. London Review of Books, Vol. 21, No. 1.

A Ripple of the Polonaise. *London Review of Books*, Vol. 21, No. 23.

2000

Renewals. *New Left Review*, Vol. 2, No. 1.

2001

US. Eletion: Testing Formula Two. *New Left Review*, Vol. 2, No. 8.

Scurrying Towards Bethlehem. *New Left Review*, Vol. 2, No. 10.

On Sebastiano Timpanaro. *London Review of Books*, Vol. 23, No. 9.

2002

Internationalism: A Breviary. *New Left Review*, Vol. 2, No. 14.

Force and Consent. *New Left Review*, Vol. 2, No. 17.

Land Without Prejudice. *London Review of Books*, Vol. 24, No. 6.

The Age of EJH. *London Review of Books*, Vol. 24, No. 19.

Confronting Defeat: Eric Hobsbawm's Tetralogy. *London Review of Books*, Vol. 24, No. 20.

The Cardoso Legacy. *London Review of Books*, Vol. 24, No. 24.

2003

Casuistries of Peace and War. *London Review of Books*, Vol. 25, No. 5.

2004

The River of Time. *New Left Review*, Vol. 2, No. 26.

Stand-off in Taiwan. *London Review of Books*, Vol. 26, No. 11.

Degringolade. *London Review of Books*, Vol. 26, No. 17.

Union Sucree. *London Review of Books*, Vol. 26, No. 18.

2005

Spectrum: From Right to Left in the World of Ideas. London and New York: Verso.

Arms and Rights. *New Left Review*, Vol. 2, No. 31.

2006

Conversations with Jean-Paul Sartre. with Ronald Fraser (eds.),

London and New York: Seagull Books.

The World Made Flesh. *New Left Review*, Vol. 2, No. 39.

Inside Man. *The Nation*, April 24.

2007

Jottings on the Conjuncture. *New Left Review*, Vol. 2, No. 48.

Russia's Managed Democracy. *London Review of Books*, Vol. 29, No. 2.

Our Man. . *London Review of Books*, Vol. 29, No. 9, May 10.

Depicting Europe. *London Review of Books*, Vol. 29, No. 18.

Made in USA. *The Nation*, April 2.

2008

The Divisions of Cyprus. *London Review of Books*, Vol. 30, No. 8.

Kemalism. *London Review of Books*, Vol. 30, No. 17.

After Kemal. *London Review of Books*, Vol. 30, No. 18.

2009

The New Old World. London and New York: Verso.

A New German? *New Left Review*, Vol. 2, No. 57.

An Entire Order Converted Into What it Was Intended to End. *London Review of Books*, Vol. 31 No. 4.

2010

Two Revolutions. *New Left Review*, Vol. 2, No. 61.

Sinomania. *London Review of Books*, Vol. 32, No. 2

2011

Lula's Brazil. *London Review of Books*, Vol. 33, No. 7.

From Progress to Catastrophe. *London Review of Books*, Vol. 33, No. 15.

On the Concatenation in the Arab World. *New Left Review*, Vol. 2, No. 68.

The Mythologian. *New Left Review*, Vol. 2, No. 71.

Lucio Magri. *New Left Review*, Vol. 2, No. 72.

2012

Sino-Americana. London Review of Books, Vol. 34, No. 3.

After the Event. *New Left Review*, Vol. 2, No. 73.

Ronald Fraser, 1930-2012. *New Left Review*, Vol. 2, No. 75.

2013

Homeland. *New Left Review*, Vol. 2, No. 81.

Consilium. *New Left Review*, Vol. 2, No. 83.

Imperium. *New Left Review*, Vol. 2, No. 83.

2014

Counterpuncher. *New Left Review*, Vol. 2, No. 85.

2015

Incommensurate Russia. *New Left Review*, Vol. 2, No. 94.

The House of Zion. *New Left Review*, Vol. 2, No. 96.

2016

The Heirs of Gramsci. *New Left Review*, Vol. 2, No. 100.

2017

The Peripeteia of Hegemony，London and New York：Verso.

Passing the Baton. *New Left Review*，Vol. 2，No. 103.

The Centre Can Hold. *New Left Review*，Vol. 2，No. 105.

2018

An Afternoon with Althusser. *New Left Review*，Vol. 2，No. 113.

The Missing Text. *New Left Review*，Vol. 2，No. 114.

2019

Situationism *à* L'envers? *New Left Review*，Vol. 2，No. 119.

参考文献

安德森的中文译著及相关论文：

1. 〔英〕佩里·安德森. 西方马克思主义探讨. 高铦等译. 北京：人民出版社. 1981

2. 〔英〕佩里·安德森. 当代西方马克思主义. 余文烈译. 北京：东方出版社. 1989

3. 〔英〕佩里·安德森. 从古代到封建主义的过渡. 郭方、刘健译. 上海：上海人民出版社. 2001

4. 〔英〕佩里·安德森. 绝对主义国家的系谱. 刘北成、龚晓庄译. 上海：上海人民出版社. 2001

5. 〔英〕佩里·安德森. 交锋地带. 郭英剑、郝素玲等译. 北京：中国社会科学出版社. 2008

6. 〔英〕佩里·安德森. 后现代性的起源. 紫辰、合章译. 北京：中国社会科学出版社. 2008

7. 〔英〕佩里·安德森. 思想的谱系：西方思潮左与右. 袁银传、曹荣湘等译. 北京：社会科学文献出版社. 2010

8. ［英］佩里·安德森. 文明及其内涵(上). 读书. 1997 年第 11 期

9. ［英］佩里·安德森. 文明及其内涵(下). 读书. 1997 年第 12 期

10. ［英］佩里·安德森. 后现代的由来. 张子清译. 当代外国文学, 1999 年第 1 期

11. ［英］佩里·安德森. 新自由主义的历史和教训———一种独特道路的确立. 费新录译. 当代世界与社会主义. 2001 年第 3 期

12. ［英］佩里·安德森. 三种新的全球化国际关系理论. 读书. 2002 年第 10 期

13. ［英］佩里·安德森. 褐色蝶蛹内的艳丽蝴蝶———评《赫鲁晓夫：其人及其时代》. 容平译. 国外社会科学文摘. 2003 年第 7 期

14. ［英］佩里·安德森. 内部人. 读书. 2006 年第 8 期

15. ［英］佩里·安德森. 尤根·哈贝马斯：规范事实. 袁银传、李孟一译. 马克思主义哲学研究. 2009 年第 00 期

16. 胡战利编写. 佩里·安德森的历史悲观主义. 国外理论动态. 2001 年第 7 期

17. 邓广编写. 《新左派评论》的更新. 国外理论动态. 2001 年第 7 期

18. 胡鸣剑写. 《新左派评论》的自杀. 国外理论动态. 2001 年第 7 期

19. 龙宏甫. 评安德森历史社会学的理论与方法. 安庆师范学院学报(社会科学版). 2001 年第 1 期

20. 黄力之. 佩里·安德森的西方马克思主义观点与马克思主义的发展. 上海党史与党建. 2002 年第 1 期

21. 吴冠军. "左翼"："界线"问题与"场域"分析———安德森"犯规"事件再思考. 开放时代. 2003 年第 1 期

22. 张亮. 从激进的乐观主义到现实主义——佩里·安德森与《新左派评论》杂志的理论退却. 马克思主义研究. 2003 年第 2 期

23. 段忠桥. 对安德森"扩大"西方马克思主义概念的说法的质疑. 马克思主义研究. 2004 年第 2 期

24. 甘琦. 向右的时代向左的人——记佩里·安德森. 读书. 2005 年第 6 期

25. 王晋新. 评佩里·安德森的封建主义社会形态研究. 东北师范大学学报(哲学社会科学版). 2005 年第 3 期

26. 姜芃. 霍布斯鲍姆和佩里·安德森对唯物史观的理解. 史学理论研究, 2006 年第 3 期

27. 郭方. 评佩里·安德森的《从古代到封建主义的过渡》. 史学理论研究, 2006 年第 3 期

28. 谢济光. 佩里·安德森的后现代主义追溯. 广西社会科学. 2006 年第 7 期

29. 王金强. 继承与超越：评佩里·安德森的工人阶级观. 北京科技大学学报(社会科学版). 2007 年第 2 期

30. 施雨华、杨子. 我们的支持和反对——对话安德森. 高任华译. 南方人物周刊. 2007 年第 3 期

31. 鲁绍臣. 佩里·安德森对历史主义和结构主义的扬弃及其启示. 当代国外马克思主义评论. 2007 年第 5 期

32. 鲁绍臣. 反思与重构——佩里·安德森的历史唯物主义"图绘". 北京科技大学学报(社会科学版). 2007 年第 2 期

33. 鲁绍臣. 佩里·安德森：传统反思与理论重构. 当代国外马克思主

义评论. 2008 年第 6 期

34. 鲁绍臣. 佩里·安德森的历史唯物主义"图绘". 兰州学刊. 2008 年
第 3 期

35. 鲁绍臣. 反思与重构——佩里·安德森的历史唯物主义"图绘". 复
旦大学博士学位论文. 2008 年 7 月

36. 张文涛. 析 E. P. 汤普森与佩里·安德森之间的争论. 山东社会
科学. 2008 年第 11 期

37. 王雨辰. 佩里·安德森的西方马克思主义观述评. 长江论坛. 2008
年第 1 期

38. 张勇. 佩里·安德森论当代世界形势(上). 国外理论动态. 2009 年
第 4 期

39. 张勇. 佩里·安德森论当代世界形势(下). 国外理论动态. 2009 年
第 5 期

40. 杨生平. 后现代主义:晚期资本主义的文化主导——佩里·安德森
《后现代性的起源》. 马克思主义研究. 2009 年第 9 期

41. 蒋素琼. 佩里·安德森的务实性乐观主义. 名作欣赏. 2009 年第
21 期

42. 王琛. 艰难时世:危机中生存的世界与中国——佩里·安德森访问
记. 现代中文学刊. 2010 年第 1 期

43. 乔瑞金、李瑞艳. 英国新马克思主义的哲学探索. 现代哲学. 2007
年第 5 期

44. 乔瑞金、李瑞艳. 试论安德森的"类型学"唯物史观思想及其意义.
哲学研究. 2011 年第 7 期

45. 乔瑞金、李瑞艳. 对安德森"类型学"权力思想的几点思考. 中国人民大学学报. 2012 年第 6 期

46. 李瑞艳. 基于民族性的社会主义诉求——安德森从英国民族性特征对发达国家走向社会主义的哲学思考. 当代国外马克思主义评论. 2012 年第 10 期

47. 李瑞艳. 英国新左派的社会主义思想走向. 哲学动态. 2017 年第 11 期

48. 李瑞艳. 英国新左派对马克思实践哲学的总体释义. 科学技术哲学研究. 2017 年第 5 期

49. 李瑞艳、乔瑞金. 为什么英国新左翼对右翼政治哲学不屑一顾？国外理论动态. 2017 年第 9 期

50. 李瑞艳、乔瑞金. 安德森"类型学"唯物史观思维范式探析. 山西大学学报. 2013 年第 3 期

51. 李瑞艳. 英国新左派对阶级主体问题的再思考. 山西大学学报. 2015 年第 6 期

52. 乔瑞金、李瑞艳、张民杰. 理性的马克思主义——对中国特色马克思主义哲学的几点思考. 当代中国马克思主义哲学研究. 北京：中央编译出版社. 2015

其他相关著作和论文：

1. 马克思恩格斯全集. 北京：人民出版社

2. 马克思恩格斯选集. 北京：人民出版社. 2012

3. 列宁选集. 北京：人民出版社. 2012

4. 普列汉诺夫哲学著作选集. 第 2 卷. 北京：生活·读书·新知三联

书店. 1961

5. [法]路易·阿尔都塞. 保卫马克思. 北京：商务印书馆. 2006

6. [法]路易·阿尔都塞、艾蒂安·巴里巴尔. 读《资本论》. 李其庆、冯文光译. 北京：中央编译出版社. 2008

7. [法]路易·阿尔都塞. 哲学与政治：阿尔都塞读本. 陈越编译. 长春：吉林人民出版社. 2010

8. [美]马尔库塞. 单向度的人. 刘继译. 上海：上海译文出版社. 2006

9. [意]安东尼奥·葛兰西. 狱中札记. 北京：中国社会科学出版社. 2000

10. 葛兰西文选(1916—1935). 北京：人民出版社. 1992

11. [匈]卢卡奇. 历史与阶级意识. 杜章智、任立、燕宏远译. 北京：商务印书馆. 2009

12. [瑞]皮亚杰. 结构主义. 倪连生、王琳译. 北京：商务印书馆. 2010

13. [德]施密特. 历史和结构——论黑格尔马克思主义和结构主义的历史学说. 重庆：重庆出版社. 1993

14. [英]卡尔·波普尔. 历史决定论的贫困. 杜汝楫、邱仁宗译. 上海：上海人民出版社. 2009

15. [英]柯林武德. 历史的观念. 何兆武、张文杰译. 北京：商务印书馆. 2009

16. [美]西达·斯考切波. 历史社会学的视野与方法. 封积文译. 上海：上海人民出版社. 2007

17. ［英］丹尼斯·史密斯. 历史社会学的兴起. 周辉荣等译. 上海：上海人民出版社. 2002

18. ［英］彼得·伯克. 历史学与社会理论. 姚朋等译. 上海：上海人民出版社. 2010

19. ［英］戴维·麦克莱伦. 马克思以后的马克思主义. 李智译. 北京：中国人民大学出版社. 2004

20. ［英］戴维·麦克莱伦. 马克思思想导论. 郑一明、陈喜贵译. 北京：中国人民大学出版社. 2008

21. ［英］E. P. 汤普森. 英国工人阶级的形成. 钱乘旦译. 南京：译林出版社. 2001

22. ［英］E. P. 汤普森. 共有的习惯. 沈汉、王加丰译. 上海：上海人民出版社. 2002

23. ［英］G. A. 柯亨. 卡尔·马克思的历史理论——一个辩护. 岳长龄译. 重庆：重庆出版社. 1989

24. ［美］丹尼斯·德沃金. 文化马克思主义在战后英国. 李凤丹译. 北京：人民出版社. 2008

25. ［美］埃伦·梅克新斯·伍德、［美］约翰·贝拉米·福斯特主编. 保卫历史：马克思主义与后现代主义. 北京：社会科学文献出版社. 2009

26. ［美］威廉姆·肖. 马克思的历史理论. 阮仁慧、钟石韦译. 重庆：重庆出版社. 2007

27. ［英］伯恩斯(Burns, R. M.)、［英］皮卡德(Pickard, H. R.). 历史哲学：从启蒙到后现代性. 张羽佳译. 北京：北京师范大学出版

社. 2008

28. 徐浩、侯建新. 当代西方史学流派(第二版). 北京：中国人民大学
出版社. 2009

29. [美]罗伯特·K. 默顿. 社会理论和社会结构. 唐少杰等译. 南京：
译林出版社. 2006

30. [加]艾伦·梅克森斯·伍德主编. 民主反对资本主义——重建历史
唯物主义. 吕微洲、刘海霞、邢文增译. 重庆：重庆出版社. 2007

31. 乔瑞金. 英国的新马克思主义. 北京：人民出版社. 2012

32. 乔瑞金. 马克思思想研究的新话语——技术与文化批判的英国新马
克思主义. 太原：书海出版社. 2005

33. 薛勇民. 走向社会历史的深处——唯物史观的当代探析. 北京：人
民出版社. 2002

34. 薛勇民. 走向社会实践的深处——马克思主义历史理性的当代沉
思. 太原：山西人民出版社. 2005

35. 张亮编. 英国新左派思想家. 南京：江苏人民出版社. 2010

36. 衣俊卿等著. 20 世纪的文化批判——西方马克思主义的深层解读.
北京：中央编译出版社. 2003

37. 俞吾金、陈学明著. 国外马克思主义哲学流派新编(西方马克思主
义卷). 上海：复旦大学出版社. 2002

38. 陈学明主编. "西方马克思主义"命题词典. 北京：东方出版
社. 2004

39. 徐崇温主编. 西方马克思主义理论研究. 海南：海南出版社. 2000

40. 陈炳辉. 西方马克思主义的国家理论. 北京：中央编译出版

社. 2004

41. 乔瑞金. 我们为什么需要研究英国的新马克思主义？马克思主义与现实. 2011 年第 6 期

42. 乔瑞金. 论英国新马克思主义的思想特征. 理论探索. 2006 年第 4 期

43. 乔瑞金. 英国新马克思主义的发展历程及其思想特征. 当代国外马克思主义评论. 2007 年第 5 期

44. 师文兵、乔瑞金. 英国新马克思主义历史学派的政治的意识. 哲学研究. 2007 年第 3 期

45. 乔瑞金、师文兵. 历史主义与结构主义——英国新马克思主义哲学探索的主导意识. 哲学研究. 2005 年第 2 期

46. 乔瑞金、师文兵. 破解主体与结构之谜——英国新马克思主义关于阶级问题的争论及其启示. 理论探索. 2005 年第 2 期

47. 乔瑞金、师文兵. 马克思主义是社会历史的整体视界——英国新马克思主义的"事实"与"理论"之争及其启示. 山西大学学报（哲学社会科学版）. 2005 年第 4 期

48. ［英］E.P. 汤普森. 论阿尔都塞的结构主义马克思主义. 张亮译. 马克思主义美学研究. 2008 年第 1 期

49. 薛勇民. 再论社会进步的动力系统. 系统辩证学学报. 2002 年第 2 期

50. 薛勇民. 唯物史观的当代反思. 马克思主义研究. 2002 年第 2 期

51. 薛勇民、李侠. 福柯权力视野下的技术. 自然辩证法研究. 2002 年第 1 期

52. 薛勇民、侯永刚. 简论马克思关于"世界历史"演进的思想. 东方论坛. 2002 年第 2 期

53. 王喜平. 论实践的本质特征. 系统辩证学学报. 2003 年第 4 期

54. 王喜平. 物质和意识的关系及哲学史的构建原则. 山西大学学报（哲学社会科学版）. 2003 年第 4 期

55. 邢媛. 青年马克思的社会冲突思想探析. 理论探索. 2009 年第 3 期

56. 邢媛. 评吉登斯对马克思的"两种商品化"理论的分析. 现代哲学. 2009 年第 3 期

57. 邢媛、吉登斯. "自我认同"的社会哲学思想探析. 马克思主义与现实. 2010 年第 3 期

58. ［英］戴维·麦克莱伦. 历史与现在：马克思和马克思主义. 陈亚军译. 马克思主义、列宁主义研究. 2005 年第 2 期

59. ［英］戴维·麦克莱伦. 英国马克思主义. 陈亚军译. 国外社会科学文摘. 1981 年第 1 期

60. ［英］保尔·布莱克雷治. 道德革命：英国新左派中的伦理论争. 现代哲学. 2007 年第 1 期

61. 梁民愫. 社会变革与学术流派：当代英国马克思主义史学渊源综论. 史学月刊，2003 年第 12 期

62. 赵国新. 新左派. 外国文学. 2004 年第 3 期

63. 赵国新. 文化研究. 外国文学. 2004 年第 4 期

64. 周穗明编译. 西方左翼思潮四十年回顾及其九十年代的复兴. 当代世界社会主义问题. 2001 年第 1 期

65. 周穗明. 西方新社会运动与新马克思主义. 马克思主义、列宁主义

研究. 2006 年第 9 期

66. 徐崇温. 国外马克思主义研究的若干新动向. 马克思主义与现实.
   1998 年第 1 期

安德森本人的英文著作和论文：

1. Anderson P., *Towards Socialism*. with Robin Blackburn（eds.），
   London：Collins，1966

2. Anderson P., *Passages from Antiquity to Feudalism*. London：New
   left Books，1974

3. Anderson P., *Lineages of the Absolute State*. London：New left
   Books，1974

4. Anderson P., *Considerations on Western Marxism*. London：New
   left Books，1976

5. Anderson P., *Arguments within English Marxism*. London：Verso，
   1980

6. Anderson P., *In the Tracks of Historical Materialism*. London：
   Verso，1983

7. Anderson P., *English Questions*. London and New York：
   Verso，1992

8. Anderson P., *A Zone of Engagement*. London and New York：Ver-
   so，1992

9. Anderson P., *Mapping the West European Left*. with Patrick Cam-
   iller（eds.），London and New York：Verso，1994

10. Anderson P., *The Origins of Postmodernity*. London and New

York: Verso, 1998

11. Anderson P. , *Spectrum: From Right to Left in the World of Ideas*. London and New York: Verso, 2005

12. Anderson P. , The New Old World. London and New York: Verso, 2009

13. Anderson P. , The Peripeteia of Hegemony, London and New York: Verso, 2017.

14. Anderson P. , Origins of the Present Crisis. *New Left Review*, Vol. 1, No. 23, 1964

15. Anderson P. , Critique of Wilsonism. *New Left Review*, Vol. 1, No. 27, 1964

16. Anderson P. , The Left in the Fifties. *New Left Review*, Vol. 1, No. 29, 1965

17. Anderson P. , Socialism and Pseudo-Empiricism. *New Left Review*, Vol. 1, No. 35, 1966

18. Anderson P. , Components of the National Culture. *New Left Review*, Vol. 1, No. 50, 1968

19. Anderson P. , The AntiNomies of Antonio Gramsci. *New Left Review*, Vol. 1, No. 100, 1976

20. Anderson P. , The Notion of Bourgeois ReVolution. in *English Questions*, London and New York: Verso, 1992

21. Anderson P. , Modernity and Revolution. *New Left Review*, Vol. 1, No. 144, 1984

22. Anderson P. , The Figures of Descent. *New Left Review*, Vol. 1, No. 161, 1987

23. Anderson P. , The Affinities of Norberto Bobbio. *New Left Review*, Vol. 1, No. 170, 1988

24. Anderson P. , A Culture in Contraflow-I. *New Left Review*, Vol. 1, No. 180, 1990

25. Anderson P. , A Culture in Contraflow-II. *New Left Review*, Vol. 1, No. 182, 1990

26. Anderson P. , The Light of Europe. in *English Questions*, London and New York: Verso, 1992

27. Anderson P. , A Sense of the Left. *New Left Review*, Vol. 1, No. 231, 1998

28. Anderson P. , Renewals. *New Left Review*, Vol. 2, No. 1, 2000

29. Anderson P. , Testing Formula Two. *New Left Review*, Vol. 2, No. 8, 2001

30. Anderson P. , Internationalism: A Breviary. *New Left Review*, Vol. 2, No. 14, 2002

31. Anderson P. , Force and Consent. *New Left Review*, Vol. 2, No. 17, 2002

32. Anderson P. , The River of Time. *New Left Review*, Vol. 2, No. 26, 2004

33. Anderson P. , Arms and Rights. *New Left Review*, Vol. 2, No. 31, 2005

34. Anderson P. , A New German? . *New Left Review*, Vol. 2, No. 57, 2009

35. Anderson P. , Two Revolutions. *New Left Review*, Vol. 2, No. 61, 2010

36. Anderson P. , The Age of EJH. *London Review of Books*, Vol. 2, No. 19, 2002

37. Anderson P. , Casuistries of Peace and War. *London Review of Books*, Vol. 2, No. 5, 2003

38. Anderson P. , Stand-off in Taiwan. *London Review of Books*, Vol. 02, No. 11, 2004

39. Anderson P. , Inside Man. *The Nation*, April 24, 2006

40. Anderson P. , Made in USA. *The Nation*, April 2, 2007

41. Anderson P. , The Common and the Particular. *International Labour and Working-Class History*, No. 36, 1989

42. Anderson P. , Class Struggle in the Ancient World. *History Workshop*, No. 16, 1983

其他相关英文著作和论文：

1. Blackledge P. , *Perry Anderson, Marxism and the New Left*. London: The Merlin Press Ltd. , 2004

2. Gregory E. , *Perry Anderson: The Merciless Laboratory of History*. Minneapolis: University of Minnesota Press, 1998

3. Lin Chun. *The British New Left*. Edinburgh: Edinburgh University Press, 1993

4. Dworkin D. , *Cultural Marxism in Postwar Britain*: *History*, *the New Left*, *and the Origins of Cultural Studies*. London: Duke University Press, 1997

5. Easthope A. , *British Post-structuralism since* 1968. London and New York: Routledge, 1988

6. Thompson E. P. , *The Making of the English Class*. London: Victor Gollancz, 1963

7. Thompson E. P. , *William Morris*: *Romantic to Revolution*. New York: Pantheon, 1977

8. Thompson E. P. , *The Poverty of Theory & Other Essays*, London: Merlin Press Ltd, 1978

9. Thompson E. P. , *The Poverty of Theory or an Orrery of Errors*, London: Merlin Press Ltd, 1995

10. Thompson E. P. , Socialist Humanism. The New Reasoner, No. 1, 1957

11. Thompson E. P. , The Peculiarities of the English. *The Socialist Register*, Vol. 2, 1965

12. Thompson E. P. , Eighteenth-century English Society: Class Struggle Without Class? *Social History*, Vol. 3, No. 2, 1978

13. Nairn T. , The English Working Class. *New Left Review*, Vol. 1, No. 24, 1964

14. Thompson E. P. , Revolution, *New Left Review*, Vol. 1, No. 3, 1960.

15. Thompson E. P. , Revolution Again, *New Left Review*, Vol. 1, No. 6, 1960.

16. Williams R. , Base and Superstructure in Marxist Culture Theory. *New Left Review*, Vol. 1, No. 82, 1973

17. Williams R. , Notes on Marxism in Britain since 1945. No. 100, 1976

18. Eagleton T. , Criticism and Politics: The Work of Raymond Williams. *New Left Review*, Vol. 1, No. 95, 1976

19. Eagleton T. , Capitalism, Modernism and Postmodernism. *New Left Review*, Vol. 1, No. 152, 1985

20. Blackburn R. , Marxism: Theory of Proletarian Revolution. *New Left Review*, Vol. 1, No. 97, 1976

21. Blackburn R. , Raymond Williams and the Politics of a New Left. *New Left Review*, Vol. 1, No. 168, 1988

22. Miliband R. , State Power and Class Interests. *New Left Review*, Vol. 1, No. 138, 1983

23. Miliband R. , The Capitalist State: Reply to Nicos Poulantzas. New Left Review, Vol. 1, No. 59, 1970

24. Linebaugh P. , In the Flight Path of Perry Anderson. *History Workshop*, No. 21, 1986

25. Matthews W. , The Poverty of Strategy: E. P. Thompson, Perry Anderson and the Transition to Socialism. *Labour/Le Travail*, No. 50, 2002

26. Pollack M. A. , Review: The Question of Europe. The Journal of

Politics，Vol. 60，No. 4，1998

27. Walsh T.，Review：The Question of Europe. *International Af-fairs*，Vol. 74，No. 1，1998

28. Meilleur M.，Review：Spectrum：From Right to Left in the World of Ideas. *The Antioch Review*，No. 3，2006

29. Jay M.，Review：Considerations on Western Marxism. *Theory and Society*，Vol. 4，No. 2，1977

30. Ashcraft R.，Review：Considerations on Western Marxism. *Political Theory*，Vol. 6，No. 1，1978

31. Macgregor D.，Review：The End of Western Marxism? *Contemporary Sociology*，Vol. 7，No. 2，1978

32. Orgel G. S.，Review：Considerations on Western Marxism. *Studies in Soviet Thought*，Vol. 19，No. 3，1979

33. Sawer M. & Sawyer M.，Review：Considerations on Western Marxism. *Labour History*，No. 33，1977

34. Morrow R.，Review：In the Tracks of Historical Materialism，*The Canadian Journal of Sociology*，Vol. 11，No. 4，1986

35. Eagleton T.，Review：Marxism, Structuralism, and Post-Structuralism. *Diacritics*，Vol. 15，No. 4，1985

36. Winders J. A.，Review：Poststructuralist Theory，Praxis，and the Intellectual"，*Contemporary Literature*，No. 1，1986

37. Jacoby R.，Review：Arguments within English Marxism. *Theory and Society*，Vol. 11，No. 2，1982

38. Donnelly F. J. , Review: Arguments within English Marxism and The Making of E. P. Thompson: Marxism, Humanism, and History. *Labour*, Vol. 12, 1983,

39. Magarey S. , Review: That History Old Chestnut, Free Will and Determinism: Culture vs. Structure, or History vs. Theory in Britain. *Comparative Studies in Society and History*, Vol. 29, No. 3, 1987

40. Martin B. , Review: Feudalism and absolutism. *The British Journal of Sociology*, Vol. 27, No. 2, 1976

41. Behrens B. , Review: Passages from Antiquity to Feddalism. *The Historical Journal*, Vol. 19, No. 1, 1976

42. Porter R. & Whittaker C. R. , Review: States and Estates, *Social History*, Vol. 1, No. 3, 1976

43. Gourevitch P. , Review: The International System and Regime Formation: A Critical Review of Anderson and Wallerstein. *Comparative Politics*, Vol. 10, No. 3, 1978

44. Mcmahon F. , Review: Up, Up and Away. *Oxford Art Journal*, Vol. 16, No. 1, 1993

45. Hechter M. , Review: Lineages of the Capitalist State. *The American Journal of Sociology*, Vol. 82, No. 5, 1977

46. Pratt R. B. , Review: Considerations on Western Marxism. *The Western Political Quarterly*, Vol. 31, No. 1, 1978

47. Lachmann R. , Comparisons Within a Single Social Formation: A

Critical Appreciation of Perry Anderson's Lineages of the Absolutist State. *Qualitative Sociology*，No. 1，2002

48. Howard D. , Marxist Misunderstandings：Perry Anderson and French Politics. *Democratiya*. No. 5，2006

49. Callinicos A. , Perry Anderson and Western Marxism. *International Socialism*，No. 23，1984

50. Blackledge P. , Realism and Renewals：Perry Anderson and the Prospects for the Left. *Contemporary Politics*，No. 4，2001

51. Blackledge P. , Perry Anderson and the End of History，*Historical Materialism*，No. 1，2000

后　记

　　从博士论文的完成到今日博士论文的修改，岁月如梭，六年时间一晃而过。回顾过去，昨日并不遥远，遥想未来，明日就在眼前。现在的我依然位于学术的起跑线上，仍有大量的未完成的工作等待我去完成。

　　作为一名哲学专业的学生，从本科阶段最初接触哲学时的茫然无知，到硕士阶段对于马克思主义哲学方向的选择，再到博士阶段对于英国马克思主义哲学的钻研，一路走来，体会到马克思主义哲学是一门极深邃又极有趣的学问，博大而精深。世界上不同地区和国家存在着形态各异的马克思主义哲学思想，如经典马克思主义，欧洲大陆的"西方马克思主义"，英国的马克思主义和中国特色的马克思主义等。纵观之，所有这些思想都存在一个共同的本源，那就是马克思。对于马克思，可谓仁者见仁，智者见智，一千个人可能会有一千种解读，一万个人可能会有一万种思考。马克思之所以伟大，就在于马克思思想本身的开放性与包容性，多元性与广博性，它既可以是一种哲学，也可以是一种经济学，既可以是一种历史学，也可以是一种社会学，既可以是一种文化学，也可以是一种政治学，领域广泛，思想丰富。尽管深知自己才疏学浅，有时囫囵吞枣，甚至不求甚解，但由于某种注定的缘分，我有幸成为一名马克思主义哲学研究的工作者，走向了对马克思主义哲学的孜孜探索和不懈研究。

博士论文的研究对象选取了英国新左派知识分子中的第二代领军人物，也曾是《新左派评论》主编的佩里·安德森。对于安德森的选择，其实是一种偶然，也是一种必然。选择安德森是偶然的，对安德森思想的研究则是必然的。如果要从其文本资料中归纳和概括出安德森本人的思想，实属不易；如果要从其思想中归纳和概括出安德森思想中的核心本质，那更是难上加难。然而，在乔瑞金教授的不断教诲和深入指导下，最终找到了安德森思想中的核心理念——一种可称之为"类型学"唯物史观的思想。即便如此，博士论文的写作亦是一种人生的考验。如何把作者的这一核心思想全面而完整地凝练出来成了当时最紧迫、最重要的问题。直到博士论文完成的那一刻，似乎这一问题也依然存在于文本中，存在于思维的困惑中。这一问题不解决，博士论文就始终处于未完成时态。

对于博士论文的修改一直留到六年后的今日。今日的书稿就是对博士论文的再次提炼和升华，不仅必要，而且必须。需要说明的是，就写作内容而言，由于时间的关系，也限于写作的框架，暂且在博士论文的整体结构不做调整的前提下，在具体章节的内容上进行修改、增补和完善，使本书的逻辑更清晰，表述更准确，语言更流畅，以期实现哲学写作的信、达、雅的和谐统一。就写作风格而言，尤其是小结的写作，可能风格迥异，有时是纯粹总结性的结语，有时是带有评判性的结语，有时又是极具延伸性的结语。然而，最令人遗憾的是有关安德森的两本最新的专著，一本是《新旧世界》，一本是《霸权的突变》，没有成为本书的参照文本，极为不妥，只能留待今后的学术研究的继续开拓。

文字匆匆，人生亦匆匆。在这个快节奏的现代社会中，在学术中保持一份审慎的警醒是必要的。学术之功，非一日之功，十年如一日，必须耐得住寂寞，守得住孤独，才能厚积而薄发。字如心神，文如人生。博士就是人生的一段旅程，论文就是人生的一种积淀。读书人的故事，充满了种种的彷徨与忧思、执著与坚定，这可能是我们每一位读书人的最真实的人生阅历。

在书稿即将完成之际，我的内心充满了感激之情，因为有无数的人需要感谢，向我的师长、朋友、父母、爱人和孩子致以我最崇高的敬意和谢意，千言万语汇成一句话，谢谢你们！你们的提携与帮助让我成长，你们的鼓励与信任让我前行，你们的关怀与爱护让我感动。感谢一路上你们最真诚的陪伴！

我没有才思泉涌、点石成金的能力，但我相信，滴水石穿，一点一滴的坚持和努力将会创造出奇迹。二十年的时间，足以改变一个人，也足以成就一个人，无论如何，这二十年的坚持与行走值得我用一生珍藏和品味。这里权且引用王国维先生《人间词话》中的三境界说作为自己的人生箴言:"昨日西风凋碧树,独上高楼,望尽天涯路;衣带渐宽终不悔,为伊消得人憔悴;众里寻他千百度,蓦然回首,那人却在灯火阑珊处。"学术如此,人生亦如此。

一天之计在于晨,晨光明媚,万物欣然。在这夏至不期而至的日子里,东日暖暖,微风习习,鸟鸣啾啾,书声琅琅,校园安详而静谧。在这夏日之晨,静静沉思,乃人生之乐事!此时、此地、此文、此字,记录学术、记载人生。

李瑞艳

2019 年 6 月

图书在版编目（CIP）数据

安德森"类型学"唯物史观思想研究/李瑞艳著. —北京：北京师范大学出版社，2020.8

（英国新马克思主义哲学研究丛书）

ISBN 978-7-303-25377-7

Ⅰ.①安⋯　Ⅱ.①李⋯　Ⅲ.①安德森-历史唯物主义-思想评论　Ⅳ.①B03

中国版本图书馆 CIP 数据核字（2019）第 281927 号

营　销　中　心　电　话　010-58805385
北 京 师 范 大 学 出 版 社
主题出版与重大项目策划部　　http://xueda.bnup.com

ANDESEN LEIXINGXUE WEIWUSHIGUAN SIXIANG YANJIU

出版发行：北京师范大学出版社　www.bnup.com
　　　　　北京市西城区新街口外大街 12-3 号
　　　　　邮政编码：100088
印　　刷：北京盛通印刷股份有限公司
经　　销：全国新华书店
开　　本：710 mm×1000 mm　1/16
印　　张：23.25
字　　数：255 千字
版　　次：2020 年 8 月第 1 版
印　　次：2020 年 8 月第 1 次印刷
定　　价：98.00 元

策划编辑：祁传华　郭　珍　　责任编辑：赵雯婧　石雨晨
美术编辑：王齐云　　　　　　　装帧设计：王齐云
责任校对：段立超　陶　涛　　　责任印制：陈　涛